निराला और मुक्तिबोध

चार लम्बी कविताएँ

सरोज-स्मृति / राम की शक्ति-पूजा / ब्रह्मराक्षस / अँधेरे में

निराला और मुक्तिबोध

चार लम्बी कविताएँ

नंदकिशोर नवल

राधाकृष्ण प्रकाशन

ISBN : 978-81-7119-521-3

निराला और मुक्तिबोध (चार लम्बी कविताएँ)

पहला संस्करण : 1993
आठवाँ संस्करण : 2024

मूल्य : ₹795

प्रकाशक
राधाकृष्ण प्रकाशन प्राइवेट लिमिटेड
जी-17, जगतपुरी, दिल्ली-110 051
शाखाएँ : अशोक राजपथ, साइंस कॉलेज के सामने, पटना-800 006
पहली मंजिल, दरबारी बिल्डिंग, महात्मा गांधी मार्ग, प्रयागराज-211 001
1, अनमोल सोराबजी संतुक लेन, धोबी तलाव, मरीन लाइंस, मुम्बई-400 002
वेबसाइट : www.radhakrishnaprakashan.com
ई-मेल : info@radhakrishnaprakashan.com

मुद्रक
बी.के. ऑफसेट
नवीन शाहदरा, दिल्ली-110 032

NIRALA AUR MUKTIBODH
Chaar Lambi Kavitayen
Criticism by Nand Kishor Naval

अपने चिरंजीव
चिंतन भारद्वाज के लिए

प्राक्कथन

'कवि' के अप्रैल, 1957 के अंक में मुक्तिबोध को विशिष्ट कवि के रूप में पेश करते हुए डॉ. नामवर सिंह ने लिखा था : "अंग्रेज कवि डब्लु. बी. एट्स ने कहीं लिखा है कि जब हम अपने से बाहर संघर्ष करते हैं तो कथा-साहित्य की सृष्टि होती है और अपने आपसे लड़ते हैं तो गीतकाव्य की। अपने आप से लड़ने पर जो गीतकाव्य पैदा होता है, वह निःसंदेह छायावादी गीत नहीं बल्कि आज की कविता का गीत है। लेकिन एक तीसरी भी स्थिति होती है जब हम अपने आप से लड़ते हुए बाहरी स्थिति से भी लड़ने की कोशिश करते हैं और एक विशेष प्रकार की 'लंबी कविताएँ' पैदा होती हैं जो आधुनिक कविता की सबसे बड़ी उपलब्धि है। निराला की 'राम की शक्ति-पूजा', 'सरोज-स्मृति' आदि लंबी कविताएँ इसी प्रकार के संघर्ष से उत्पन्न हुई हैं। मुक्तिबोध की लंबी कविताएँ उसी परंपरा में आती हैं।" इस कथन से असहमत होने का कोई कारण नहीं है, क्योंकि आत्मसंघर्ष के साथ-साथ अपने परिवेश से संघर्ष निराला में भी है और मुक्तिबोध में भी और निश्चय ही यह उनकी लंबी कविताओं में प्रत्यक्ष है, लेकिन जिस तरह उनके संघर्ष का स्वरूप भिन्न है, उसी तरह उनकी कविताओं का भी।

'सरोज-स्मृति' की लंबाई का कारण यह है कि उसमें अनेक स्मृति-चित्रों का गुंफन है। वह कविता स्मृति के तर्क के सहारे ही आगे बढ़ती है और उस क्रम में लंबी हो जाती है। यदि वह कवि का भावात्मक विस्फोट होती, तो न उसका आकार बड़ा होता, न विभिन्न प्रकार के स्मृति-चित्रों के संकलन से उसकी विषय-वस्तु में विस्तार और वैविध्य संभव होता। उसके विपरीत 'राम की शक्ति-पूजा' निराला की एक अन्य लंबी कविता 'तुलसीदास' की तरह कथात्मक है। इन दोनों कविताओं की लंबाई का कारण उनमें एक कथा का होना है, जो अपने आरंभ के साथ अपना विकास करती हुई अवसान को प्राप्त करती है। इस दृष्टि से ये दोनों कविताएँ अपने स्वरूप में परंपरागत हैं, भले उनकी अंतर्वस्तु और उनका प्रतिपादन पर्याप्त नवीन हो। निराला

की प्रसिद्ध लंबी कविता 'प्रेयसी' भी कथात्मक ही है, जबकि 'मित्र के प्रति' और 'वन-बेला' जैसी लंबी कविताएँ एक विचार का सूत्र पकड़कर आगे बढ़ती हैं। वैसे ये दोनों कविताएँ आत्मकथात्मक भी हैं। पहली कविता में आत्मकथा का स्पर्श बहुत हल्का है, जबकि दूसरी में बहुत गहरा। पहली कविता वाद-विवादमूलक है, जबकि दूसरी आत्मालापमूलक। निराला लंबी कविता के क्षेत्र में बाद में भी प्रयोग करते रहे और उन्होंने 'कुकुरमुत्ता', 'खजोहरा', 'स्फटिक-शिला' तथा 'देवी सरस्वती'-जैसी कविताएँ लिखीं।

लेकिन हिंदी में एक काव्य-विधा के रूप में 'लंबी कविता' की चर्चा मुक्तिबोध की लंबी कविताओं के साथ शुरू हुई। उनकी लंबी कविताओं में भी किसी न किसी रूप में एक कथा होती है, जिसका एक प्रमाण यह भी है कि व्यावसायिक कारणों से उन्होंने अपनी एक लंबी कविता 'चुप रहो मुझे सब कहने दो' को कहानी के रूप में लिखने की इच्छा प्रकट की थी, लेकिन वस्तु-स्थिति यह है कि उनकी कविताओं के लंबी होने का कारण उनमें निहित कथा-तत्व नहीं है। उन्होंने अपनी डायरी के एक प्रसिद्ध लेख़ 'लंबी कविता का अंत' में अपनी कविता के लंबी होने का कारण बतलाया है। कहते हैं, "यथार्थ के तत्व परस्पर गुंफित होते हैं, साथ ही पूरा यथार्थ गतिशील होता है। अभिव्यक्ति का विषय बनकर जो यथार्थ प्रस्तुत होता है, वह भी ऐसा ही गतिशील है, और उसके तत्व भी परस्पर गुंफित हैं। यही कारण है कि मैं छोटी कविताएँ लिख नहीं पाता, और जो छोटी होती हैं वे वस्तुतः छोटी न होकर अधूरी होती हैं।" आत्माभिव्यक्तिमूलक प्रगीतात्मक कविता में यह बखेड़ा नहीं होता, क्योंकि उसमें एक बार भावावेश का विस्फोट हो जाता है। दिक्कत वहाँ होती है, जहाँ कवि भावावेश के मूल तक जाना चाहता है। उसी क्रम में कविता लंबी हो जाती है, क्योंकि 'भावावेश किसी बात को लेकर होता है, वह बात किसी दूसरी बात से जुड़ी होती है, दूसरी बात किसी तीसरी बात से।" आगे उन्होंने अपनी कविता में 'कार्य-कारण-संबंध' को प्रस्तुत करने की बात कहकर इसका और खुलासा कर दिया है। यह सब किस प्रक्रिया से होता है, यह उन्होंने बहुत विस्तार से काव्य की सृजन-प्रक्रिया से संबंधित अपने लेखों में बतलाया है। उस प्रक्रिया में कविता अपना विकास करती हुई अपने को बदलती भी चलती है।

यहाँ ज्ञातव्य है कि मुक्तिबोध की लंबी कविताएँ भी कई तरह की हैं। किसी में एक मुकम्मल कथा मिलती है, जैसे पूर्वोक्त 'चुप रहो मुझे सब कहने दो' शीर्षक कविता में, और किसी में कथा का सिर्फ आभास मिलता है, जैसे 'अँधेरे में' में। कुछ कविताएँ लंबी कविता का चरित्र रखते हुए भी अपेक्षाकृत छोटी हैं, उनमें शुरू से अंत तक एक ही फैंटेसी का निर्वाह हुआ है, जैसे 'ब्रह्मराक्षस', और कुछ कविताएँ बहुत लंबी हैं, जैसे 'भविष्य-धारा', जिनमें फैंटास्टिक बिंबों की एक जीवंत चित्रशाला है। यह लंबी कविता वस्तुतः मुक्तिबोध द्वारा आविष्कृत वह काव्य-विधा थी, जिसका

उपयोग उन्होंने अपने जीवन और अपने समकालीन समाज के यथार्थ को प्रभावशाली ढंग से प्रस्तुत करने के लिए किया। उनके बाद हिंदी में लंबी कविता लिखने का एक फैशन ही चल पड़ा था, लेकिन उसके प्रभाव में जो कविताएँ लिखी गईं, उनमें से अधिकांश थोड़े समय में ही विस्मृति के गर्भ में विलीन हो गईं। निश्चय ही मुक्तिबोध के बाद की वही लंबी कविताएँ हिंदी में बचनेवाली हैं, जो उनकी नकल में नहीं लिखी गई हैं, बल्कि जिनकी रचना कवि ने अपने भीतर के सृजनात्मक दबाव में आकर की है और इसी कारण जिसका स्वरूप उनकी कविताओं से भिन्न हो गया है। उदाहरण के लिए केदारनाथ सिंह की कविता 'बाघ'।

इस पुस्तक में मैंने चार लंबी कविताओं पर विचार किया है। उनमें से दो कविताएँ निराला की हैं, 'सरोज-स्मृति' और 'राम की शक्ति-पूजा', और दो मुक्तिबोध की, 'ब्रह्मराक्षस' और 'अँधेरे में'। निराला पर उनकी अलग-अलग कविताओं को आधार बनाकर पूरी पुस्तक लिखने की मेरी योजना है। 'सरोज-स्मृति' और 'शक्ति-पूजा' वाले लेखों को उसी पुस्तक का अंश मानना चाहिए। 'अँधेरे में' का विश्लेषण मैं अपनी पुस्तक 'मुक्तिबोध : ज्ञान और संवेदना' के परिशिष्ट में कर चुका हूँ। वह लेख पुस्तिका के रूप में स्वतंत्र रूप से भी प्रकाशित हुआ था। उसे इस पुस्तक में भी सम्मिलित करते हुए मैंने 'ब्रह्मराक्षस' को भी विश्लेषण के लिए चुना, क्योंकि यह भी उनकी एक अत्यंत महत्वपूर्ण और गहन कविता है। मैं यथावसर उनकी कुछ और कविताओं की मीमांसा करना चाहता हूँ। हिंदी में इस दिशा में थोड़ा-बहुत काम हुआ है, इधर मुख्यतः अशोक वाजपेयी की प्रेरणा से, लेकिन वह बिल्कुल अपर्याप्त है और अभी बहुत ज्यादा करने की आवश्यकता है।

वैसे तो किसी भी कविता की व्यावहारिक आलोचना प्रस्तुत की जा सकती है, लेकिन कुछ कविताएँ तो उसकी अपेक्षा रखती हैं। जिन कवियों की कविता का 'टेक्स्ट' बहुत समृद्ध होता है, उनका विश्लेषण कर संदर्भ सहित उनके अर्थ और व्यंजना की पर्तों को खोलना निहायत जरूरी है। आधुनिक काल में ऐसे कवि निराला और मुक्तिबोध हैं, अपने ढंग से शमशेर और रघुवीर सहाय भी। दुख की बात है कि हिंदी में कृति के साक्षात्कार और उसके भीतर से गुजरने की बात बहुत की जाती है, रचना और उसकी संरचना को भी महत्व देने की, लेकिन जब कभी अवसर आता है, आलोचक कृति से बचते हुए उसकी अगल-बगल से निकल जाते हैं। कृति की अर्थ-मीमांसा करने से सरल होता है, उसके संदर्भों की चर्चा करना, या फिर उसका एक नया 'इंटरप्रिटेशन' प्रस्तुत करना, जबकि यह मानी हुई बात है कि हेत्वाभासों से बचते हुए आलोचना तभी लिखी जा सकती है, जबकि वह 'टेक्स्ट' पर आधारित हो। व्यंजना की सारी तरंगें उसी सतह से उठती हैं, इसलिए यदि वहाँ आलोचक की पकड़ गलत हुई, तो वह अंत तक गलत होता चला जाएगा।

'टेक्स्ट' को महत्व देने पर पाठ की समस्या सामने आ जाती है। निराला का

कविताओं का पाठ बहुत गड़बड़ है। जिस रूप में वे उपलब्ध हैं, उनमें पाठांतर ही नहीं है, खासतौर से विराम-चिह्नों का अनेक बार बहुत गलत प्रयोग हुआ है। पाठांतर निराला के कारण भी हुआ है। वे अपनी कविताओं में संशोधन करते रहते थे, जिससे उनके पाठ में फर्क पड़ता रहता था। 'सरोज-स्मृति' के चार पाठ मेरे सामने रहे हैं–'सुधा' में प्रकाशित पाठ, 'अनामिका' के प्रथम संस्करण का पाठ, उसके परवर्ती संस्करणों का पाठ और फिर 'अपरा' के प्रथम संस्करण का पाठ। इसी तरह 'शक्ति-पूजा' के तीन पाठ : 'अनामिका' के प्रथम संस्करण का पाठ, उसके परवर्ती संस्करणों का पाठ और 'अपरा' के प्रथम संस्करण का पाठ।

'शक्ति-पूजा' प्रथम बार 'भारत' (दैनिक, लीडर प्रेस, इलाहाबाद) के अक्तूबर, 1936 के किसी अंक में प्रकाशित हुई थी, यह निश्चित है, डॉ. रामविलास शर्मा के अनुसार उसके 10 अक्तूबर, 1936 के अंक में, और कविता के नीचे दी गई तिथि को उसका प्रकाशन काल मानें, जैसा निराला के प्रसंग में कभी-कभी करना पड़ता है, तो 23 अक्तूबर, 1936 के अंक में। लेकिन लीडर प्रेस जाकर मैंने 'भारत' की फाइल उलटी, तो पाया कि वह कविता न 10 अक्तूबर 1936 के अंक में छपी हुई है, न 23 अक्तूबर, 1936 के अंक में। वह और किसी अंक में भी नहीं है। 1936 के अक्तूबर महीने के सारे अंक मौजूद हैं, 26 अक्तूबर, 1936 का एक अंक छोड़कर। संभव है, 'शक्ति-पूजा' उसी अंक में छपी हो और फाइल से वह अंक उसी कारण गायब हो। इसका मतलब यह हुआ कि 23 अक्तूबर, 1936 को निराला ने वह कविता लिखी या पूरी की और उसे तुरत 'भारत' के तत्कालीन संपादक पं. नंददुलारे वाजपेयी को दिया, जिन्होंने उसे एक-दो दिन बाद ही विजयदशमी के अवसर पर उसमें प्रकाशित कर दिया। बात पक्की नहीं है, इसलिए 'निराला रचनावली' के नए संस्करण में 'शक्ति-पूजा' की प्रकाशन-तिथि 26 अक्तूबर 1936 को मैंने अनुमानित कहा है। बहरहाल, इन्हीं कारणों से मुझे 'शक्ति-पूजा' का प्रथम प्रकाशित पाठ सुलभ न हुआ। मैंने अन्य पुराने पुस्तकालयों और संग्रहालयों में भी ढूंढा, लेकिन मुझे निराशा ही हाथ लगी। लिहाजा मुझे जो पाठ सुलभ हुए, मैंने उन्हीं से काम चलाया है और 'सरोज-स्मृति' तथा 'शक्ति-पूजा' दोनों कविताओं के सही पाठ तक पहुँचने की कोशिश की है, जिससे अर्थापन और व्याख्या में कम से कम भूलें हों। निश्चय ही इस काम में मैंने यांत्रिकता नहीं बरती है और अर्थ की सुंदरता और सटीकता को भी महत्व दिया है।

पाठ की समस्या निराला में ही नहीं, मुक्तिबोध में भी है। 'अँधेरे में' के मूल्यांकन में जो गलती हुई है, वह बहुत कुछ इस कारण भी कि आलोचक 'चाँद का मुँह टेढ़ा है' में संगृहीत उस कविता के पाठ को आधार बनाकर चले, जबकि वह त्रुटिपूर्ण है। मैंने उस पाठ के साथ 'कल्पना' (नवंबर, 1964) में प्रकाशित उसके पाठ और 'मुक्तिबोध रचनावली' में प्रकाशित उसके पाठ को भी सामने रखा है।

मुक्तिबोध भी अपनी कविताओं में संशोधन और संपादन किया करते थे, अनेक बार उनका पुनर्लेखन भी, और उनकी कविताओं के मुद्रण में भी विराम-चिह्न संबंधी अनेक गलतियाँ हैं। इन तमाम बातों को ध्यान में रखकर ही उनकी कविताओं का अर्थ सुनिश्चित किया जा सकता है। 'ब्रह्मराक्षस' के 'मुक्तिबोध रचनावली' में दिए गए पाठ को मैंने अंतिम मान लिया है, यद्यपि भूलें उसमें भी हैं, लेकिन वे 'चाँद का मुँह टेढ़ा है' में संगृहीत कविता के पाठ से मिलाकर देखने पर पकड़ में आ जाती हैं।

कविताओं पर विचार करने का ढंग कमोबेश अलग-अलग रहा है। जहाँ मुझे आवश्यक लगा है, मैंने स्रोतों का किंचित् विस्तार से उल्लेख किया है, या फिर अर्थापन को महत्व दिया है, निश्चय ही भाष्य या टीका की शैली में नहीं, जिससे कि पाठ के मूल अर्थ तक पहुँचा जा सके, लेकिन भाषा का स्वाभाविक प्रवाह बना रहे। जहाँ कविता की व्याख्या को लेकर मतभेद रहे हैं, वहाँ विरोधी मतों की परीक्षा को समुचित महत्व देते हुए सही ठिकाने पर पहुँचने की कोशिश की गई है।

निराला की कविता के 'टेक्स्ट' को समझने में मुझे सर्वाधिक सहायता निराला-काव्य के प्रेमी और मर्मज्ञ ख्यातिप्राप्त कवि त्रिलोचन से मिली है। उन्होंने बनारस में रहते हुए निराला की कविताएँ पढ़ाकर और समझाकर निराला-काव्य के अनेक प्रेमी बनाए। मुझ-जैसे व्यक्ति को उनके सत्संग-लाभ के लिए पटना से बनारस जाना पड़ा था और वहीं उनके कक्ष में 1967 में पहली बार मैंने उनसे निराला की कई अन्य कविताओं के साथ 'सरोज-स्मृति' और 'राम की शक्ति-पूजा' पढ़ी थी। तब से वैसा अवसर कई बार आया, प्रायः पटना के अपने आवास पर, जब वे पटना आए। बनारस, भोपाल और दिल्ली में राह चलते हुए उनसे अपनी शंकाओं के निवारण का सुयोग तो मुझे मिलता ही रहा है। जैसाकि निराला ने अपनी 'चतुरी चमार' नामक कहानी में कहा है, 'जिनमें शक्ति होती है, अवैतनिक शिक्षक वही हो सकते हैं।' त्रिलोचन मुझ-जैसे निराला के छात्रों के वैसे ही शिक्षक रहे हैं। उनके साथ डॉ. रामविलास शर्मा से भी निराला के संबंध में मुझे बहुत कुछ सीखने का मौका मिला है। डॉ. शर्मा की रुचि निराला काव्य के 'टेक्स्ट' में जितनी है, उससे अधिक उसके 'इंटरप्रिटेशन' में। ये दोनों मिलकर निराला-काव्य के परिदृश्य को उद्घाटित करते हैं। लेकिन मेरे साथ ऐसा भी हुआ है कि धीरे-धीरे मैं त्रिलोचन और डॉ. शर्मा दोनों से अनेक स्थलों पर असहमत होता गया हूँ और अंततः उनकी बाकी बातें छोड़कर मैंने वही बातें ग्रहण की हैं, जो मुझे सब तरह से उपयुक्त लगी हैं। बाकी स्थलों पर मैंने अपने अनुभव और विवेक से काम लिया है। इसके बावजूद निराला-काव्य को ग्राह्य बनाने के लिए मैं सबसे अधिक कृतज्ञ त्रिलोचन और डॉ. शर्मा का ही हूँ। त्रिलोचन का लेखों में कहीं उल्लेख नहीं हुआ, क्योंकि निराला के प्रसंग में वे वाचिक परंपरा के विद्वान् हैं, लेकिन 'सरोज-स्मृति' और 'शक्ति-पूजा' का अर्थापन करते हुए मेरे ध्यान में वे निरंतर रहे हैं। 'सरोज-स्मृति' की अंतिम पंक्तियों के सही अर्थ की

ओर प्रथम बार और अंतिम बार उन्होंने ही संकेत किया था। उसके लिए मैं उनका विशेष रूप से आभारी हूँ। डॉ. शर्मा का अधिकांश स्थलों पर मैंने विरोध ही किया है। इसे मेरी धृष्टता न मानकर मेरी विवशता मानना उचित होगा।

निराला और मुक्तिबोध दोनों की कविताएँ ग्रंथिल हैं। मैंने ग्रंथियों को खोलने का भरसक प्रयास किया है, उसके लिए बहुत परेशान हुआ हूँ, मुक्तिबोध के ब्रह्मराक्षस की तरह गुरु प्राप्त करने के लिए भी भटका हूँ, फिर भी चूक होना स्वाभाविक है। यदि विद्वानों और कविता के गंभीर पाठकों ने मेरी भूलों की तरफ इशारा किया, तो मैं उसे उनकी बहुत बड़ी सहायता मानूँगा और उन्हें दुरुस्त करने में देर न करूँगा। इति।

नंदकिशोर नवल

सुमति पथ, रानीघाट,
महेंद्रू, पटना–800006
31 अक्तूबर, 1992

क्रम

निराला और मुक्तिबोध

चार लम्बी कविताएँ

सरोज-स्मृति

'सरोज-स्मृति' स्पष्टतः निराला की एक आत्मकथात्मक कविता है, यानी ऐसी कविता, जिसकी सामग्री उन्होंने अपने जीवन से ली है। रोमांटिक कवि के लिए यह सर्वथा स्वाभाविक है, क्योंकि कविता उसके लिए बहुत अंशों में आत्माभिव्यक्ति और 'आत्मस्वीकृति के खंड' होती है। निराला हिंदी के अन्य रोमांटिक अथवा छायावादी कवियों, उदाहरणार्थ—प्रसाद और पंत, की तुलना में कविता के लिए अपने व्यक्तिगत जीवन पर ज्यादा निर्भर करते थे, इसलिए जिस रूप और जिस मात्रा में उनका व्यक्तिगत जीवन उनकी कविता का स्रोत बना, उनके समकालीनों का व्यक्तिगत जीवन नहीं। उन्होंने अपने कवि-जीवन के आरंभ से लेकर अंत तक अपनी असंख्य कविताओं और गीतों में अनेक प्रकार से अपने व्यक्तिगत जीवन को अभिव्यक्त किया है। यह देखकर कुछ विद्वानों ने उचित ही उन्हें छायावादियों में सर्वाधिक प्रबल व्यक्तित्ववाला कवि बतलाते हुए यह कहा है कि यदि कविता में व्यक्तित्व की अभिव्यंजना रोमांटिक कविता का सबसे बड़ा गुण है, तो अपनी पीढ़ी में निराला ही सच्चे अर्थों में रोमांटिक थे। लेकिन कविता में कवि के व्यक्तिगत जीवन और कविता के बीच का संबंध प्रायः सरल न होकर जटिल होता है। यह बात रामचरितमानस के संबंध में ही नहीं, छायावादी कवियों के प्रगीतों के संबंध में भी बहुत कुछ सही है। प्रमाण के लिए 'सरोज-स्मृति' के साथ निराला की ही दूसरी प्रसिद्ध कविता 'राम की शक्ति-पूजा' को लिया जा सकता है। इन दोनों कविताओं का विद्वानों ने तुलनात्मक अध्ययन भी किया है और कहा है कि 'सरोज-स्मृति' के निराला ही 'शक्ति-पूजा' के राम हैं। यदि इस बात में आंशिक सच्चाई भी है, तो उससे यह तथ्य सामने आता है कि कवि कभी तो अपनी कविता में अपने को सीधे अभिव्यक्त करता है और कभी स्वयं अपना ऐसा नाट्यीकरण करता है कि उसे पहचानना मुश्किल होता है।

'सरोज-स्मृति' में जिस घटना और कवि के मन पर पड़नेवाले उसके जिस प्रभाव का वर्णन है, वह उसी रूप में सही है, यह कवि के जीवन से प्राप्त होनेवाले तथ्यों से प्रमाणित है। इस तरह यह कविता निर्भ्रांत रूप से निराला की आत्मकथात्मक कविता सिद्ध होती है। लेकिन इस कविता के प्रसंग में भी यह ज्ञातव्य है कि इसमें कवि का व्यक्तिगत जीवन सर्वथा उस रूप में नहीं आया, जिस रूप में वह उसके व्यक्तिगत पत्रों, डायरी, आत्मसंस्मरणों या आत्मकथा में आ सकता था, या उनमें से कुछ में यत्र-तत्र आया है। क्यों ? इसलिए कि 'सरोज-स्मृति' अंततः एक कलाकृति है। कलाकृति में कलाकार अपने जीवन-यथार्थ का बिलकुल भिन्न रूप में इस्तेमाल करता है और उससे एक बिलकुल नया संबंध कायम करता है। इस क़विता में भी निराला ने अपने जीवन-तथ्यों को इस तरह संयोजित किया है और उनकी इस तरह से पुनर्रचना की है कि उन्होंने अपना विशिष्ट व्यक्तिगत अर्थ खोकर सामान्य मानवीय और सामाजिक अर्थ ग्रहण कर लिया है और इस तरह वे एक कलाकृति का अविभाज्य अंग बन गए हैं। एक विदेशी आलोचक ने लिखा है कि साहित्य को व्यक्तिगत जीवन की अभिव्यक्ति माननेवाले लोग यह भूल जाते हैं कि एक कलाकृति सिर्फ कलाकार की व्यक्तिगत अनुभूति का संमूर्तन नहीं होती, बल्कि वह कलाकृतियों की परंपरा की सबसे नई रचना होती है। तात्पर्य यह कि एक बड़ी हद तक उसके रूप का निर्धारण उक्त परंपरा और प्रचलित प्रणाली द्वारा किया जाता है। यहां आकर नितांत व्यक्तिगत रचना भी अपनी सीमा का अतिक्रमण करती है और बहुत अंशों में सार्वजनीन और सार्वभौम बन जाती है। हिंदी में अंततः 'सरोज-स्मृति' की एक महान् कविता के रूप में प्रतिष्ठा और लोकप्रियता इसका सबसे अच्छा उदाहरण है।

डॉ. रामविलास शर्मा ने 'निराला की साहित्य-साधना' के प्रथम खंड में निराला की जीवनी प्रस्तुत की है और उसके तृतीय खंड में उनके पत्र संकलित कर दिए हैं। उनके आधार पर निराला की सुपुत्री सरोज की बीमारी और मृत्यु-संबंधी तथ्य इस प्रकार हैं। सरोज का विवाह बारह-तेरह की उम्र में 1929 की जुलाई यानी सावन में हुआ था। जैसा कि शिवपूजन सहाय को अप्रैल, 1932 में लिखे गए निराला के दो पत्रों से पता चलता है, वह उसके दो वर्ष बाद बीमार पड़ी। ये दोनों पत्र उन्होंने अपने गांव गढ़ाकोला से लिखे थे। पहले पत्र में वे उन्हें लिखते हैं : "मेरी लड़की सख्त बीमार है। 4 महीने से रायबरेली अस्पताल में पड़ी है। बड़ी संकटमय अवस्था है।" पुनः दूसरे पत्र में : "मैं इस समय विषादग्रस्त रहता हूं। मेरी लड़की तीन महीने से रायबरेली-अस्पताल-दाखिल है। बहुत बड़ा operation हुआ था। जीने की आशा नहीं थी, हुई, अब फिर जा रही है। बाएं स्तन की बगल से अस्त्रक्रिया हुई है। घाव अच्छा नहीं हो रहा। दो रोज हुए खून परीक्षा के लिए फिर लखनऊ भेजा गया है।" डॉ. शर्मा जब निराला की जीवनी लिखने की तैयारी कर रहे थे, तथ्य-संकलन के क्रम में उनका पत्राचार सरोज के प्रति पं. शिवशेखर

द्विवेदी से हुआ। उन्होंने डॉ. शर्मा को सरोज की बीमारी और मृत्यु का पूरा हाल लिख भेजा :

सरोज की कहानी लंबी है। वह पहले बीमार हुई। अचानक उसकी बाईं बगल में एक फोड़ा हुआ। देहात में दवा होती रही, पर फल कुछ न निकला। महीनों बाद पता चला कि औंधा फोड़ा है। वह उस समय ननिहाल में थी। नानी ने पाला था। वही इलाज कराती थीं। जब वे उससे ऊब गईं और पता चला कि फोड़ा सांघातिक है, तब वे उसे लेकर रायबरेली अस्पताल गईं। वहां आपरेशन हुआ। किंतु कंधे के ऊपर नासूर हो गया है, यह बात सात बार के आपरेशन के बाद जानी गई। सरोज लगातार चौदह महीने वहीं रही। देखभाल के लिए उसका ननिहाल का पूरा परिवार भी। खर्च ननिहाल के लोग ही चलाते थे। बीच-बीच में मुझसे और निरालाजी से कुछ मदद उन्हें मिलती थी, पर वह नगण्य ही थी। चौदह महीने के बाद निराश होकर वे लोग उसे लेकर घर चले गए। वहां अचानक एक महात्मा से मुलाकात हुई, जिनकी दवा से नासूर अच्छा हो गया। लेकिन थोड़े दिनों के बाद सरोज ज्वर से पीड़ित रहने लगी। दवा होती रही, पर ज्वर प्रायः साल-भर तक बना रहा। इस दफा बांदा के एक वृद्ध अनुभवी वैद्य ने निदान किया कि उसे तपेदिक है और अब रोग चरम सीमा पर है। तत्पश्चात् एक्स-रे हुआ। पता चला कि बायां फेफड़ा बिलकुल छलनी हो चुका है। इस कारण दवा के साथ-साथ उसको गंगा की धारा में रखने का आदेश हुआ। वैद्यों और डाक्टर ने कहा कि ग्यारह वर्ष पार होने पर उसके संभलने की आशा बंधेगी। एक महीने से अधिक उसे गंगा की धारा से सटे डलमऊ के एक मठ में रखने की व्यवस्था थी। वहीं श्रावण शुक्ला प्रतिपदा को करीब साढ़े-ग्यारह बजे उसकी मृत्यृ हुई। नानी की गोद में ही पली, उन्हीं की देख-रेख में रही और उन्हीं के प्यार की गोद में वह मरी भी।

यही घटना, जो निराला के जीवन की सबसे त्रासद घटना है, 'सरोज-स्मृति' की रचना का आधार है। जैसाकि डॉ. शर्मा ने निराला की जीवनी में लिखा है, उस समय निराला लखनऊ में थे और विकट आर्थिक संघर्ष में पड़े थे। यह 1935 का साल था। जुलाई का ही महीना। एक दिन डाकिए ने आवाज दी–पंडितजी! वे खुद ही नीचे गए। लौटते हुए जीने से ही बोले–डॉक्टर, सरोज इज नो मोर। वे कार्ड लिए हुए कमरे में आए। चेहरा दुख के मारे जैसे स्याह हो गया था। उन्होंने न एक भी आंसू गिराया, न एक भी शब्द कहा। कुछ देर कमरे में चक्कर लगाते रहे। फिर कुर्ता पहना, छड़ी उठाई और घर से बाहर निकल गए। करीब तीन महीने के अंतराल के बाद 9 अक्तूबर, 1935 को उन्होंने 'सरोज-स्मृति' की रचना की, जिसमें न केवल उन्होंने सरोज की जीवन-कथा के साथ अपनी जीवन-कथा भी कही, बल्कि उसे अवध जनपद के एक सामान्य निम्न मध्यवित्तीय किसान की जीवन-कथा बना दिया। इससे ऊपर उन्होंने इस कविता को इस तरह रचा कि उसमें अत्यंत मार्मिक मानवीय अर्थ

अभाविष्ट हो गया। यह कविता लखनऊ से ही निकलनेवाली मासिक पत्रिका 'सुधा' के जनवरी, 1936 के अंक में प्रकाशित हुई और धीरे-धीरे हिंदी की एक महान् कविता के रूप में मान्य हो गई।

2

'सरोज-स्मृति' को हिंदी में 'एलेजी' कहा गया है। 'एलेजी' वस्तुतः एक यूरोपीय काव्य-विधा है, जिसके वहां भाषा और काल-भेद से अलग-अलग रूप रहे हैं। यूनानी भाषा में बिलकुल आरंभिक काल में 'एलेजी' का विषय मृत्यु नहीं, बल्कि युद्ध और प्रेम होता था। लैटिन में भी इस नाम से शृंगारिक कविताएं लिखी गईं। उसमें एक खास बात यह थी कि 'एलेजी' का एक निश्चित छंद-विधान हो गया था, जिसमें किसी भी विषय को लेकर लिखी गई कविता उस नाम से जानी जाती थी। सोलहवीं शताब्दी में अंग्रेजी में आकर 'एलेजी' 'शोकगीति' बन गई, अर्थात् उसका विषय हुआ किसी व्यक्ति-विशेष की मृत्यु पर किया जानेवाला विलाप। लेकिन इस भाषा में भी यह परिभाषा कठोरतापूर्वक नहीं मानी गई, क्योंकि ग्रे की प्रसिद्ध कविता 'एलेजी रिट्न इन ए कंट्री चर्चयार्ड' में किसी व्यक्ति के लिए नहीं, बल्कि एक जीवन-पद्धति के लिए शोक व्यक्त किया गया है। इसके अलावा वर्ड्सवर्थ की कविता 'लूसी' को इसलिए 'एलेजी' नहीं माना गया कि वह आकार में बहुत छोटी है और टेनीसन की कविता 'इन मेमोरियम' को इसलिए नहीं कि वह आकार में बहुत बड़ी है। ऐसी स्थिति में 'सरोज-स्मृति' को 'एलेजी' या शोकगीति मानना एक सीमा तक ही सही हो सकता है। वस्तुस्थिति यह है कि यह कविता 'शोकगीति' के किसी रूप को सामने रखकर नहीं लिखी गई है, उसकी किसी रूढ़ि का निर्वाह नहीं करती, इसलिए अंतर्वस्तु और कला दोनों ही दृष्टियों से यह अपने ढंग की कविता है और इसका अपना रूप है। यह आकार में बड़ी है और इसकी विषय-वस्तु में इकहरापन न होकर एक संश्लिष्टता है। साथ ही यह एक भावोच्छ्वासपूर्ण रचना न होकर अत्यंत कठोर अनुशासन का पालन करनेवाली बहुत ही संयत ढंग से लिखी गई एक यथार्थसमन्वित रचना है।

इस कविता का महत्त्व हिंदी में शोकगीति के अभाव की पूर्ति की दृष्टि से नहीं, बल्कि एक अन्य दृष्टि से है। वह यह कि यह कविता निराला ने अपनी पुत्री की मृत्यु पर लिखी और इसमें अपने जीवन के लिए पुत्री को वह महत्त्व दिया, जो उनसे पहले और किसी कवि ने न दिया था। उन्होंने अपने संपूर्ण कवि-जीवन में दो महान् कविताओं की रचना की—'सरोज-स्मृति' और 'राम की शक्ति-पूजा'। इनमें से पहली कविता पुत्री-प्रेम की कविता है और दूसरी पत्नी-प्रेम की। क्या यह आकस्मिक है ? इस प्रश्न का सही उत्तर तब मिलता है, जब हम उनके संपूर्ण साहित्य और विचारधारा पर दृष्टि डालते हैं। नारी उनके साहित्य का एक मुख्य विषय है

और नारी-मुक्ति उनकी विचारधारा का एक मुख्य लक्ष्य। उनके उपन्यासों की नायिकाएं प्रायः नए युग की चेतना से लैस युवतियां हैं–कनक, अलका, निरुपमा और प्रभावती। इसी तरह उनकी कहानियों में भी नए युग की शिक्षित तरुणियां मिलती हैं, जो समाज-सुधार और विद्रोह की भावना से भरी हुई हैं। 'अनामिका' में जो 'मुक्ति' शीर्षक कविता है, वह नारी-मुक्ति को ही विषय बनाकर लिखी गई है। इसमें वे नारियों को ही संबोधित कर कहते हैं–'तोड़ो, तोड़ो, तोड़ो, कारा / पत्थर की, निकलो फिर / गंगा-जल-धारा!' 'प्रेयसी' कविता की युवती अपने प्रेमी की प्रेरणा से गृह-त्याग कर स्वतंत्रता का वरण करती है, लेकिन कविता के अंत में निराला प्रेमी पर प्रेमिका की ही स्थापना करते हैं, जब वह अपने प्रेमी से कहती है : "रूप के द्वार पर / मोह की माधुरी / कितने ही बार पी मूर्च्छित हुए हो, प्रिय, / जगती में रही, / गह बांह, बांह में भरकर संभाला तुम्हें।" 'तुलसीदास' में उलटी स्थिति है। उसमें तुलसीदास 'गृहत्याग' रत्नावली की प्रेरणा से करते हैं, जिसके रूप के बारे में निराला ने लिखा है : "देखा वामा वह न थी, अनल-प्रतिमा वह।" उनकी अन्य कविताओं में नारी के प्रति उनका आदर का भाव छलका पड़ता है। उसका उल्लास उन्हें भी उल्लसित करता है और उसका अभ्युत्थान उन्हें गर्व से भर देता है। नारी-मुक्ति को विषय बनाकर उन्होंने अनेक लेख और टिप्पणियां लिखीं और इसके लिए हरचंद प्रयास किया कि समाज में अपने नारी-व्यक्तित्व की रक्षा करते हुए नारियां पुरुषों के समकक्ष स्थान प्राप्त करें, उन्हें उन्हीं के समान स्वतंत्रता मिले और वे उन्हीं की तरह राष्ट्रीय आंदोलन से लेकर राष्ट्र-निर्माण तक में हिस्सा लें। निश्चय ही इसके पीछे उस युग की प्रेरणा थी, जो राष्ट्रीय जागरण और जनतांत्रिक चेतना के प्रसार का युग था। इसी युग ने नारी-मुक्ति का संदेश दिया था, जो अपने देश में दयानंद से लेकर लोहिया तक के कंठ में गूंजता दिखलाई पड़ता है। यही संदेश हिंदी कवियों में मैथिलीशरण गुप्त से लेकर रघुवीर सहाय तक की कविता से निस्सृत होता है।

जिस समाज में नारी के रूप में जन्म लेना ही पाप माना जाता हो, जिसमें नारी को कोई सामाजिक और राजनीतिक अधिकार न प्राप्त हो, जिसमें वह संपत्ति की हकदार न मानी गई हो, जिसमें पति की मृत्यु के बाद उसे जिंदा जला देने का धार्मिक विधान रहा हो और जिसमें माता-पिता द्वारा नवजात पुत्रियों की हत्या तक कर देने की परंपरा चली आती हो, उसमें पत्नी-प्रेम और पुत्री-प्रेम की कविता लिखना, पत्नी की मुक्ति के लिए अपनी एक आंख तक निकालकर देवता को चढ़ाने को उद्यत हो जाना और पुत्री की मृत्यु पर विलाप करना तथा अपने पितृत्व की निरर्थकता का एहसास करना निश्चय ही एक मानवीय ही नहीं, क्रांतिकारी कार्य है। 'राम की शक्ति-पूजा' और 'सरोज-स्मृति' निर्विवाद रूप से हिंदी की महान् क्रांतिकारी कविताएं हैं, क्योंकि उनका परिप्रेक्ष्य प्रस्तुत विषय तक ही सीमित न रहकर अत्यंत विस्तृत है, स्वतंत्रता और समानता के महान् जनतांत्रिक मूल्यों से प्रेरित अंतर्राष्ट्रीय

नारी-मुक्ति के आंदोलन से संबद्ध। संसार की आबादी का आधा हिस्सा स्त्री-जाति से बना है, जोकि आज भी पराधीन है और जिसे आज भी पुरुष-जाति के बराबर दर्जा प्राप्त नहीं। शोषण समाज के दूसरे क्षेत्रों में भी चल रहा है, लेकिन जैसाकि रघुवीर सहाय ने कहा है, नारी तो शोषण की प्रतीक है। उक्त दोनों ही कविताओं में नारी-मुक्ति के जनतांत्रिक मूल्यों को आत्मसात् कर निराला ने बहुत गहराई से अपने नारी-प्रेम की अभिव्यक्ति की है। जैसे महान् मानववादी कवियों में गहन मानव-प्रेम दिखलाई पड़ता है, यहां नारी-मुक्ति के समर्थक निराला में गहन नारी-प्रेम देखने को मिलता है। इस प्रेम की विशेषता यह है कि यह आंदोलनात्मक रूप में अभिव्यक्त न होकर अत्यंत निजी रूप में अभिव्यक्त हुआ है—पत्नी-प्रेम और पुत्री-प्रेम के रूप में।

3

'सरोज-स्मृति' में जो प्रभावोत्पादकता है और इसमें जो कलात्मक सौंदर्य है, उसे समझने के लिए इस कविता की संरचना पर ध्यान केंद्रित करना आवश्यक है। इसके शीर्षक में जो 'स्मृति' शब्द है, वह केवल एक काव्य-विधा की सूचना देने के लिए नहीं, बल्कि उसमें कविता की संरचना से संबंधित महत्त्वपूर्ण तथ्य छिपा है। संपूर्ण कविता एक 'स्मृति' है, यानी वह स्मृति के तर्क के सहारे लिखी गई है। स्वभावतः उसमें सरोज की मृत्यु के शोक से उद्दीप्त अनेक स्मृति-चित्र शुरू में क्रमहीन और बाद में क्रमबद्ध रूप से कवि के मानस में आते हैं। उन सभी चित्रों का संबंध किसी न किसी रूप में सरोज से है। प्रत्यक्षतः कभी-कभी वे निराला और उनके परिवेश से संबद्ध मालूम पड़ते हैं। इस प्रकार स्मृति ने इस कविता को वह रूप प्रदान कर दिया है, जिससे वह 'तुलसीदास' और 'राम की शक्ति-पूजा' से भिन्न हो गई है। शोक की अवस्था में यही स्वाभाविक है। उसमें सर्वथा क्रमबद्ध रूप में मृत व्यक्ति की कथा कही गई, तो वह कृत्रिम होगा, जिससे उसमें अपेक्षित प्रभावोत्पादकता संभव न होगी। शोकग्रस्त व्यक्ति मृत व्यक्ति को अनेक तरह से, अनेक प्रसंगों में, याद करता है और एक-एक याद उसे अधिकाधिक विह्वल बनाती जाती है। ऐसी स्थिति में उससे यह मांग करना कि वह कठोरतापूर्वक सिलसिले से तमाम चीजों को याद करे, एक गैरमुनासिब बात होगी। कला यथार्थ की पुनर्रचना है, इसका यह मतलब नहीं है कि उस पर एक कृत्रिम संरचना आरोपित की जाए। देखा यह गया है कि जिस रचना में चिंतन और भावधारा को उसकी अपनी गति और लय के साथ चित्रित कर दिया जाता है, वह अधिक शक्तिशाली हो जाती है। वहां पुनर्रचना का मतलब दूसरा होता है, स्वाभाविक गति और लय को नष्ट कर उसे सरल रूप में प्रस्तुत करना नहीं। यह देखकर आश्चर्य होता है कि डॉ. शर्मा ने 'साहित्य-साधना' के द्वितीय खंड में

'सरोज-स्मृति' की संरचना को 'तुलसीदास' और 'राम की शक्ति-पूजा' की तुलना में त्रुटिपूर्ण बतलाया है। उनकी यह बात उनकी उस टिप्पणी की याद दिला देती है, जिसमें उन्होंने 'गोदान' के स्थापत्य को अपेक्षाकृत कमजोर बतलाते हुए कहा था कि निर्माण की दृष्टि से प्रेमचंद 'सेवासदन' को फिर से न पा सके !

'साहित्य-साधना' में वे कहते हैं : " 'सरोज-स्मृति' में आंतरिक गठन की वैसी दृढ़ता नहीं जैसी 'तुलसीदास' में है।" (पृ. 309) क्यों ? इसलिए कि 'सरोज-स्मृति' में सपनों का बिखराव अपेक्षाकृत ज्यादा है। एक सपना साहित्य-संग्राम का, दूसरा सपना सरोज के शैशव-काल का, तीसरा सपना वापस आई हुई रचनाओं को लेकर घास नोचने का, चौथा सपना सरोज द्वारा कुंडली के फाड़े जाने का, पांचवां सपना कान्यकुब्ज कुलांगारों का, छठा सपना सरोज के विवाह का, सातवां सपना कवि-कर्म द्वारा स्वर्गीया कन्या के तर्पण का। डॉ. शर्मा के शब्दों में, "ये सभी अर्थ समर्थ हैं, किंतु एक ही सपने में गूंथे नहीं गए। इन सभी से निराला संबद्ध हैं, फिर भी वह केंद्र में स्थिर नहीं हैं। कवि, कन्या, पार्श्वभूमि—इन सब पर रचनाकार की दृष्टि भटकती है, कहीं देर तक ठहरती नहीं है।" (उपर्युक्त) उनकी शिकायत है कि 'सरोज-स्मृति' में निराला कथा कहने बैठते हैं, लेकिन उसे सरोज के जन्म से या अपने साहित्यिक अभ्युदय-काल से शुरू नहीं करते। पहले वे साररूप में सारा दुखद प्रसंग कविता के आरंभ में रख देते हैं, फिर कविता के मध्य में कथा कहने का परंपरागत ढंग अपनाते हैं। "कथा कहने का यह ढंग निराला की स्वप्नशीलता का विरोधी है। स्वप्नशीलता चाहती है, एक दृश्य पर निगाह जमाए रहो; कथा-प्रवाह की मांग है, आगे बढ़ते चलो, किसी दृश्य से अटककर खड़े मत हो जाओ। निराला की आंतरिक वृत्ति है किसी दृश्य को देखना, उससे अटकना, खड़े रह जाना। 'राम की शक्ति-पूजा' में उन्होंने कथा कहने का दूसरा ढंग अपनाया है; वह दृश्य से अटके रहते हैं, साथ ही कौशल से *काल-प्रवाह के साथ* पाठक को आगे-पीछे घुमाते रहते हैं।" (उपर्युक्त) डॉ. शर्मा की दृष्टि में 'तुलसीदास' और 'राम की शक्ति-पूजा' ही नहीं, निराला की कविता 'वन-बेला' भी संरचना की दृष्टि से 'सरोज-स्मृति' से श्रेष्ठ है, क्योंकि " 'सरोज-स्मृति' की तुलना में 'वन-बेला' की आंतरिक गठन सुदृढ़ है। कारण है निराला की स्वप्न-दृष्टि, जो स्वयं पर आदि से अंत तक जमी रहती है, इस स्वयं को पार्श्वभूमि के उपादानों से संबद्ध कर देती है।" यहां यह स्पष्ट कर देना आवश्यक है कि 'स्वप्न-दृष्टि' या 'स्वप्नशीलता' का प्रयोग डॉ. शर्मा ने 'विजन' के अर्थ में किया है और प्रकारांतर से उसके संबंध में यह धारणा व्यक्त की है कि वह एक स्वरूपप्राप्त सरल रेखा में चलनेवाली और बहुत ही सुलझी हुई चीज है। निराला अपनी आलोचना से क्षुब्ध होकर अक्सर कहा करते थे कि 'अभी हिंदी में समझवाला युग नहीं आया।' ऐसा लगता है, वह आज भी नहीं आया, वर्ना हिंदी में जो निराला के विशेषज्ञ माने जाते हैं, उनकी भी आलोचना निराला की रचना से इतना पीछे न होती। गनीमत

है, पं. नंददुलारे वाजपेयी का मत डॉ. शर्मा के एकदम विपरीत है और इसीलिए सत्य के अधिक निकट है। अपनी 'कवि निराला' नामक पुस्तक में वे 'सरोज-स्मृति' के बारे में कहते हैं : "इस दीर्घ प्रगीत का आकृतिगत शिल्प भी उतना ही सुगठित और सुव्यवस्थित है, जितना उसका भाव संयोजनात्मक शिल्प है।" (पृ. 118)

4

'सरोज-स्मृति' जिस रूप में 'सुधा' में प्रकाशित हुई थी, वह छोटे-बड़े नौ अनुच्छेदों में बंटी हुई थी, जिससे उसकी संरचना को समझने में मदद मिलती थी। 'अनामिका' में जब वह संकलित की गई, तो निराला ने दो बड़े अनुच्छेदों को प्रसंगानुसार पुनः दो-दो अनुच्छेदों में विभाजित कर दिया, जिससे अब उसके कुल ग्यारह अनुच्छेद हो गए। लेकिन पुस्तक के द्वितीय संस्करण से ही उसके अनुच्छेदों के विभाजन को लगभग खत्म कर दिया गया, अनुमानतः प्रकाशक के द्वारा, दो अनुच्छेदों के बीच के अंतराल को निकालकर कागज का खर्च कम करने के उद्देश्य से। इससे अनिवार्यतः कविता का रूप प्रभावित हुआ।

यह कविता सरोज को ही संबोधित है। इससे भी इसके रूप को वैशिष्ट्य प्राप्त हुआ है और इसके प्रभाव में तीव्रता आई है।

इसके आरंभ में निराला एक फैंटास्टिक लोक का निर्माण करते हैं, जिसका संबंध सरोज की मृत्यु से है। मृत्यु एक ठोस वास्तविक घटना है। हम देख चुके हैं कि सरोज बीमारी से और समुचित चिकित्सा न होने के कारण मरी थी, लेकिन निराला इस घटना को एक अलौकिक रूप प्रदान कर देते हैं। कहते हैं, सरोज मरी नहीं है, उसने पूर्ण आलोक का वरण किया है ! उसके जीवन के अट्ठारह वर्ष पूरे हो चुके थे। यह अट्ठारह अध्यायोंवाली जीवन-गीता का पूरा होना था। उसके बाद तो नामरूप का त्याग कर अमर शाश्वत विराम प्राप्त करना ही शेष था। वही सरोज को प्राप्त हुआ था। इसे मरना नहीं कहेंगे, यह तो ज्योति से खिलनेवाले सरोज अर्थात् कमल का ज्योति में लीन हो जाना है। आगे वे यह भी कहते हैं कि अपने पिता से पहले सरोज ने मृत्यु का वरण इसलिए किया कि वृद्धावस्था में जब वे अत्यंत अशक्त हो जाएंगे, वह उन्हें दिव्य सहारा प्रदान कर अंधकार से भरा हुआ यह दुस्तर भवसागर पार करा सके। सरोज की मृत्यु को यह अलौकिक रूप प्रदान करने की बात को वे कविता के अंत तक याद रखते हैं, जिसका प्रमाण यह है कि उसके समाप्त होने के पहले वे पुनः कहते हैं कि सरोज ने 'महामरण' को स्वीकार किया है !

"विद्वानों को इस कविता के दूसरे बंद में आनेवाला पिता के विशेषण के रूप में प्रयुक्त 'अरुण' शब्द परेशान करता रहा है। जाहिर है कि निराला अभी शोक की अवस्था में नहीं हैं, क्योंकि ऐसी अलौकिक घटना के लिए शोक क्यों ? स्वभावतः

उन्होंने सरोज की शाश्वत विदाई के लिए 'अरुण' विशेषण का प्रयोग किया है, जिसका अर्थ पूरे प्रसंग से इस शब्द को अलग करके नहीं ग्रहण किया जा सकता। पूरे अनुच्छेद में आलोक, ज्योति, प्रकाश आदि शब्दों की भरमार है, फिर तैरने और पार करने-जैसे क्रियापदों की। 'अरुण' शब्द इसके मेल में है। मृत्यु को महिमान्वित करना, उसे रहस्यात्मक बनाकर प्रस्तुत करना, छायावादी प्रवृत्ति का सूचक भी है, जो कवि को यथार्थ से आंख मिलाने से रोकती थी। यूरोपीय भाषाओं में ईसाई धर्म से प्रभावित होकर जो 'एलेजी' लिखी गई है, उसमें यह बात देखने में आती है कि अंत में कवि अचानक दुख और निराशा से निकलकर हर्ष की अवस्था में पहुंच जाता है और अपने मन को यह कहकर आश्वस्त करता है कि इस संसार में मृत्यु को प्राप्त करने का मतलब है उच्चतर जीवन में प्रवेश ! निराला पर उसका प्रभाव न हो, लेकिन मृत्यु को अलौकिक रूप प्रदान करना उनकी तत्कालीन मनोदशा का परिचायक तो है ही। यह अपनी पुत्री के धक्के को झेलने में असमर्थ पिता का निरुपाय मन को सांत्वना देना भी हो सकता है, जो उस स्थिति में एक धर्मप्राण व्यक्ति के लिए, जो लंबे समय तक रामकृष्ण और विवेकानंद के प्रभाव में रहा है, स्वाभाविक भी है। दूसरे बंद में 'तनये' संबोधन और 'जनक' यानी जन्म देनेवाले से हमेशा के लिए विदा लेने की बात राज खोल देती है कि कवि के कथित संतोष अथवा हर्ष के पीछे उसका आर्तनाद ही है, कुछ और नहीं, भले वह कानों को सुनाई न दे।

लक्ष्य करने योग्य कविता के आरंभिक अनुच्छेद में, जो प्रथम पंक्ति से शुरू होकर "शुक्ला प्रथमा, कर गई पार !" इस पंक्ति पर समाप्त होता है, निराला की वह काव्य-कला है, जिसका निर्वाह गहन शोक की अवस्था में भी वे अत्यंत कठोर अनुशासन का पालन करते हुए सजगतापूर्वक करते हैं। कहा गया है कि उनमें जो एक तटस्थता मिलती है, उसका कारण उनका वेदांती होना भी है, जो उन्हें इस संसार में पूर्णतः लिप्त होने नहीं देता। यहां उनकी निर्लिप्तता का स्पृहणीय कलात्मक परिणाम देखने को मिलता है। वे 'जीवन-सिंधु-संतरण' के रूपक को अंत तक याद रखते हैं, जिससे अनुच्छेद की अंतिम पंक्ति में कहते हैं–"शुक्ला प्रथमा, कर गई *पार* !" सरोज का निधन सावन के महीने में शुक्लपक्ष की प्रतिपदा को हुआ था। शुक्लपक्ष की प्रतिपदा तिथि कृष्णपक्ष के अंधकार के बाद आती है, अतः उस तिथि को अंधकार को पार कर जाने की बात कहना अत्यंत सार्थक है। अंधकार भी कैसा ? सावन के काले-काले बादलों से भरे आकाश में ठहरा हुआ। 'स्तब्धांधकार' शब्द के उच्चारण से उत्पन्न होनेवाली ध्वनि से लगता है कि वह पुंजीभूत अंधकार भी है। अंधकार को पार करने का मतलब उसकी कल्पना जल के रूप में करना है। ऊपर भी निराला *'दुस्तर तम'* कह चुके हैं। अंधकार की कल्पना इस रूप में उनके लिए नई नहीं है। 'तुलसीदास' में जब रत्नावली अपने भाई के साथ मायके चल देती है, तो 'घर अंधकार अब बहता।' बाद के उनके प्रसिद्ध गीत 'स्नेह-निर्झर बह गया है' में भी निर्झर ही नहीं बहता

है, अमावस्या भी बहती है–'बह रही है हृदय पर केवल अमा।' यदि शुक्लपक्ष की प्रतिपदा के चांद की कल्पना करें तो वह बहुत ही पतली डोंगी के आकार का होगा। उसी की तरह सरोज ने जीवन-सिंधु के अंधकार को पार किया था। निराला ने 'मृत्यु-तरणि' कहा भी है, जिस पर वह फुर्ती से सवार हो गई थी, यानी जीवन के आरंभिक काल में ही। आगे वे सरोज के ज्योति की शरण में चले जाने की बात कहते हैं, तो पुनः 'तरण' शब्द को दुहराते हैं और सरस्वती के लिए भी 'ज्योतिस्तरणा' शब्द का प्रयोग करते हैं। इसके अलावा इस बंद में और कई तरह की कलात्मक सजगता के दर्शन होते हैं।

सरोज ने जैसे गीता में एक के बाद दूसरा अध्याय आता है, क्रम से अपने जीवन के अट्ठारह अध्याय पार किए थे, जोकि गीता से भी अधिक पवित्र थे। निराला आगे की पंक्तियों में सरोज से यह भी कहते हैं कि तुमने अपने अशब्द अधरों से मुझे अपने प्रकाश में लीन होने की बात जो कही थी, वह मैं सुन सका, क्योंकि सरस्वती की निरंतर साधना से मुझे भी कुछ प्रकाश मिल गया है। यहां उनके कवि होने की ओर संकेत है, यानी इस ओर कि कवि मन की बात बिना बतलाए समझ सकता है; लेकिन सरोज के आगे तुरत उन्हें अपनी हीनता का बोध होता है। इसका पता इस बात से चलता है कि अब वे उसे 'जीवित कविते' कहकर संबोधित करते हैं। निराला जो कविता रचते हैं, वह शब्दों से, जिसे मनुष्य की तरह सजीव नहीं कह सकते, लेकिन सरोज तो साक्षात् कविता थी। उस कविता से उनकी शब्दों से निर्मित कविता का क्या मुकाबला ! पिता का 'शत-शर-जर्जर' विशेषण निराला के उस साहित्यिक और आर्थिक संघर्ष की सूचना देता है, जिसमें वे बुरी तरह से आक्रांत हुए थे। उन्होंने यह भी जतला दिया है कि सरोज जो उन्हें भवसागर पार कराने के लिए उनसे पहले चली गई है, इसके पीछे उसका कोई दंभ नहीं है। 'कहता तेरा प्रयाण सविनय' में 'सविनय' शब्द की यही व्यंजना है।

डॉ. शर्मा ने 'सरोज-स्मृति' के इस आरंभिक अंश पर यह टिप्पणी की है : "निराला ने जिस तरह की काव्य-भाषा गढ़ी है, उसके अपने नियम हैं। कई जगह शब्द-चयन इन नियमों को तोड़ता-सा लगता है। 'सरोज-स्मृति' में *ऊनविंश* अस्वाभाविक लगता है, कविता के आरंभ की काफी पंक्तियां प्रयास से गढ़ी हुई जान पड़ती हैं। *दृक्पात, तूर्ण-चरण*- जैसी शब्द-योजना खटकती है।" (उपर्युक्त, पृ. 384) निराला की काव्य-भाषा के निश्चय ही अपने नियम हैं, लेकिन वे नियम इतने संकीर्ण नहीं हैं कि उनसे एक ही प्रकार के वाक्यों और शब्दों के रूप बनें। 'सरोज-स्मृति' के पहले अनुच्छेद में सरोज की मृत्यु को महिमान्वित किया गया है, इसलिए स्वभावतः उसकी भाषा औदात्यपूर्ण है। इसी कारण जान-बूझकर निराला ने उन्नीस की जगह 'ऊनविंश' शब्द का प्रयोग किया है, जिसे आगे आनेवाला 'अष्टादश' शब्द संतुलित करता है। 'दृक्पात' शब्द का प्रयोग 'दृष्टिपात' के अर्थ में निराला ने अन्यत्र भी

किया है, यथा 'गीतिका' के गीत 'जागा दिशा-ज्ञान' में : "किरण-दृक्-पात आरक्त किसलय सकल ।" 'तूर्ण-चरण' में 'तूण' शब्द आगे की पंक्ति में आनेवाले 'पूर्ण' शब्द से ध्वनि-साम्य रखने के कारण भी आया है, वैसे फुर्ती से नौका पर सवार होनेवाली क्रिया के लिए कम से कम शब्दों का प्रयोग किया जाए, तो उसे कवि का लाघव ही कहेंगे, 'न्यूनता' के अर्थ में भी और 'कौशल' के अर्थ में भी। निराला के शब्द-प्रयोग पर चलते-चलाते, आलोचक ने स्वयं श्रेष्ठ काव्य-भाषा का जो प्रतिमान स्थिर किया है उसको ध्यान में रखकर, कोई टिप्पणी नहीं की जा सकती। उसे समझने के लिए उनके मनोलोक में प्रवेश करना और वहां से फूटती भाषा की गति और लय के साथ चलना जरूरी है। उनकी कविता सशक्त भावों का अनायास विस्फोट नहीं है, इसलिए एक स्तर पर वह हमेशा प्रयासजन्य लगती है, जहां उसकी भाषा सर्वथा सरल होती है, वहां भी ध्यान देने पर यह पता चलता है कि कवि उसे भी अत्यंत सजगता से श्रमपूर्वक गढ़ रहा है, लेकिन इसका मतलब यह नहीं होता कि उसके भीतर सहज भाव-धारा कल-कल करती प्रवहमान नहीं होती। भाव और भाषा के बीच का यह तनाव निराला की कविता की शक्ति का एक महत्त्वपूर्ण उत्स है।

परस्पर विरोधी वस्तुओं का एकत्र संयोजन—कभी-कभी उन्हें खींचकर बलात् मिला देना—यह निराला की कविता की विशेषता है। जैसे उनमें अनायास भाव और सायास भाषा का एकत्र संयोजन देखने को मिलता है, वैसे ही कल्पना और यथार्थ का भी। छायावादी कवियों में उनका यथार्थ-बोध सर्वाधिक प्रबल था, इसलिए वे देर तक दार्शनिक वा आध्यात्मिक कल्पना के लोक में नहीं रह सकते थे। यथार्थ की तीक्ष्ण किरणें उनकी कल्पना के मेघों को भेदकर तुरत प्रकट हो जाती थीं और सत्य को सामने ला देती थीं। सरोज की मृत्यु का एक कल्पित रूप प्रस्तुत करने के बाद निराला अप्रत्याशित गति से वास्तविकता की भूमि पर आ जाते हैं और अगले अनुच्छेद के आरंभ में कहते हैं—

> धन्ये, मैं पिता निरर्थक था
> कुछ भी तेरे हित न कर सका !
> जाना तो अर्थागमोपाय,
> पर रहा सदा संकुचित-काय
> लखकर अनर्थ आर्थिक पथ पर
> हारता रहा मैं स्वार्थ-समर।
> शुचिते, पहनाकर चीनांशुक
> रख सका न तुझे अतः दधिमुख।

उन्हें जोरों से यह एहसास होता है कि सरोज के प्रति वे अपने पिता-धर्म का निर्वाह न कर सके, क्योंकि न वे उसे अच्छा वस्त्र पहना सके, न अच्छा खाना खिला सके।

उपर्युक्त उद्धरण की अंतिम दोनों पंक्तियां भाव और भाषा दोनों ही दृष्टियों से अत्यंत मार्मिक हैं। भाव गहरे अफसोस का है और भाषा ऐसी है, जो जितनी ही सरल है, उतनी ही सारगर्भित। 'दधिमुख' शब्द में एक सिमटाव है, जैसे 'अर्थागमोपाय' शब्द में। 'चीनांशुक' का अर्थ चीन से आयातित रेशमी वस्त्र है। रेशमी वस्त्र को पवित्र माना जाता है, इसलिए पवित्र कार्यों अथवा अनुष्ठानों में उसी को धारण करने का विधान है। 'शुचिते' संबोधन से यह व्यंजित है कि सरोज वैसे ही वस्त्र के योग्य थी, लेकिन वह उसे नसीब न हुआ। यहां स्वाभाविक रूप से सूर के बालकृष्ण का 'मुख दधि लेप किए' वाला रूप याद आ जाता है और उससे अभावग्रस्त सरोज के रूप का विरोध होने से मिथक और यथार्थ का फर्क बिलकुल स्पष्ट हो जाता है। निराला मात्र भावुक और कल्पनाशील कवि न थे, इसलिए उन्हें अर्थोपार्जन के सारे गलत तरीके मालूम थे। उनका कथा-साहित्य और उनकी संपादकीय टिप्पणियां इस बात का सबूत हैं कि मानव-स्वभाव से लेकर समाज के तौर-तरीकों तक का वे एक कठोर यथार्थवादी की तरह ज्ञान रखते थे, लेकिन उनका इस्तेमाल कर धन कमाना उनके लिए संभव नहीं था। परिणामतः वे जान-बूझकर स्वार्थ की लड़ाई हारते रहे। हार का मुंह उन्हें अनेक रूपों में देखना पड़ा था, इसलिए तमाम आस्था और आत्मविश्वास के बावजूद शुरू से ही उनमें एक गहरा पराजय-भाव था। 'वन-बेला' में भी वे कहते हैं : "हो गया व्यर्थ जीवन, / मैं रण में गया हार !" 'शक्ति-पूजा' में भी एक अवस्था में निराशाग्रस्त राम विभीषण से कहते हैं : "मित्रवर, विजय होगी न समर।"

अर्थोपार्जन का एक ही अर्थ है—शोषण, गरीबों के मुंह का कौर छीन लेना। आगे की पंक्तियों में निराला बतलाते हैं कि वह काम वे नहीं कर सकते थे; वे स्वयं गरीब थे, फिर उनसे वैसे कैसे पेश आते ! इसी बात को वे इस तरह कहते हैं कि मेरी आंखों में ठहरे हुए आंसुओं में जिन गरीबों के चेहरे और भाव प्रतिबिंबित हुए, वे मेरे ही थे ! यहां उनकी उक्ति रवींद्रनाथ की इस उक्ति से प्रभावित है : "कम टु माई हार्ट एंड सीक हिज फेस इन / दि टियर्स ऑफ माई आइज !" दोनों जगह एक ही तरह के बिंब हैं। तत्पश्चात् निराला को अपनी हिंदी-सेवा याद आती है, जिसके पुरस्काररूप में ही उन्हें यह अभाव और निर्धनता प्राप्त हुई थी। वे कभी-कभी समान ध्वनि, लेकिन भिन्न अर्थवाले शब्दों का एकत्र प्रयोग कर उनसे चमत्कार की भी सृष्टि करते थे। यहां 'हार' एक जगह 'उपहार' है, दूसरी जगह 'हार' यानी पराजय और तीसरी जगह 'रत्नहार' : "यह हिंदी का स्नेहोपहार, / यह नहीं हार मेरी, भास्वर / यह रत्नहार-लोकोत्तर वर !" वे अपनी निर्धनता को अपनी पराजय नहीं, बल्कि अपनी विजय का सूचक ज्योतिर्मय रत्नहार मानते हैं ! इसमें उनकी पीड़ा भी बोलती है, वे व्यंग्य भी करते हैं और कहीं संतोष से भरे हुए अपने गर्व की भी अभिव्यक्ति करते हैं कि यह उनके सही रास्ते से विचलित न होने का प्रमाण है। लेकिन यह भाव उनके भीतर बहुत गहरा है कि अपनी हिंदी-सेवा के रूप में उन्हें

जो निर्धनता मिली, वे उसके पात्र न थे।

1935 में वे साफ शब्दों में कहते हैं कि श्रेष्ठ कलात्मक साहित्य के क्षेत्र में उनकी देन महत्त्वपूर्ण है। उनका साहित्य उनकी क्षमता का प्रमाण है, जिससे ढेर सारी साहित्यिक समस्याओं का समाधान प्राप्त किया जा सकता है। अपनी बाद की भी एक प्रसिद्ध रचना में उन्होंने कहा है : "दिए हैं मैंने जगत् को फूल-फल / किया है अपनी प्रभा से चकित-चल।" यहां वे एक खास बात यह कहते हैं कि उनका यह साहित्य तो बाएं हाथ से रचा गया है। साहित्य-रचना में तो उन्होंने अभी अपना दायां हाथ लगाया ही नहीं। उस हाथ को तो, जो गद्य और काव्य दोनों की रचना में समान रूप से सिद्ध है, अभी वे अपनी बगल में रखे हुए हैं, जैसे जेब में ! उनकी यह बात उनकी एक दूसरी बात की याद दिलाती है। उनके मित्र परमानंद शर्मा ने 'महाकवि श्री निराला अभिनंदन ग्रंथ' में 'कलकत्ता में श्री निरालाजी' शीर्षक अपने लेख में उनका संस्मरण लिखते हुए लिखा है : "कथा-साहित्य और उपन्यास-कला पर बातचीत आरंभ हो गई। निरालाजी ने 'अप्सरा' के संबंध में कहा, अभी मैंने केवल बीस परसेंट निराला रखा है, तब यह दशा है कि साहित्य के बड़े-बड़े सेठ औंधे होने लगे। इसमें अस्सी परसेंट सरासर 'बाजार' है। यदि सेंट-परसेंट निराला रख दें, तो शत-कोटि कैंडिल पावर से नहीं ज्ञात कितना अधिक प्रकाश फैल जाय और देखनेवालों की आंखें चौंधिया जायं। और न हो, तो हिंदीवाले लाठी लेकर निराला को मार ही डालें।" आगे चलकर उन्होंने 'कुल्ली भाट' और 'बिल्लेसुर बकरिहा' नामक दो लघु उपन्यास रचे, अपनी पूर्ण क्षमता का परिचय देते हुए, जो आज तक हिंदी संसार को न पचे हैं। 1936 में उन्होंने 'राम की शक्ति-पूजा' नामक अपनी महान् कविता की रचना की, जिसके लिए उनका उपहास भी किया गया और विरोध भी। इस कविता में भी उन्होंने अपने को पूरी तरह से प्रकट किया था, जिसका उलटा ही परिणाम देखने को आया। ऐसी स्थिति में यदि वे महसूस करते हैं कि अब तक वे बाएं हाथ से साहित्य-रचना करते रहे हैं, तो उसमें कोई आश्चर्य की बात नहीं।

उन्होंने उन श्रेष्ठ लेखकों को ललकारा, जो उनके विरुद्ध छेड़े गए युद्ध को हंसते हुए देखते रहे थे। निराला पर एक साथ सौ आघात होते थे, चक्कर लगाते हुए, सधे हुए और क्षिप्रता से भरे हुए, लेकिन वे उनका उत्तर न देते थे, क्योंकि उनकी दृष्टि में महत्त्व साधना का था, निरर्थक प्रतिरोधों का उत्तर देने का नहीं। स्वभावतः आघात करनेवालों के शर-क्षेप और रण-कौशल के वे सिर्फ निर्निमेष दर्शक थे ! इस दृश्य को आनंदपूर्वक देखते रहनेवाले उक्त जनों से वे कहते हैं कि अब वे मेरी क्षमता के प्रमाण को भी देखें। उनके विरुद्ध छेड़े गए क्रोध से पूर्ण और निर्बंध चीत्कार वाले युद्ध का परिणाम सामने आ चुका है। हुआ यह कि चीत्कार करनेवालों का गला बैठ गया, यानी अंततः उन्हें चुप होना पड़ा। इस पूरे प्रसंग को निराला ने बहुत ही संश्लिष्ट ढंग से उपस्थित किया है–शब्द थोड़े और उनकी योजना ओजपूर्ण :

"व्यक्त हो चुका चीत्कारोत्कल / क्रुद्ध युद्ध का रुद्ध-कंठ फल।" 'क्रुद्ध युद्ध' 'राम की शक्ति-पूजा' में भी है, "विचलित लख कपिदल क्रुद्ध युद्ध को मैं ज्यों-ज्यों," यद्यपि दोनों प्रयोगों में अंतर है। 'शक्ति-पूजा' में 'क्रुद्ध' का प्रयोग विशेषण के रूप में किया गया है, जबकि 'सरोज-स्मृति' में विशेषणविपर्यय नामक अलंकार के रूप में, जिससे छायावादी कवियों को विशेष प्रेम था। विरोधियों के पराजित होनेवाला भाव निराला में अंत-अंत तक बना रहा, क्योंकि अपनी अंतिम कविता में भी वे कहते हैं : "...मल्ल भल्ल की / मारें मूर्च्छित हुईं / निशाने चूक गए हैं।" अंत में वे अपने आत्मविश्वास का इजहार करते हैं : मेरी जिस काव्य-छवि को लोग लांछित करते रहे हैं, वह और भी फ़लीभूत होगी, इतनी कि प्रत्येक व्यक्ति के भीतर सोए सूर्य को जगा देगी। वे पुनः अपने शत्रुओं से कहते हैं कि सरस्वती मुझ पर कृपालु हैं। तुम देखो कि वे स्वयं अपने किरण-कर में तूलिका लेकर मेरी काव्य-छवि में कैसे रंग भरती हैं, कैसे तुम लोगों द्वारा लांछित मेरी काव्य-छवि ही उनके लिए वांछित है और कैसे वे उस पर रंग से भरकर अपनी स्नेहपूर्ण कूची चलाती हैं ! साहित्य में आरंभ से ही निराला को लांछित किया जाता रहा था, लेकिन उससे वे विचलित नहीं हुए। कुछ ही दिन पहले उन्होंने एक गीत लिखा था, जिसमें उन्होंने कहा था कि शक्ति के प्रति भक्ति-भाव की अग्नि में लांछना इंधन का काम करे, यानी जलकर भस्म हो जाए और मैं जीवन के सारे प्रलोभनों को ठुकराता हुआ सबल रूप में लगातार अपनी यात्रा जारी रखूं—"लांछना इंधन, हृदय-तल जले अनल / भक्ति-नत-नयन मैं चलूं अविरत सबल / पार कर जीवन-प्रलोभन के समुपकरण।"

अपने बारे में प्रसंगवश इतना बतला चुकने के बाद निराला को ध्यान आता है कि मुख्य विषय तो सरोज है, इसलिए वे बिलकुल गद्य का ढंग अपनाते हुए कहते हैं 'अस्तु' और कविता के दूसरे अनुच्छेद में जो बात शुरू की थी, अगले अनुच्छेद में उसका सूत्र पकड़ लेते हैं : "अस्तु मैं उपार्जन को अक्षम / कर नहीं सका पोषण उत्तम / कुछ दिन को, जब तू रही साथ, / अपने गौरव से झुका माथ।" वे सरोज की स्मृतियों में खो जाते हैं। यह उन दिनों की बात है, जब वे अपनी सास के कहने पर विवाह के पहले उसी की चिंता से ग्रस्त उसे थोड़े दिनों के लिए अपने घर गढ़ाकोला ले आए थे। उन थोड़े दिनों में भी वे उसे ठीक से न रख सके। सरोज की स्थिति यह थी कि वह बेटी थी, उसके विवाह की समस्या थी, इसलिए वह अपने को अपने पिता पर भार समझ रही थी। "अपने गौरव से झुका माथ" में 'गौरव' शब्द का अर्थ 'भार' या बोझ ही है। इसी से उसका सिर झुका रहता था, उठ न पाता था। आगे की दो पंक्तियां बहुत मार्मिक हैं : "पुत्री भी, पिता-गेह में स्थिर, / छोड़ने के प्रथम जीर्ण अजिर।" निराला कहते हैं कि सरोज तो पिता के घर में थी, इसलिए उसे प्रसन्न और चंचल होना चाहिए था, लेकिन स्थिति यह थी कि उनके साथ वह भी वहां विषण्ण और स्थिर थी। यह ठीक उस समय की बात है, जबकि विवाहोपरांत

उसे पिता का आंगन छोड़ना था। यह आंगन अवध के एक छोटे किसान का आंगन था–पुराना और ढहता हुआ। यह दशरथ का वह अजिर न था, जिसमें राम विहार करते थे, या फिर उनकी वह मणियों के खंभोंवाली पारदर्शी अंगनाई न थी, जिसमें उनके चारों पुत्र की बाल्यावस्था की छवि छलकती ! उन्हें सरोज की अश्रुपूरित दृष्टि और उसके मन में दबी अधूरी लालसा याद आती है जिन्हें वह अपने छोटे-छोटे उच्छ्वासों में भरकर व्यक्त करती थी। वे कहते हैं, यह सब समझता हुआ भी मैं केवल रास्ते की तरफ देखता रहा, यानी कुछ कर नहीं सका। दृष्टि रास्ते से हटती थी, तो फिर उसे उसी पर टेक देता था। यह विवशता थी, साधनहीन पिता की।

फिर तो उनके मानस में सरोज के स्मृति-चित्र उमड़ पड़ते हैं, जिनसे उनका अपना जीवन भी जुड़ा हुआ था। सरोज की स्मृतियों से अपने विगत जीवन की स्मृति को अलग करना मुश्किल था। स्वभावतः सरोज की गाथा निराला की गाथा बन जाती है। सरोज की सवा साल की अवस्था में ही उसकी मां की मृत्यु; उसका ननिहाल में पालन-पोषण; निराला का इधर काव्य-साधना में लगा रहना; उनका कलकत्ते से एक बार डलमऊ पहुंचना और दूसरे विवाह के लिए घेरा जाना; उनका विचलित होना और सरोज को देखकर ही उनके विचलन का दूर होना; उसका युवावस्था में प्रवेश करना; सास के द्वारा उसके विवाह के लिए उद्योग करने का परामर्श; निराला का सरोज को विवाह के लिए गढ़ाकोला लाना; क्रांतिकारी ढंग से किया गया उसका विवाह, बीमारी और फिर उसकी मृत्यु–ये तमाम चित्र एक-एक करके उनके मानस में उमड़ते हैं और उन्हें अधिकाधिक व्याकुल बनाते जाते हैं। देखने की चीज चित्रों के अंकन में यथार्थता के साथ निराला का कलात्मक कौशल, उन्हें मार्मिक बनाने की उनकी क्षमता और उनका वह संयम और अनुशासन है, जो इस कविता को मात्र भावुकता की सृष्टि होने से बचाता है। प्रसंग के अनुसार निराला की भाषा बदलती चलती है और उसमें विषम स्तरों का निर्माण होता चलता है, जिससे यह कविता एकरस न होकर अनेक प्रकार से आकर्षक हो जाती है।

सरोज सवा साल की ही थी, कोमल और अस्थिर बोध के कारण अभी केवल मां को पहचानती, कि निराला की पत्नी मनोहरा देवी का इन्फ्लुएंजा के प्रकोप में निधन हो गया। उस समय वे अपने मायके डलमऊ में ही थीं। अब तक सरोज उनकी गोद में थी, अब वह अपनी नानी पार्वती देवी की गोद में चली गई। उन्होंने ही उसका पालन-पोषण किया। कविता के इस अनुच्छेद में निराला ने सरोज की बाल-क्रीड़ा का वर्णन किया है, जोकि संपूर्ण हिंदी कविता में विलक्षण है। इस विलक्षणता के दो कारण हैं। एक तो यह कि यह एक बालिका की बाल-क्रीड़ा का वर्णन है, बालक की बाल-क्रीड़ा का नहीं। बालक की बाल-क्रीड़ा का वर्णन सूर से लेकर तुलसी तक ने किया है, लेकिन समाज में बालिकाओं को अवांछनीय माने जाने के कारण किसी कवि को बालिका की बाल-क्रीड़ा में सौंदर्य नहीं दिखलाई पड़ा। राधा 'सूरसागर' में

तब प्रकट होती हैं, जब वे किशोरी हो जाती हैं, यानी शृंगार का आलंबन बन जाती हैं–"नैन बिसाल भाल दिए रोरी," और सीता भी बालिका-रूप में कहीं रामचरितमानस में नहीं हैं। एक औरत एक दिन दशरथ के राजद्वार पर गई, तो देखा कि "सुत गोद कै भूपति लै निकसे।" दशरथ के शायद पुत्री न थी, लेकिन जनक के तो थी, लेकिन जनक कभी अपनी गोद में सीता को लिए राजभवन के भीतर से न निकले। सीता भी 'मानस' में पुष्प-वाटिका में ही प्रकट होती हैं, राम में अनुरक्त होने और अपने में उन्हें अनुरक्त करने के लिए। जैसाकि पहले कहा जा चुका है, निराला का पुत्री-प्रेम उनकी नवीन जनतांत्रिक चेतना की देन है, जो पुत्र और पुत्री में कोई भेद नहीं करती है और दोनों को समान महत्त्व देती है। निराला ने सरोज की बाल-क्रीड़ा का जो वर्णन किया है, वह दूसरे इस कारण से विलक्षण है कि यह "दाऊ बहुत खिझायौ" से आगे की चीज है।

वे सरोज के बचपन को याद करते हुए उसे ही संबोधित कर कहते हैं :

खाई भाई की मार, विकल
रोई उत्पल-दल-दृग-छलछल,
चुमकारा फिर उसने निहार,
फिर गंगा-तट-सैकत-विहार
करने को लेकर साथ चला,
तू गहकर चली हाथ चपला।
आंसुओं-धुला मुख हासोच्छल,
लखती प्रसार वह ऊर्मि-धवल।

ननिहाल में ही निराला के पुत्र रामकृष्ण भी पल रहे थे, जो कि उम्र में सरोज से दो-तीन साल बड़े थे। छोटे भाई-बहनों का झगड़ा प्रसिद्ध है। रामकृष्ण सरोज को पीट देते थे, तो वह व्याकुल होकर रोने लगती थी। एक दिन की घटना है कि जब वह रोने लगी, तो रामकृष्ण घबड़ा गए। उन्होंने उसे पुचकारा और प्रलोभन दिया कि तुम्हें गंगा-किनारे की रेती पर घुमाने ले चलेंगे। वे उसे लेकर गंगा-तट गए भी। वह रामकृष्ण का हाथ पकड़े चल रही थी। गंगा-तट पर पहुंचकर उसने गंगा के जल का ऊर्मि-धवल प्रसार देखा तो उसके आंसुओं से धुले मुख पर हंसी उछलने लगी! यह वर्णन जितना यथार्थ है, उतना ही सजीव भी। जितना ही स्वाभाविक है, उतना ही कवित्वपूर्ण भी। उक्ति में सरलता और ओजपूर्ण माधुर्य का अद्भुत मिश्रण है। भाई से मार खानेवाली बात सरल भाषा में कही गई है, लेकिन सरोज के रोने की बात कवित्वपूर्ण भाषा में। उसकी आंखों में आंसू छलछला आए थे, जैसे कमल की पंखुड़ियों पर पानी की बूंदें ढलमला रही थीं : "उत्पल-दल-दृग-छलछल।" निराला के बिंब-विधान की विशेषता है कि बिंब का मुख्य अंश वे निर्मित करते हैं

और शेष पाठकों की कल्पना पर छोड़ देते हैं। रामकृष्ण के सरोज को चुप करानेवाली बात का वर्णन भी सरल भाषा में किया गया है, लेकिन गंगा-तट पर घूमने में जो आनंद है, उसके कारण उसका वर्णन विशिष्ट शब्द-योजना के द्वारा : "गंगा-तट-सैकत-विहार।" सरोज के लिए 'चपला' विशेषण का प्रयोग भी अत्यंत सुंदर है, क्योंकि यह उसके बाल-चापल्य का भी व्यंजक है और उसके सौंदर्य का भी। अंतिम पंक्तियों में 'आंसुओं-धुले मुख' के साथ 'हासोच्छल' शब्द का प्रयोग भी उस पर हंसी के अनुपम सौंदर्य का अंकन करने के लिए है। इसी तरह गंगा में उठनेवाली लहरें उसके जल-प्रसार को जो उज्ज्वल बना देती हैं, उसके लिए 'प्रसार वह ऊर्मि-धवल' कहा है ! भाषा के ऐसे ही परस्पर-विरोधी गुणों से बनी है निराला की कविता। स्वभावतः उसमें प्रांजलता, कांति और माधुर्य सबकुछ है। इस वर्णन की मार्मिकता तब समझ में आती है, जब हमारा ध्यान इस बात पर जाता है कि सरोज की इस बाल-क्रीड़ा की स्मृति उन्हें तब आती है, जब वह इस संसार में नहीं रह गई है और उसके पिता उसके शाश्वत वियोग से शोक में पागल हो रहे हैं।

इधर सरोज इस तरह अपने ननिहाल में पल रही थी और उधर निराला उससे दूर कलकत्ते में अबाध गति से मुक्तछंद की रचना करते हुए व्यर्थ की काव्य-साधना में पूरी तरह से जुटे थे। निराला में आत्मोपहास की भी प्रवृत्ति थी, वे दूसरों पर हंसने के साथ अपने पर भी हंस सकते थे, उनमें अपने प्रति निर्मम तटस्थता का भाव भी था, कविता का यह अंश उसका प्रमाण है। आत्मोपहास के साथ-साथ यहां उन संपादकों का भी उपहास है, जिन्हें उदीयमान निराला की कविता की संभावनाओं की पहचान नहीं थी। उनके मुक्तछंद में उन्हें आनंद नहीं आता था, इसलिए वे उनकी कविताएं पढ़कर तुरत एक-दो पंक्तियों में स्थानाभाव, अपनी असमर्थता आदि का रोना रोकर उन्हें लौटा देते थे। यह इतिहाससम्मत तथ्य है कि मुक्तछंद में लिखी गई अपनी कविताओं को स्वीकृति दिलाने के लिए निराला को भारी संघर्ष करना पड़ा था। संपादकों द्वारा लौटाई गई रचनाएं लिए हुए वे एकांत स्थान में बैठे दिशाओं को और आकाश को ताका करते थे और संपादकों का गुण-चिंतन करते हुए अपना लंबा समय बिताते थे। यहां उन्होंने मैदान में बैठे उदास और चिंतित व्यक्ति की हरकत का यथार्थ वर्णन किया है। वे आदत के मुताबिक पास की घास नोच-नोचकर इधर-उधर फेंकते जाते थे, जैसे संपादकों को अपने प्रशंसा-भाव अर्पित कर रहे हों, पूजा के दूर्वादलों की तरह ! एक तरफ सरोज की बाल-क्रीड़ा और दूसरी तरफ निराला का कवि-जीवन—दोनों चित्र आमने-सामने हैं, जैसे दो दर्पण एक-दूसरे को प्रतिबिंबित कर रहे हों। मातृविहीन और पिता से दूर सरोज ननिहाल में पल रही थी, बहुत मामूली ढंग से, जिसकी वजह निराला थे, और निराला अपनी निरर्थक काव्य-साधना करते हुए संपादकों की उपेक्षा और तिरस्कार की मार सह रहे थे, जिसे उनका अपने मातृविहीन बच्चों से दूर रहना असह्य बना देता था।

कविता के पांचवें और छठे अनुच्छदों में उनके मानस में वे दृश्य आते हैं, जिनका संबंध दूसरे विवाह के लिए उन पर डाले जानेवाले दबाव से है। यह अनुमानतः 1924 के जाड़ों की बात है, जब वे कलकत्ते से चलकर डलमऊ पहुंचे थे और बाहर धूप में मोढ़े पर हाथ में अपनी जन्मकुंडली लिए हुए बैठे थे। इस प्रसंग का उन्होंने गद्यात्मक ढंग से विस्तार से वर्णन किया है, जिसका सरोज से यह संबंध है कि उसी की वजह से उन्होंने अपने विचलित होते हुए मन को स्थिर किया और अंतिम रूप से विवाह के प्रस्ताव को ठुकरा दिया। मामला विकट था, क्योंकि एक तरफ रूढ़ि-भंजक निराला ने जन्मकुंडली की परवाह छोड़कर, जिसमें यह अंकित था कि उनके दो विवाह होंगे, यह निश्चय कर रखा था कि दूसरा विवाह न करेंगे और दूसरी तरफ और कोई नहीं, स्वयं उनकी सास उसके लिए उन पर जोर डाल रही थीं। आत्मीय जनों का परामर्श वे झटक चुके थे, अनेक प्रस्ताव भी अस्वीकृत कर चुके थे, जो लड़कीवाले जिद करने लगते थे, उन्हें भी वे अपने को मंगली कहकर भगा चुके थे, लेकिन इस बार मुश्किल आ पड़ी थी। विवाह के लिए एक ऐसे सज्जन अड़े हुए थे, जिनकी लड़की उनके अनुसार अट्ठारह वर्ष की रूपवती युवती ही नहीं थी, एंट्रेस पास भी थी। उस जमाने में एक निम्नमध्यवित्तीय युवक के लिए, जो स्वयं एंट्रेस फेल हो, यह बड़ा प्रलोभन था। इसके अलावा वे सज्जन निराला के व्यक्तित्व से भी प्रभावित थे, उनके कवि और विद्वान् होने की भी प्रशंसा कर रहे थे। निराला लड़की के पिता के अनुरोध से किंचित् द्रवित हो गए थे। उनकी सास उन्हीं के लिए प्रयत्नशील थीं। वे सज्जन पुनः कल आनेवाले थे। उसके पहले आज वे निराला से स्वीकृति ले लेना चाहती थीं। इसी बीच एक घटना घट गई। निराला दुविधाग्रस्त थे कि खेलती हुई सरोज उनके पास आ गई। फिर तो उसके लिए विमाता की कल्पना से ही वे सिहर उठे और क्षणांतर में दुविधामुक्त हो गए। उन्होंने निश्चय कर लिया कि दूसरा विवाह किसी भी हालत में न करेंगे और जन्मकुंडली सरोज को थमा दी, जिसके उस अबोध बालिका ने टुकड़े-टुकड़े कर दिए। उनकी सास स्नान करके उनसे वचन लेने के लिए आईं, तो उन्होंने प्रसन्नतापूर्वक सिर्फ उधर संकेत कर दिया, जिधर सरोज उन टुकड़ों के ऊपर बैठी खेल रही थी। उन्होंने विस्मय से यह दृश्य देखा और निराला के दूसरे विवाह से संबंधित वह अध्याय हमेशा के लिए बंद हो गया।

कविता का यह अंश इतिवृत्तात्मक है, इसलिए स्वभावतः इसमें कवित्व अपेक्षाकृत कम है। डॉ. शर्मा ने ठीक लिखा है कि कथा-रचना में निराला कमजोर हैं। उनके संवाद उनकी कथा-रचना से बेहतर होते हैं, लेकिन उनमें भी उन्हें अपवाद रूप से ही पूरी सफलता मिलती है। संवाद को उन्होंने बलाघात और स्वरपात से यथासंभव सजीव बनाया है। उनकी प्रतिभा वस्तुतः परिवेश-वर्णन और आत्माभिव्यक्ति में उत्कर्ष पर पहुंचती है। कथा-रचना और संवाद-लेखन में वे रवींद्रनाथ से ही नहीं, मैथिलीशरण गुप्त, रामनरेश त्रिपाठी और दिनकर से भी बहुत

पीछे हैं। लेकिन यह अंश एक तो कविता का अनिवार्य अंश है और दूसरे, यह उसे यथार्थ का ठोस आधार प्रदान करता है। जैसे निराला की अभावग्रस्तता यथार्थ है, उनका साहित्यिक संघर्ष यथार्थ है, वैसे ही उनका यह दूसरे विवाह से संबंधित प्रसंग भी। उनकी लंबी कविताएं नदी की तरह चलती हैं, कहीं शांत, बिलकुल गद्यात्मक, और कहीं तरंगायित, अत्यंत कवित्वपूर्ण। कवित्व कविता के प्रत्येक अंश में होता भी नहीं है, वह विशेष स्थलों पर होता है और वहीं से कविता के आगे-पीछे अपना मोहक आलोक फेंककर उसे एक जादुई वस्तु में बदल देता है। संस्कृत के आचार्य क्षेमेंद्र ने भी लिखा है कि काव्य का जीवित औचित्य है तो उसके समस्त शरीर मे व्याप्त, पर उसकी स्पष्ट स्फुरणा पद आदि स्थानों में होती है, जैसे प्राण की मर्मस्थानों में। यह बात वस्तुतः औचित्य के संबंध में ही नहीं, काव्यत्व-मात्र के संबंध में सही है। इस अंश में यथास्थान सरोज का वर्णन भी बहुत सुंदर है और संक्षेप में पार्वती देवी का भी।

निराला सरोज को कभी परी कहते हैं, कभी पुतली या गुड़िया, जिससे उसके प्रति उनके अपार और अथाह वात्सल्य की सूचना मिलती है। शुरू में ही उन्होंने उसका यह मोहक वर्णन किया है :

याद है, दिवस की प्रथम धूप
थी पड़ी हुई तुझ पर सुरूप,
खेलती हुई तू परी चपल....

सरोज सहन में क्रीड़ारत थी। उस पर जाड़ों की अभी-अभी निकली धूप पड़ रही थी, जो उसे चंचल परी का रूप दे रही थी ! धूप के लिए निराला ने यहां एक बहुत ही सरल विशेषण प्रयुक्त किया है–'सुरूप', लेकिन यह इतना सशक्त है कि जाड़ों की सोने-जैसी धूप के सौंदर्य को पूरा मूर्त कर देता है। वे वस्तुतः सरल शब्दों के प्रयोग से भी अधिकतम और तीव्रतम अर्थ की व्यंजना कर सकते थे। जब दूसरे विवाह को लेकर उनका मन डिग रहा था, तो सरोज वहां किस रूप में पहुंची ? यह भी उन्हीं के शब्दों में द्रष्टव्य है :

आई पुतली तू खिल-खिल-खिल
हंसती, मैं हुआ पुनः चेतन
सोचता हुआ विवाह-बंधन।

उन्होंने सरोज के पहनावे का जिक्र नहीं किया, लेकिन उसे 'पुतली' कहने से यह स्वतः व्यंजित है कि वह रंगी-चुनी थी। उसकी खिल-खिल अपनी ध्वनि से आज भी कर्ण-कुहरों को भर देती है। इसने निराला की निद्रा भंग कर दी और वे पुनः सजग हो गए कि उन्हें दूसरा विवाह करके सरोज के लिए मुसीबत मोल नहीं लानी है, भले

उनका अपना जीवन और विशृंखल हो जाए। जिसके लिए उन्होंने इतना बड़ा निर्णय लिया था, आज वह नहीं है, यह बात वे कहते नहीं हैं, लेकिन वह प्रत्येक चित्र के साथ टेक की पंक्ति की तरह गूंजती रहती है। इसी तरह सरोज की मृत्यु से उत्पन्न अपनी व्याकुलता भी वे स्पष्ट शब्दों में प्रकट नहीं करते, लेकिन वह उनके प्रत्येक चित्र से प्रकट होकर पाठकों का मर्म-वेध करती रहती है।

इस अंश के अंत में उन्होंने दो पंक्तियों में अपनी सास का वर्णन किया है : "कर स्नान-शेष, उन्मुक्त केश / सासुजी रहस्य-स्मित सुवेश···।" तुलसीदास से होड़ करनेवाली इस पदावली से लगता है कि निराला अवसर पाकर संक्षेप में अपनी सास के भव्य सौंदर्य का वर्णन कर रहे हैं। डॉ. शर्मा ने उन्हें देखा था और उनके अनुसार वे अत्यंत सुंदर थीं, लेकिन वास्तविकता यह है कि इस वर्णन में किंचित् विनोद-भाव भी मिश्रित है। अपनी सास के साथ निराला का संबंध विचित्र प्रकार का था। वे उनके प्रति आदर-भाव भी रखते थे, उनसे उपकृत भी अनुभव करते थे और उद्दंडता के साथ उन्हें जवाब भी देते थे। एक उदाहरण 'कुल्ली भाट' से। निराला विवाह के बाद एक बार ससुराल गए, तो उनकी सास ने उनसे पूछा, "अच्छा, भैया, मेरी लड़की तुम्हें कैसी सुंदरी लगती है ?" उन्होंने उत्तर दिया, "मैंने आपकी लड़की को छुआ तो है, बातचीत भी की है, लेकिन अभी तक अच्छी तरह देखा नहीं, क्योंकि जब मेरे देखने का समय होता था, तब दिया गुल कर दिया जाता था।" निराला ने लिखा है कि उनकी सास मुस्कुराईं और उठकर भीतर चली गईं। रात को जब वे अपने शयन-कक्ष में गए, तो उसमें बड़ी मोटी बत्ती लगाकर एक दिया रख दिया गया था, जिससे कि अपनी पत्नी के अनन्य लावण्य को वे पूरी सार्थकता से देख सकें। निराला अनुप्रास के मधुर संगीत से युक्त पदावली से सर्वथा भिन्न प्रकार का कार्य भी ले सकते थे, यह इन दो पंक्तियों से स्पष्ट है। बड़ी बात यह कि 'कुल्ली भाट' से उद्धृत प्रसंग से 'रहस्य-स्मित' का रहस्य भी प्रकट हो जाता है।

तत्पश्चात् निराला को सरोज का किशोरावस्था में प्रवेश करना याद आता है और वे उसके सौंदर्य का वर्णन करने लगते हैं। यह कविता का सातवां अनुच्छेद है। आलोचकों ने इस सौंदर्य-वर्णन को निराला के लिए अग्नि-परीक्षा माना है और यह भी कहा है कि वे उसमें उस तरह सफल हुए हैं, जिस तरह कालिदास जगज्जननी पार्वती के रति-वर्णन में। यह सौंदर्य-वर्णन जितना ही सूक्ष्म है, उतना ही जटिल। साथ ही इसमें शोक का गहरा भाव भी मिला हुआ है, जो इसके प्रभाव को एक भिन्न संदर्भ दे देता है। सरोज बाल्यवस्था की क्रीड़ाओं के प्रांगण को धीरे-धीरे पार करके तरुणावस्था के कुंज में पहुंची ! बाल्यावस्था सपाट मैदान की तरह थी, जिसमें क्रीड़ा की जाती है, लेकिन तरुणावस्था हरे-भरे बाग की तरह है। तरुणावस्था में जो सरोज का लावण्य प्रकट हुआ, तो उसके भार से उसकी कोमल काया कांप उठी, जैसे किसी नई वीणा पर मालकौश राग गूंज उठा हो, उसके तारों को कंपाता हुआ। यह वर्णन

स्पष्टतः बिहारी के 'सोभा हा के भार' वाले वर्णन से अधिक सूक्ष्म है, क्योंकि एक तो यह छायावादी कवि द्वारा किया गया है, जिसकी शैली लाक्षणिक थी और संवेदना परिष्कृत, और दूसरे, यह किसी नायिका का नहीं, बल्कि कवि द्वारा किया गया अपनी पुत्री का वर्णन है, जिसमें शृंगार नहीं, बल्कि वात्सल्य-भाव है। बिहारी का वर्णन जहां अतिरंजनापूर्ण है, वहां निराला का अत्यंत स्वाभाविक। सरोज, जो रात्रिकालीन स्वप्न की तरह थी, गुप्त, किशोरावस्था के आगमन के साथ धीरे-धीरे उषा की लालिमा के रूप में दृश्यमान हुई। 'जागरण-छंद' उषा का विशेषण है, क्योंकि उषःदर्शन के साथ जागरण का कोलाहल शुरू होता है। यहां निराला ने सरोज और उषा को एक कर दिया है। 'प्रेयसी' शीर्षक कविता में उन्होंने कहा है—"प्रथम किरण-कंप प्राची के दृगों में।" यहां चतुर्दिक आलोकपात करते हुए उषा कांपती है, उसके साथ सारा वन और सारी दिशाएं कांपती हैं। जैसे आकाश, पृथ्वी, वृक्ष, कलिकाएं और किसलय-पुंज सभी उसका परिचय पाते ही खिल उठते हैं। यह सरोज का अपने सौंदर्य से अपने परिवेश को भी प्रभावित करना है। निराला ने यहां उसके सौंदर्य में संगीत और प्रकाश का विलक्षण संयोग दिखलाया है। इसीलिए मालकौश और जागरण-छंद के साथ उषा और आलोक का जिक्र है।

इस वर्णन के बाद उनका ध्यान सरोज की दृष्टि पर जाता है, जिसमें भी युवावस्था के कारण एक परिवर्तन आ गया था। इस दृष्टि का वर्णन करने के क्रम में ही वे उसके देह-लावण्य का वर्णन करते हैं। उसे देखकर ऐसा लगता था कि अतल-लोक से गंगा फूटी है और उसका नीला जल क्रीड़ा करता हुआ ऊपर को उमड़ना चाहता है, उमड़ नहीं सकता, क्योंकि देह के दिव्य बांध में बंधा हुआ है। लेकिन आंखों से वह छलक रहा है, यद्यपि अपने को बहुत संयत रखते हुए। तात्पर्य यह कि सरोज की युवादृष्टि तरल और स्निग्ध थी, तो मर्यादित भी। यह अंश इस कविता के अत्यंत उत्कृष्ट अंशों में से है, अपने सशक्त बिंब और संश्लिष्ट अभिव्यक्ति के कारण, इसलिए यह उद्धरणीय है :

क्या दृष्टि ! अतल की सिक्त-धार
ज्यों भोगावती उठी अपार,
उमड़ता ऊर्ध्व को कल सलील
जल टलमल करता नील नील,
पर बंधा देह के दिव्य बांध,
छलकता दृगों से साध-साध।

देह-सौंदर्य को क्रीड़ा करते हुए जल के रूप में देखने और उस जल के देह के बांध में बंधे होने के बिंब के पीछे रवींद्रनाथ की 'विजयिनी' शीर्षक प्रसिद्ध कविता के इस बिंब की प्रेरणा मालूम पड़ती है : "अंगे अंगे यौवनेर तरंग उच्छल / लावण्येर मायामंत्रे

स्थिर अचंचल / बंदी हये आछे।" निराला ने इस कविता के अपने संक्षिप्त अनुवाद में इन पंक्तियों को इस रूप में रखा था : "अंग-अंग में नवयौवन उच्छृंखल, / किंतु बंधा लावण्य-पाश से / नम्र सहास अचंचल।" अनुवाद में 'तरंग' गायब है, लेकिन 'लावण्य-पाश' मौजूद है। ताज्जुब नहीं कि यह बिंब उनके अचेतन में पड़ा रहा हो और सरोज के प्रसंग में उन्होंने उसे नए रूप में सृजित किया हो, जैसा उन्होंने रवींद्रनाथ के बिंबों के साथ हमेशा किया है। 'विजयिनी' में मदन है, जो सद्यःस्नाता उस नायिका के सौंदर्य के आगे पराजय स्वीकार करता है, लेकिन इस कविता में निराला की पुत्री है, जिससे इसमें सौंदर्य-वर्णन का संदर्भ स्वयं बदल जाता है। कह सकते हैं कि यहां शोक स्थायी भाव है और बाकी सारे भाव उसे बढ़ानेवाले संचारी।

एक खास बात यह कि सरोज का रूप-वर्णन छायावाद की प्रकृति-बालिका का वर्णन नहीं है, यद्यपि उसमें प्राकृतिक उपादानों का प्रचुर उपयोग हुआ है, उदाहरणार्थ कुंज, उषा, आलोक, वन, जलधारा आदि। सरोज का वर्णन वास्तविकता पर आधारित है, इसका पता निराला के कथनों से चलता है। सरोज खूब स्वस्थ थी, इसलिए उसमें युवोचित सौंदर्य अपनी पूर्ण तेजस्विता के साथ प्रकट हुआ होगा। 1940 में अपने युवा मित्र दयाशंकर वाजपेयी की तपेदिक से मृत्यु होने के बाद उन्होंने डॉ. शर्मा से कहा था : "दयाशंकर बहुत दुर्बल हो गए थे। हमारी लड़की भी बीमारी में 15-16 सेर की रह गई थी। और ब्याह के पहले वह ऐसी स्वस्थ थी कि क्या बताएं। शिवशेखर के मार के झापड़ तो उधर गिरें जाकर।" ('साहित्य-साधना', प्रथम खंड, पृ. 378) ऐसी सरोज का घुल-घुलकर, अत्यंत क्षीण होकर, अपना संपूर्ण सौंदर्य और तेज गंवाकर मरना निराला को और अधिक सालता है। उनकी पीड़ा के अनेक ताने-बाने हैं, जो एक-दूसरे से उलझकर उसे गहन ही बनाते चले जाते हैं।

सौंदर्य और दृष्टि के बाद सरोज का कंठ-स्वर। मनोहरा देवी गाती थीं, उनके कंठ-स्वर की प्रशंसा निराला ने 'गीतिका' के समर्पण में भी की है और यथाप्रसंग 'कुल्ली भाट' में भी। स्वयं निराला भी गाते थे, यह भी उनके बारे में जाननेवाले जानते हैं। निराला को याद आता है कि सरोज जब तरुणावस्था को प्राप्त हुई, तो कैसे उसके सौंदर्य की तरह उसका कंठ-स्वर भी प्रकट हुआ। इस कंठ-स्वर में माता के स्वर का माधुर्य और व्यंजकता थी और पिता के स्वर की दृप्त एवं मुक्त संगीतमयता। सरोज का स्वर इतना सधा हुआ था कि वह जन्मसिद्ध गायिका प्रतीत होती थी। निराला ने कहा है कि उनकी दृष्टि में तो जैसे उनके स्वर में जो संगीत की अग्नि थी, वह उसके रूप में साकार हो गई थी। यहां उसके लिए 'तन्वि' संबोधन भी गौर करने लायक है, क्योंकि यह तरुणाई की सरोज का संबोधन है। लेकिन जैसा कि ऊपर संकेत किया गया है, यह वर्णन कई भावों से युक्त है। पुत्री जब बड़ी होती है, तो उसका मतलब यह होता है कि अब वह पिता का घर छोड़कर दूसरे घर में जानेवाली है। निराला यहां एक बहुत ही मार्मिक दृष्टांत प्रस्तुत करते हैं।

कोयल का अंडा कौए द्वारा सेया जाता है, उससे बच्चा कौए के घोंसले में ही निकलता है, लेकिन जैसे ही वह बड़ा होता है, उड़ने में समर्थ, वह घोंसला उसके लिए नहीं रह जाता और एक दिन अपने स्वर से मौन प्रांतर को ध्वनित करता हुआ वह उसे छोड़कर उड़ जाता है। अपने कंठ-स्वर से ही वह पहचाना जाता है कि वह कौए से भिन्न जाति का है, उसके लिए पराया। सरोज के कंठस्वर से भी निराला को सूचना मिली कि अब वह उनका घोंसला छोड़नेवाली है। यहां अपने को कौआ और सरोज को पिक-बालिका कहना एक तरफ पुत्री के प्रति अत्यंत गहन स्नेह का परिचायक है और दूसरी तरफ अपने प्रति हीनता-बोध का। 'सुधा' में प्रकाशित कविता में पाठ 'काक-नीड़' ही है, जिसे उन्होंने बाद में 'अन्य नीड़' कर दिया। वे यह कहने के बाद कि उन्हें पता नहीं कि संगीत की शिक्षा के बिना भी इस पृथ्वी पर किसी का स्वर सरोज-जैसा हो सकता है, कहते हैं :

जाना बस, पिक-बालिका प्रथम
पल अन्य नीड़ में जब सक्षम
होती उड़ने को, अपना स्वर
भर करती ध्वनित मौन प्रांतर।

लोगों की दृष्टि में सरोज अपने पिता पर पड़ी थी, उन्हीं की प्रतिच्छवि थी। पिता कवि थे, अवस्था पाकर उसके भीतर भी उसका कवि–यौवनोचित आकांक्षा का वाचक–जागृत हुआ। एक अज्ञात पवन चल पड़ा, व्याकुल गुंजार से युक्त, कुंज, तरु-पल्लव, राशि-राशि कलिकाओं को हिलाता हुआ, सरोज के बालों और तरुणावस्था के कोमल और नूतन गात को चूमता हुआ। यह पवन यौवन-वसंत का पवन था, जो सरोज के लिए पहले से ज्ञात न था। प्रसंगानुसार यहां निराला की भाषा अलंकृत हो उठी है, मधुर संगीत से युक्त : "उन्मनन-गुंज सज हिला कुंज / तरु-पल्लव कलिदल पुंज-पुंज··· ।" वे अपनी पुत्री की इस अवस्था के वर्णन की अग्निपरीक्षा में खरे उतरते हुए उससे कहते हैं, तुम्हारी दृष्टि बदल गई थी, तुम तमाम चीजों को देखती थीं, तो देखती ही रह जाती थीं। उससे मैंने तुम्हारे जीवन में होनेवाले परिवर्तन को जाना। इसके बाद स्वाभाविक रूप से उनके मानस में सरोज के विवाह से संबद्ध स्मृति-चित्र उभर आते हैं।

अपनी सास का एक संवाद निराला पहले लिख चुके हैं, अपने दूसरे विवाह की चर्चा के प्रसंग में, कविता के आठवें अनुच्छेद में वे उनका दूसरा संवाद लिखते हैं, सरोज के विवाह की चर्चा के प्रसंग में। यह संवाद भी वैसा ही गद्यात्मक है, क्योंकि इसमें भी काव्य-भाषा का तनाव बहुत कम है, लेकिन काव्य और गद्य की तनावयुक्त और तनावरहित तथा कवित्वपूर्ण और व्यावहारिक भाषा के एकत्र प्रयोग से इस कविता में एक नए ढंग का तनाव पैदा हुआ है, जो समग्र रूप में इसे अत्यंत सप्राण

कविता बनाता है। सास ने एक दिन उन्हें देखकर कहा कि सरोज का लालन-पालन मैंने कर दिया, अब इसके योग्य वर ढूंढ़कर इसका विवाह करना तुम्हारा काम है, धर्म से भी बढ़कर। उसके लिए यह जरूरी है कि तुम कुछ दिन उसे अपने साथ लेकर अपने घर रहो। विवाह में हम उत्साह के साथ तुम्हारी सहायता करेंगे। जैसाकि डॉ. शर्मा ने 'साहित्य-साधना' के प्रथम खंड में लिखा है, "सरोज अभी तेरह साल की न हुई थी। ब्याह के लिए ऐसी कोई जल्दी न थी पर उसकी मां का ब्याह इस उम्र में हो गया था और उसकी नानी चाहती थीं कि उसका ब्याह जल्दी हो जाए।" इसके अलावा कम उम्र में लड़कियों का विवाह उस समय का रिवाज था। कानून भी इसकी इजाजत देता था। पहले से लड़कियों के विवाह की उम्र दस वर्ष ही चली आ रही थी। 1929 में पारित चाइल्ड मैरिज रिस्ट्रेंट ऐक्ट में विवाह की न्यूनतम उम्र बढ़ाकर लड़कियों के लिए चौदह वर्ष और लड़कों के लिए अट्ठारह वर्ष कर दी गई। निराला साधनहीन और अभावग्रस्त थे। वे कलकत्ते से उखड़कर लखनऊ आए थे, लेकिन अभी यहां जमे न थे। सास की बातें सुनकर उनके मुंह से बोल न फूटा। दो बहुत सादी, लेकिन बेधक पंक्तियों में उन्होंने अपनी दशा का वर्णन किया है : "सुनकर, गुनकर चुपचाप रहा / कुछ भी न कहा,—न अहो, न अहा।" इनमें सरल शब्दों का संयोजन भी देखने लायक है। 'सुनकर' के साथ 'गुनकर' और 'कहा' के साथ 'अहा'-जैसे मर्मांतक व्यथा का समान आवर्त एक के बाद दूसरा उठता चला गया हो। 'अहो' और 'अहा' मैथिलीशरण गुप्त की कविता में बहुधाप्रयुक्त शब्द हैं, प्रायः खाली स्थान को भरने के लिए लाए गए, लेकिन यहां ये दोनों ही शब्द अपनी अर्थगत भिन्नता के साथ पूरी अर्थवत्ता में प्रयुक्त हुए हैं। मानना पड़ेगा कि निराला-काव्य में जैसी ओजस्विता और माधुर्य है, स्थान-स्थान पर उसमें वैसी ही प्रांजलता भी है।

उसके बाद भी चार पंक्तियां तो, जिनमें सरोज को अपने घर गढ़ाकोला लाने का वर्णन है, इस प्रसंग को उत्कर्ष पर पहुंचा देती हैं। यह उत्कर्ष निराला की अभावग्रस्तता का भी है, उनके पुत्री-प्रेम का भी और काव्य-गुण का भी :

> ले चला साथ मैं तुझे कनक
> ज्यों भिक्षुक लेकर, स्वर्ण-झनक
> अपने जीवन की, प्रभा विमल
> ले आया निज-गृह-छाया-तल।

निराला के पास सरोज वैसे ही थी, जैसे किसी भिक्षुक के पास स्वर्ण, जिसे यह डर लगते रहना स्वाभाविक है कि मार्ग में कोई वह उससे लूट न ले। यही डर निराला को भी है, जैसा उनकी उस उक्ति से व्यंजित है। उनकी पुत्री सरोज उनके दीनता से भरे जीवन के लिए स्वर्णाभूषणों की झनकार की तरह थी, उनकी सबसे बड़ी संपत्ति, उनके जीवन का सबसे बड़ा सुख। कविता के अंतिम हिस्से में भी उन्होंने अपने को

भाग्यहीन और सरोज को अपना 'संबल' कहा है : "मुझ भाग्यहीन की तू संबल।" पुत्रवान् पिता पुत्र को नहीं, अपनी पुत्री को अपने जीवन का संबल बतलाए, यह नए युग के नए मानस के लिए ही संभव है। निराला सरोजरूपी विमल प्रभा को अपने घर की छाया में ले आए। यहां 'प्रभा' यानी आलोक के साथ 'छाया' का विरोध भी ध्यातव्य है। सरोज घर में क्या आई, उस घर का अंधेरा प्रभामंडित हो गया !

सरोज के विवाह की समस्या दरवेश थी। निराला चूंकि कान्यकुब्ज ब्राह्मण थे, इसलिए उसी जाति में उन्हें उसके लिए वर ढूंढ़ना था। लेकिन वे उन कनौजिए ब्राह्मणों को अपनी लड़की नहीं देना चाहते थे, जो उस ब्राह्मण-कुल के विनाशक थे, जिस पत्तल में खाएं, उसी में छेद करनेवाले। उन्होंने पं. महावीरप्रसाद द्विवेदी को भी उनके गांव दौलतपुर में बहुत परेशान किया था। वे उनकी जेहालत को लेकर बहुत चिंतित थे। निराला आहत होकर मन में बार-बार सोचते हैं कि उन्हें लड़की देने का एक ही मतलब है--दुख। किसी कनौजिए ब्राह्मण से सरोज का विवाह करने का परिणाम बुरा ही होगा। यह ऐसा विषय है, जिसकी लता में विष का ही फल लगेगा ! यह तप्त मरुस्थल है, यहां शीतल जल की आशा करना व्यर्थ है। फिर वे यह सोचते हैं कि अपनी पुत्री का अंतर्जातीय विवाह करने के लिए जो साहस चाहिए, उसकी उनमें कमी नहीं है, पर वे अकारण पारस्परिक सौहार्द को पूरा न छोड़ेंगे। यहां 'विनय' शब्द का उन्होंने व्यंग्यात्मक प्रयोग किया है। अंततः उनका निश्चय यह होता है कि उनके लिए यही शोभनीय होगा कि पूर्वजों का अनुसरण करते हुए विवाह तो वे अपनी ही जाति में करें, पर उसकी रूढ़ियों का पूरा पालन न करें। बारात आने के बाद द्वार-पूजा की विधि होती है, जिसमें कन्या का पिता वर के पांव पूजता है। निराला के ध्यान में एक कान्यकुब्ज-कुल-कुलांगार का एक जोड़ी पांव आ जाता है, जिसका वे ऐसा चित्र खींचते हैं, जो छायावादी कविता की चित्रशाला में अकल्पनीय है। वे पांव बिवाई से फटे हैं, जैसे गर्मी के दिनों में यमुना के कछार, या फिर कर्ज खाए हुए दैन्यग्रस्त व्यक्तियों के मुंह। वे अभी-अभी तेल पिए हुए चमरौधे से बाहर निकले हैं, 'सकेल' यानी सिमटे हुए, तेज दुर्गंध से प्राण ले लेनेवाले। निराला कहते हैं, जो अंधा है और जिसकी आघ्राण-संवेदना समाप्त हो गई है, वही वैसे पांवों को पूज सकता है। उनमें वैसा करने की शक्ति नहीं है।

पुनः वे दो ऐसी पंक्तियां लिखते हैं, जो अपनी सरलता और पुत्री के प्रति ममता इन दोनों ही दृष्टियों से बेजोड़ हैं : "ऐसे शिव से गिरिजा-विवाह / करने की मुझको नहीं चाह !" इन दोनों पंक्तियों के सौंदर्य का विश्लेषण इनकी सादगी के कारण प्रायः असंभव है, बस उनमें व्यक्त अथाह स्नेह और अथाह पीड़ा की ओर संकेत-मात्र किया जा सकता है। एक बात अवश्य है कि शिव और गिरिजा के मिथकों को लाकर निराला ने न केवल प्रसंग को जातीय मानस में एक विस्तार दिया है, बल्कि सरोज के लिए 'गिरिजा' का लाक्षणिक तथा कान्यकुब्ज-कुल-कुलांगार के लिए 'शिव' का व्यंग्यात्मक

प्रयोग करके उन्होंने अत्यंत वक्रतापूर्ण ढंग से अपने भाव की अभिव्यक्ति की है। इस पूरे बीभत्स चित्र को तरुणावस्था के सरोज के चित्र के विरोध में रखकर देखना चाहिए। इससे यह भी स्पष्ट होता है कि यह कविता शोक की एकरस अभिव्यक्ति न होकर परस्पर-विरोधी स्तरों पर संचरण करनेवाली कविता है। कल्पना और वास्तविकता, छायावाद और यथार्थवाद का ऐसा ही मिश्रण इस कविता में है, क्योंकि यह छायावाद के परिणति-काल में रची गई है, जब उसके भीतर से यथार्थवाद प्रकट होने लगा था। निराला यथार्थवाद की दिशा में कुछ जल्दी आगे बढ़ गए, क्योंकि छायावाद-काल में भी उनकी यथार्थ-चेतना अन्य कवियों की तुलना में जाग्रत् और सक्रिय थी। यह पूरा प्रसंग स्वगत-भाषण के रूप में है, जो निश्चय ही उनके संवादों से अधिक सफलता से लिखा गया है।

शिवशेखर द्विवेदी का ज़िक्र ऊपर हो चुका है। वे बैसवाड़े के ही युवक थे, कान्यकुब्जकुलोत्पन्न ही, लेकिन वहां के कनौजिए ब्राह्मणों से भिन्न। वे कलकत्ते में रह रहे थे और हिंदी पढ़ने के लिए बैसवाड़े के ही एक अन्य युवक दयाशंकर वाजपेयी के साथ, जोकि उनके मित्र थे, निराला से मिले थे। यह 'मतवाला'-काल की बात है। धीरे-धीरे निराला की उनसे घनिष्ठता होती गई और उन्होंने उन्हें अपने युवा-मित्रों में शुमार कर लिया। संकट की घड़ी में उन्हें शिवशेखर द्विवेदी की याद आई। उन्होंने पहले दयाशंकर वाजपेयी को लिखा, फिर उनकी स्वीकृति मिलने पर तीन महीने बाद सरोज से विवाह के लिए तार देकर शिवशेखर द्विवेदी को गढ़ाकोला बुलाया और बिना किसी तैयारी के वह विवाह संपन्न हो गया। कविता के नौवें अनुच्छेद में निराला इसी घटना को ब्योरेवार याद करते हैं।

शिवशेखर द्विवेदी के साथ अपनी मुलाकात को उन्होंने किसी निमित्त अर्थात् प्रयोजन से किया गया अदृश्य इंगित माना! उन्होंने सोचा कि उनसे सरोज का संबंध करने में ही उनका हित है, इसलिए उन्हें न केवल वह करना चाहिए, बल्कि वह अभिनंदन के भाव से करना चाहिए। मन में यह स्थिर करते ही शिवशेखर द्विवेदी के प्रति उनका स्नेह उमड़ पड़ा : "...बंध गया भाव, / खुल गया हृदय का स्नेह-स्राव।" यहां 'बंधने' और 'खुलने' का विरोध भी द्रष्टव्य है। जैसे इस कविता में पहले निराला की सास के संवाद आए हैं, वैसे ही इसमें उनका अपना संवाद भी है। उन्होंने शिवशेखर द्विवेदी के सामने अपनी आर्थिक कठिनाइयां रखीं और उनसे कहा कि वे सामाजिक योग, यानी विवाह, के पहले के नियम तोड़ रहे हैं, यह विवाह बिना लग्न के होगा और पंडित उस तरह विवाह कराने के लिए तैयार न हुए, तो कर्मकांड की वह विधि वे स्वयं पूरी करेंगे। उन्होंने उन्हें उस तरह से विवाह करने के लिए तैयार होने को कहा और उन्हें आश्वस्त किया कि जो कुछ भी उनके पास है, वे समझ लें कि वह उनकी पुत्री का है। अंततः पंडित विवाह कराने को तैयार हो गए और पौनियों तथा आमंत्रित साहित्यिकों की उपस्थिति में वह संपन्न हुआ। आमंत्रित साहित्यिकों में

निराला के पड़ोसी पं. नंददुलारे वाजपेयी भी उपस्थित थे, जैसा कि अन्य साक्ष्य से पता चलता है। इन लोगों ने शुरू से अंत तक यह बिलकुल नए ढंग का वैवाहिक अनुष्ठान देखा। 'शुरू से' के लिए निराला द्वारा प्रयुक्त 'ससर्ग' शब्द कविता के आरंभ में 'क्रम से' के लिए प्रयुक्त 'सपर्याय' शब्द ('पूरे कर शुचितर सपर्याय') की याद दिलाता है। प्रसंग के अंत में वे सरोज से कहते हैं, 'तुझ पर शुभ पड़ा कलश का जल।' जिस तरह 'खुल गया हृदय का स्नेह-स्राव' इस भाषा से शिवशेखर द्विवेदी के प्रति उनका वात्सल्य-भाव व्यंजित होता है, उसी तरह इस पंक्ति से सरोज के प्रति। हलके-से भाव-परिवर्तन के साथ भी उनकी भाषा की रेखाएं बदलने लगती हैं और उनमें नए रंग भर जाते हैं। भाव हो या क्रिया, वे उसे मूर्त बनाना खूब जानते हैं।

विवाहोपरांत की सरोज का रूप भी उन्हें याद आता है, जिसे उन्होंने पुनः उसी संयम और संश्लेष के साथ अंकित किया है, जिस संयम और संश्लेष के साथ उन्होंने उसकी तरुणावस्था का रूप अंकित किया था। वह रूप है :

देखती मुझे तू हंसी मंद
होंठों में बिजली फंसी, स्पंद
उर में भर झूली छवि सुंदर
प्रिय की, अशब्द शृंगार-मुखर
तू खुली एक उच्छ्वास-संग,
विश्वास-स्तब्ध बंध अंग-अंग,
नत नयनों से आलोक उतर
कांपा अधरों पर थर-थर-थर।

सरोज अपने पिता को, क्रांतिकारी पिता को, देखकर हलके-से हंस पड़ी। उस समय लगा, जैसे उसके होंठों में बिजली उलझकर रह गई हो! मन में उसके प्रिय की छवि झूल रही थी, उसके हृदय की धड़कन को तेज करती हुई। वह चुप थी, लेकिन अपने शृंगार के माध्यम से बहुत कुछ कह रही थी। हर्षोच्छ्वास से वह खुली पड़ती थी, लेकिन उसका प्रत्येक अंग सिमटा हुआ था, जैसे वह हृदय में उत्पन्न विश्वास से स्थिर हो। यहां भी 'खुलने' और 'बंधने' का विरोध है। लज्जा के भार से सरोज की आंखें झुकी हुई थीं, जिससे उनका आलोक होंठों पर आकर थर-थर कांप रहा था। तरुणावस्था के वर्णन में भी "लावण्य-भार थर-थर / कांपा कोमलता पर···।" इस प्रसंग को भी निराला अपनी पत्नी की चर्चा से और करुण बना देते हैं। सरोज के इस रूप को देखकर उन्हें अपनी स्वर्गीया प्रिया की मूर्ति का, जो उनके जीवन-वसंत की प्रथम काकली थी, ध्यान हो आता है। उन्हें लगता है कि जो शृंगार-रस उनकी कविताओं में वेग से प्रवाहित होता रहा था, निराकार रूप में, और जो प्राणों में राग-रंग का संचार करता हुआ उसके साथ गाया गया था, वही सरोज के रूप में साकार हो

गया था। सरोज क्या थी, जैसे साक्षात् रति का रूप। अमूर्त शृंगार-भाव मूर्त हो उठा था, जैसे सूक्ष्म आकाश ठोस धरती बन गया हो !

जैसाकि कहा जा चुका है, सरोज का विवाह बिना किसी तैयारी के हुआ था। उस अवसर पर कोई कुटुंबी उपस्थित न थे, उन्हें निमंत्रण ही नहीं भेजा गया था। निराला को कविता के दसवें अनुच्छेद में विवाह की इन बातों के साथ उसके बाद की बातें भी याद आती हैं। जिस घर में विवाह-जैसा मांगलिक कार्य होता है, वह बाद तक रात-दिन संस्कार-गीतों से गूंजता रहता है। वैसा भी कुछ नहीं हुआ। नव-जीवन के स्वर पर, यानी सरोज के वैवाहिक जीवन के रूप में जो एक राग उठाया गया था, उस पर बस एक प्रीतिकर संगीतयुक्त मौन उतर आया था। इस अत्यंत सूक्ष्म वर्णन के बाद निराला दिवंगत सरोज को संबोधित कर यह मार्मिक बात कहते हैं : "मां की कुल शिक्षा मैंने दी, / पुष्प-सेज तेरी स्वयं रची।" पितृत्व की चरम परिणति मातृत्व में होती है। निराला ने अपने जिस पितृत्व को पहले निरर्थक कहा है, उसकी सार्थकता इससे बढ़कर क्या होगी ? स्वभावतः उन्हें कण्व याद आ जाते हैं, जिन्होंने शकुंतला को मातृ-शिक्षा दी थी, लेकिन आधुनिक कवि होने के नाते अंततः वे कण्व से अपना पार्थक्य तुरत यह कहकर स्पष्ट कर देते हैं कि "पर पाठ अन्य यह अन्य कला।" तात्पर्य यह कि कण्व का पाठ अर्थात् कार्य और कला अर्थात् ढंग वन्य और आर्ष था, पर यह एक निम्नमध्यवर्गीय अभावग्रस्त ग्रामीण पिता का कार्य और ढंग है। ऐसे स्थल निराला की व्यथा की गहराई को सामने लाकर कविता के स्तर को ऊपर उठा देते हैं।

वे याद करते हैं, विवाहोपरांत कुछ दिन गढ़ाकोला में आनंदपूर्वक बिताकर सरोज अपनी नानी के यहां चली गई। उसके प्रति नानी का जैसा स्नेह था, निराला ने वैसे ही स्नेह की मिठास से भरी भाषा का यहां प्रयोग किया है, तत्सम 'स्नेह' के साथ तद्भव 'गोद' को जोड़कर : "कुछ दिन रह गृह तू फिर समोद, / बैठी नानी की स्नेह-गोद।" सरोज पर जितना स्नेह उसकी नानी का था, उतना ही उसके मामा रामधनी द्विवेदी और उसकी मामी उनकी पत्नी का भी। निराला रामधनी द्विवेदी की पत्नी यानी अपनी सलहज के प्रति बहुत अच्छा भाव रखते थे, क्योंकि उनकी सास के साथ उन्होंने भी उनकी दो मातृहीन संतानों को पाला था। वे उन्हें 'बीबी' कहते थे और 1936 में अपना उपन्यास 'प्रभावती' उन्हें इन शब्दों में समर्पित किया था : "प्रिय बीबी, बहुत दिन हुए—अट्ठारह वर्ष,—पंद्रह वर्ष की तुम नव-वधू होकर घर आई हुई थीं, जहां बिना मां के दो शिशुओं की सेवा में तुम्हें शृंगार की साधना का समय नहीं मिला; तुम्हारे ऐसे हस्त संसार के किसी भी चमत्कार से पुरस्कृत नहीं किए जा सकते; मैं केवल अपनी प्रीति के लिए वहां यह पुस्तक न्यस्त करता हूं; जानता हूं, कालिदास भी तुम्हें 'वीणा-पुस्तक-रंजित हस्ते' नहीं कर सकते, क्योंकि तुम तबसे आज तक 'शिशु-कर-कृत-कपोल कज्जला' हो।" उचित ही उन्होंने लिखा

है कि ननिहाल में सरोज को मामा-मामी का प्यार उसी तरह प्राप्त रहा, जिस तरह कभी-कभी बादल पृथ्वी को अपार जल से भर देता है। उसके सुख-दुख में पूरी तरह से हमेशा वही लगे रहे। अंत में वे बहुत व्यथित होकर कहते हैं कि सरोज जहां जनमी, पली और बढ़ी थी, वहीं मृत्यु को प्राप्त हुई। जिस लता में वह कलिता के रूप में प्रस्फुटित हुई थी, स्नेह से हिली थी और पली-पुसी थी, वह लता वहीं जनमी थी। सरोज ने नानी की गोद में ही *महामरण* का वरण कर अपनी आंखें मूंदीं।

'सरोज-स्मृति' के अंतिम अनुच्छेद का हिंदी में अर्थ का अनर्थ किया जाता रहा है। आश्चर्य यह देखकर होता है कि इसकी शुरुआत किसी और के द्वारा नहीं, स्वयं डॉ. रामविलास शर्मा के द्वारा की गई थी। तब से निराला-संबंधी साहित्यिक चर्चा में लगातार उसी की आवृत्ति होती रही है। इस अनुच्छेद की आरंभिक चार पंक्तियों में निराला सरोज को संबोधित कर कहते हैं :

> मुझ भाग्यहीन की तू संबल
> युग वर्ष बाद जब हुई विकल,
> दुख ही जीवन की कथा रही,
> क्या कहूं आज, जो नहीं कही !

ऊपर की दो पंक्तियों का अर्थ बिलकुल स्पष्ट है, फिर भी यदि कुछ बातों पर ध्यान दिया जाए, तो नीचे की दो पंक्तियों से उनके संबंध को समझना आसान होगा। सरोज अपने विवाह के दो वर्ष बाद बीमार पड़ी थी, इस संबंध में तथ्य प्रस्तुत किया जा चुका है। 'युग वर्ष बाद जब हुई विकल' में एक तो 'युग' का अर्थ 'दो' है, जैसे 'राम की शक्ति-पूजा' की इस पंक्ति में–"सोहते मध्य में हीरक युग या दो कौस्तुभ", और दूसरे, यहां 'विकल होने' का अर्थ अवधी के अनुसार है, खड़ीबोली के अनुसार नहीं। अवधी में 'बेकलान होना' का मतलब है, बीमार होना, न कि विकल अर्थात् व्याकुल होना। निराला ने उसी का हिंदीकरण कर लिया है। अवधी के प्रयोग उनमें बहुत मिलते हैं, जैसे इसी कविता में पहले वे 'सकेल' शब्द का प्रयोग कर चुके हैं। वे अवध के लोकजीवन में पूरी तरह से रचे-बसे थे। कलकत्ता रहते हुए भी गांव से उनका संबंध बना हुआ था, लखनऊ आने के बाद तो वह और प्रगाढ़ हुआ। इस तरह उनके लिए यह सर्वथा स्वाभाविक है। 'युग वर्ष बाद जब हुई विकल' का अर्थ पूर्णतः स्पष्ट हो जाने के बाद बाद की दो पंक्तियों का अर्थ स्वयं स्पष्ट हो जाता है, यानी यह स्थिर हो जाता है कि उनका संबंध सरोज से है, निराला से नहीं। इस प्रसंग में दो बातें द्रष्टव्य हैं।

पहली यह कि 'युग वर्ष बाद जब हुई विकल' यह जो उपवाक्य है, उसका प्रधान वाक्य है–'दुख ही जीवन की कथा रही', भले इस वाक्य के पहले 'तब' या

'तो' का प्रयोग नहीं किया गया। वह आवश्यक भी नहीं है, उस हालत में तो और भी नहीं, जबकि छंद बहुत छोटा हो और कवि की प्रवृत्ति खड़ीबोली को यथासंभव संश्लेषणात्मक बनाने की हो। इस बात पर ध्यान न देने के कारण ही बाद की दो पंक्तियों को ऊपर की पंक्तियों से स्वतंत्र मानकर उनका सीधा संबंध निराला से जोड़ दिया गया। दूसरी बात यह कि इस बात पर भी ध्यान नहीं दिया गया कि इन पंक्तियों में आखिर निराला कहते क्या हैं। उनके अपने जीवन में दुख का सिलसिला 1918 से ही शुरू हो गया था, जबकि पत्नीसहित उनके परिवार के पांच सदस्य एक साथ महामारी में मृत्यु को प्राप्त हो गए थे और उनके ऊपर मुसीबतों का पहाड़ टूट पड़ा था, इसलिए 'युग वर्ष बाद' से उनकी दुखपूर्ण जीवन-कथा को जोड़ने का कोई मतलब नहीं है। विवाह के दो वर्ष बाद तो सरोज बीमार पड़ी थी और एक बार बीमार पड़ी तो फिर लगातार बीमार ही रही और अंततः तपेदिक ने उसकी जान ले ली। इसलिए दुखपूर्ण जीवन-कथा उसी की है, निराला की नहीं। यहां शब्दों पर भी ध्यान देने की जरूरत है। 'दुखपूर्ण' या 'दुखमय' जीवन-कथा से अधिक गहन "दुख का ही जीवन-कथा होना" है। यह भी सरोज के प्रसंग में ही अधिक सटीक बैठता है। "क्या कहूं आज, जो नहीं कही" यह बात भी सरोज पर ही लागू होती है, निराला पर नहीं, क्योंकि निराला तो अपने दुख की कथा अपनी कविताओं और अपनी गद्य-रचनाओं में भी लगातार कहते आ रहे थे। उनकी तरह बहुत कम साहित्यकारों ने अपने साहित्य में अपनी दुख और संघर्ष-गाथा प्रस्तुत की है। उन्होंने इस कविता के पहले मुंह नहीं खोला था तो सरोज की बीमारी के बारे में, न कविता में, न अपनी किसी गद्य-रचना में। इसलिए सरोज के प्रसंग में ही उनका यह कहना सार्थक है कि उसकी जो दुखमय कथा आज तक नहीं कही, वह आज क्या कहें!

डॉ. शर्मा ने सर्वप्रथम अपनी पुस्तक 'निराला' में एकाधिक स्थलों पर "दुख ही जीवन की कथा रही, / क्या कहूं आज, जो नहीं कही" ये पंक्तियां उद्धृत की थीं और उनका संबंध निराला से जोड़ा था। वैसा एक स्थल यह है : "वह भाग्य-अंक खंडित नहीं कर पाए। इसलिए कविता के अंत में, उस उदात्त गर्जन के बाद उनका दुख-जर्जर हृदय बोल उठता है, 'दुख ही जीवन की कथा रही, / क्या कहूं आज, जो नहीं कही!' सन् '34 से '38 तक उन्होंने अनेक ऐसी रचनाएं की हैं, जिनमें एक ओर भाग्य के खंडित करने का प्रण है तो दूसरी ओर जीवन की अनकही कथा अपने आप फूट निकलती है।" (पृ. 117) यह सिलसिला बाद में भी चालू रहता है, क्योंकि 'साहित्य-साधना' (प्रथम खंड) में भी डॉ. शर्मा 'सरोज-स्मृति' के बारे में कहते हैं : "जैसे-जैसे वह (निराला) कविता के अंतिम चरण की ओर पहुंचे, उनका धैर्य टूट गया, प्रकाश देखनेवाले कवि का सपना चूर हो गया–'मुझ भाग्यहीन की तू संबल / युग वर्ष बाद जब हुई विकल,' पर उसके बाद क्या हुआ, निराला में कहने

की सामर्थ्य न रही। वाक्य विशृंखल हो गया–'दुख ही जीवन की कथा रही, / क्या कहूं आज, जो नहीं कही' !" डॉ. शर्मा साहित्य के साथ-साथ भाषा के भी पंडित हैं, इसलिए वे यह लक्षित किए बिना न रह सके कि उनका अर्थ मानें तो वाक्य-रचना गड़बड़ा जाती है, लेकिन अपना भाष्य बदलने से बेहतर उन्होंने यह समझा कि निराला पर ही यह आरोप लगा दें कि शोक की विह्वलता में वे दुरुस्त वाक्य लिखने का सामर्थ्य खो बैठे और उनका वाक्य विशृंखल हो गया ! कह रहे थे वे सरोज के बारे में और कह बैठे अपने बारे में। इस प्रसंग में ज्ञातव्य है कि 'सरोज-स्मृति' के शेष अंशों में निराला ने अपने जिस असाधारण रूप से सजग भाषा-बोध और शिल्प-बोध का परिचय दिया है, वह यहां भी पूरी तरह से द्रष्टव्य है। विशृंखल शोकाधिक्य से निराला का वाक्य नहीं हुआ है, विचलित आलोचक की दृष्टि हुई है, क्योंकि वह वहां भी निराला पर ही केंद्रित है, जहां उसे सरोज पर होना चाहिए। इस कविता की सफलता जिन कुछ बातों को लेकर है, उनमें एक यह भी है कि इसे निराला ने शोक की चरमावस्था में भी विलक्षण अभिव्यक्तिगत अवधानता के साथ लिखा है, जैसे किसी चित्रकार ने अपने हृदय के रक्त में तूलिका डुबो-डुबोकर एक सुशिल्पित चित्र की रचना की हो ! निश्चय ही यह इस कारण संभव हुआ कि निराला महान् संवेदनशील व्यक्ति होने के साथ-साथ महान् रचनाकार भी थे।

आगे की पंक्तियों का तो डॉ. शर्मा ने बिलकुल उलटा अर्थ किया है, जो निराला के साथ बहुत बड़ा अन्याय है। वे पंक्तियां हैं :

> हो इसी कर्म पर वज्रपात
> यदि धर्म, रहे नत सदा माथ
> इस पथ पर, मेरे कार्य सकल
> हों भ्रष्ट शीत के-से शतदल।
> कन्ये, गत कर्मों का अर्पण
> कर, करता मैं तेरा तर्पण !

इनमें निराला अपनी निराशा नहीं, बल्कि अपना सुदृढ़ संकल्प व्यक्त करते हैं कि वे किसी भी हालत में अपने कवि-कर्म से विचलित न होंगे। कवि कर्म में संलग्न रहने के कारण ही उन्होंने अर्थोपार्जन को महत्त्व नहीं दिया, उसके लिए गलत तरीके नहीं अपनाए, "सोचा न कभी / अपने भविष्य की रचना पर चल रहे सभी", जिसके परिणामस्वरूप वे भयानक रूप से अभावग्रस्त रहे। उनकी अभावग्रस्तता के कारण उन पर होनेवाला सबसे बड़ा आघात था–जख्म का ठीक इलाज न होने से अंततः तपेदिक की मरीज होकर सरोज की मृत्यु। निराला अपनी प्रबल इच्छा-शक्ति का परिचय देते हुए कहते हैं कि मेरे कवि-कर्म पर ही प्रहार करना यदि धर्म वा न्याय

हो, तो मैं उससे विचलित हुए बिना सिर झुकाकर काव्य-साधना करता जाऊं। यहां भी "हो इसी कर्म पर वज्रपात / यदि धर्म" इस उपवाक्य के बाद आनेवाले प्रधान वाक्य "रहे नत सदा माथ / इस पथ पर" के पहले 'तो' का प्रयोग उन्होंने आवश्यक नहीं समझा। इसके बाद उनकी यह उक्ति आती है : "मेरे कार्य सकल / हों भ्रष्ट शीत के-से शतदल !" उन पर होनेवाला आघात उनके साहित्यिक कार्यों को तहस-नहस कर देता था। वे कहते हैं, उनके सारे कार्य नष्ट हो जाएं, जैसे तुषारपात से शीत ऋतु में कमल, पर उन्हें उनकी परवाह नहीं है। 'वन-बेला' में भी उनका इसी मनोदशा का एक चित्र है, जहां वे बेला से कहते हैं, "नाचतीं वृंत पर तुम ऊपर / होता जब उपल-प्रहार प्रखर", और उससे प्रेरणा प्राप्त कर अपने मन से निराशा और पराजय के भाव को बिलकुल हटा देते हैं। 'सरोज-स्मृति' की अंतिम दो पंक्तियों का अर्थ एकदम स्पष्ट है। निराला यहां सरोज को 'कन्या' कहकर संबोधित करते हैं और कहते हैं कि उनके पास संपत्ति के नाम पर अपनी पिछली काव्य-कृतियों के अलावा और कुछ नहीं, इसलिए वे उन्हीं से उसका तर्पण कर रहे हैं ! पिता अपनी संतान का तर्पण करे, यह घटना यों भी बहुत करुण है, 'कन्ये' संबोधन उसकी कारुणिकता को और बढ़ा देता है।

अब उक्त काव्यांश की डॉ. शर्माकृत व्याख्या द्रष्टव्य है।

'साहित्य-साधना' (द्वितीय खंड) में उनका कथन है : " 'सरोज-स्मृति' में एक ओर भाग्य के अंक खंडित करने का इरादा है, भविष्य के प्रति अशंक दृष्टि है; दूसरी ओर कविता के अंत में, भाग्य द्वारा स्वयं खंडित होने, अपनी अशंक दृष्टि की तुलना में अदृष्ट के अधिक शक्तिशाली होने का चित्र है :

> हो इसी कर्म पर वज्रपात
> यदि धर्म, रहे नत सदा माथ
> इस पथ पर, मेरे कार्य सकल
> हों भ्रष्ट शीत के-से शतदल !

कर्मशील मनुष्य और नियति का कभी न समाप्त होनेवाला संघर्ष। मनुष्य कर्म द्वारा इस नियति को बलपूर्वक मोड़कर उसे अपने अनुकूल बनाना चाहता है, किंतु मुड़ने के बदले नियति खुद उसे भीतर से तोड़ देती है। कवि-कर्म पर वज्रपात हो, यह रास्ते में माथा पकड़कर बैठ जाने की स्थिति है। शीत के शतदल की तरह कर्मों का भ्रष्ट होना मनुष्य की पराजय, नियति की विजय है।

" 'सरोज-स्मृति' को पढ़ने से लगेगा कि यह पराजय का भाव विशेष परिस्थितियों में कन्या की मृत्यु से उत्पन्न हुआ है। कन्या की मृत्यु एक ऐसी घटना है जिसने निराला को परिवेश से अपने संबंधों के बारे में लिखने को विवश किया किंतु जैसे परिवेश से पुरानी टक्कर है, वैसे ही नियति के सामने पराजित होने का

भाव भी पुराना है। 'सरोज-स्मृति' से लगभग नौ वर्ष पहले *जीवन चिरकालिक क्रंदन* इस गीत में निराला ने कवि-कर्म पर वज्रपात वाला वही भाव व्यक्त किया था–

> हो मेरी प्रार्थना विफल,
> हृदय कमल के जितने दल
> मुरझाएं, जीवन हो म्लान··· (अनामिका, पृ. 92)

नियति के सामने पराजित होने का यही भाव 'वन-बेला' की इन पंक्तियों में है :

> हो गया व्यर्थ जीवन,
> मैं रण में गया हार।" (पृ. 243-44)

आगे डॉ. शर्मा कहते हैं : " 'सरोज-स्मृति' में निराला का परिचित संरचना-क्रम टूट जाता है। आरंभ में उन्होंने लिखा कि पिता से पहले कन्या संभवतः स्वर्ग इसलिए गई कि पिता अक्षम हैं, दुस्तर अंधकार में उनका हाथ पकड़कर वह उन्हें पार ले जाएगी। कन्या स्वयं शुक्ला प्रथमा है जो श्रावण नभ का अंधकार पार कर जाती है। अंधकार को पार करने के चित्र निराला के मन में हैं, वे संकेत करते हैं, कविता की परिणति के बारे में वह किस तरह की रूपरेखा तैयार कर रहे थे। किंतु कविता के अंत तक पहुंचते-पहुंचते यह रूपरेखा मिट जाती है, अंधकार को पार करके प्रकाश तक पहुंचने के मोहक सपने चूर हो जाते हैं। सरोज नानी की गोद में खेली और पली थी, उसी में उसने महामरण को वरा। महामरण को याद करते हुए निराला अंधकार को पार करके प्रकाश तक पहुंचने की बात भूल जाते हैं या कह नहीं पाते। अपने कवि-कर्म से कन्या का तर्पण करते हुए वह कविता समाप्त करते हैं। इस कविता का अंत–उसकी परिणति–जितना प्रभावशाली है, उतना अन्य किसी लंबी कविता का नहीं। न 'तुलसीदास', न 'वन-बेला', न 'राम की शक्ति-पूजा'–कोई भी, कविता के प्रभावशाली अंत की दृष्टि से, 'सरोज-स्मृति' का मुकाबला नहीं कर सकती। यहां कविता के पूर्व-निश्चित तर्कसंगत ढांचे का टूटना ही उसकी सबसे बड़ी सफलता है।" (उपर्युक्त, पृ. 293-94)

'सरोज-स्मृति' की अंतिम पंक्तियों पर ध्यान देने से उनके अर्थ को लेकर कोई उलझन नहीं रह जाती। डॉ. शर्मा ने यह मान लेने के कारण कि निराला नियति के आगे पराजय स्वीकार कर लेते हैं, उनका एकदम उलटा अर्थ लगाया है। वे नियति के आगे झुकते नहीं, स्थिति की विडंबना उजागर करते हैं और फिर उसे ललकारते हैं। यहां जिस पथ पर वे हमेशा अपना सिर झुकाए रखने की बात कहते हैं, वह नियति का नहीं, कवि-कर्म का पथ है। उन्हें पराभूत स्वीकार कर लेने से डॉ. शर्मा ने "मेरे कार्य सकल / हों भ्रष्ट शीत के-से शतदल" वाले अंश का भी वैसा ही अर्थ किया है। 'साहित्य-साधना' के प्रथम खंड में तो इन पंक्तियों के बारे में वे

कहते हैं कि "निराला ने हिंदी को, हिंदी-साहित्य सेवा को, अपने को शाप दिया।" (पृ. 296)

पराजय-भाव निराला में है, शुरू से लेकर अंत तक, उसी तरह उनमें अपराजेयता का बोध भी है, शुरू से लेकर अंत तक। 'जीवन चिरकालिक क्रंदन' के पहले उन्होंने 'अभी न होगा मेरा अंत' कविता भी लिखी थी और उसके भी पहले अपने कवि-जीवन के बिलकुल आरंभ में, 'अध्यात्म-फल' शीर्षक कविता, जिसकी आरंभिक अपराजेयता-बोध से भरी हुई पंक्तियां हैं :

जब कड़ी मारें पड़ीं, दिल हिल गया,
पर न कर चूं भी कभी पाया यहां,
मुक्ति की तब युक्ति से मिल खिल गया
भाव, जिसका चाव है छाया यहां।

इसके साथ उनकी अंतिम कविता की इसी बोध की ये पंक्तियां भी द्रष्टव्य हैं :

पत्रोत्कंठित जीवन का विष बुझा हुआ है,
आशा का प्रदीप जलता है, हृदय-कुंज में,
अंधकारपथ एक रश्मि से सुझा हुआ है
दिङ्‌निर्णय ध्रुव से जैसे नक्षत्र-पुंज में।

ऐसी स्थिति में निराला के 'नियति के सामने पराजित होने के पुराने भाव' के साथ उनकी 'परिवेश से पुरानी टक्कर' को याद रखना जरूरी है। 'वन-बेला' की डॉ. शर्मा द्वारा उद्‌धृत पंक्तियों में निश्चय ही निराला का पराजय-भाव अभिव्यक्त हुआ है, लेकिन पूरी कविता का संदेश क्या है ? उसमें ये पंक्तियां भी हैं, जिन्हें थोड़ी देर पहले ही मैं उद्‌धृत कर चुका हूं : "नाचतीं वृंत पर तुम, ऊपर / होता जब उपल-प्रहार प्रखर !" इसके अलावा इस कविता में वे यह भी कहते हैं : "वह शिखा नवल / आलोक स्निग्ध भर दिखा गई पथ जो उज्वल।" तात्पर्य यह कि इस आधार पर कि निराला अन्यत्र नियति के आगे हार स्वीकार करते रहे हैं, 'सरोज-स्मृति' की अंतिम पंक्तियों का भी उसी के अनुरूप अर्थ नहीं किया जा सकता, क्योंकि अन्यत्र वे अपराजेयता-बोध को भी अभिव्यक्त करते रहे हैं।

डॉ. शर्मा ने उत्साह में यहां तक लिख दिया है कि पराजय-भाव के कारण इस कविता का अंत जितना प्रभावशाली है, उतना निराला की किसी लंबी कविता का नहीं। यदि पराजय-भाव के कारण ही ऐसा है, तो यदि 'सरोज-स्मृति' की अंतिम पंक्तियों का अर्थ अपराजेयता-बोध का सूचक सिद्ध हुआ तो क्या होगा ? क्या इसका अंत भी कमजोर मान लिया जाएगा ? कविता की शक्ति पराजय-भाव या अपराजेयता-बोध में नहीं, बल्कि इस बात में होती है कि वह हृदय की किस गहराई

से निकला है और कवि के जीवन के साथ-साथ उसके परिवेश को भी कितना अभिव्यक्त करता है। जिस तरह पराजय-भाव गहरा हो सकता है, उसी तरह अपराजेयता-बोध भी, बशर्ते कि वह वास्तविकता पर आधारित और सार-युक्त हो, कल्पित और वायवीय नहीं। निराला का संपूर्ण जीवन और संघर्ष इस बात का प्रमाण है कि उनमें अपराजेयता-बोध प्रबल रूप में था, जिससे अंतिम रूप से वे कभी पराजित नहीं हुए। 'राम की शक्ति-पूजा' में उन्होंने कहा है : "वह एक और मन रहा राम का जो न थका" और "जो नहीं जानता दैन्य, नहीं जानता विनय।" विद्वान् इस कविता के राम पर निराला की जो छाया बतलाते हैं, वह अकारण नहीं। छोटी कविताओं को छोड़ दें, तो यह लक्ष्य करने की बात है कि निराला की सारी लंबी कविताएं एक आशा और विश्वास के साथ ही समाप्त होती हैं, 'तुलसीदास', 'राम की शक्ति-पूजा' और 'वन-बेला' ही नहीं, 'मित्र के प्रति' और 'प्रेयसी' भी, ठीक मुक्तिबोध की लंबी कविताओं की तरह, जिनका अंत प्रायः एक जन-क्रांति या उसकी आशा के साथ होता है। ऐसा क्यों है ? इसलिए कि निराला किसी भी वस्तु को समग्रता में देखते थे, या कहें, एक घटती हुई प्रक्रिया में, तो उन्हें उसकी तर्कसंगत परिणति आशा और विश्वास में ही दिखलाई पड़ती थी, निराशा या पराजय-भाव में नहीं। अपने जीवन और परिवेश से उन्होंने जो दर्शन प्राप्त किया था, वह भी उन्हें उत्सर्ग-भाव और ऊंचे आदर्शों की ओर ही ले जाता था, आत्महनन या पराङ्मुखता की ओर नहीं। 'सरोज-स्मृति' का अंत अपराजेयता-बोध से युक्त होते हुए भी प्रभावशाली है, 'तुलसीदास', 'राम की शक्ति-पूजा' और 'वन-बेला' का ढांचा दूसरा है, इसलिए जरूरी नहीं कि उनके लिए भी यह उतना ही सत्य हो।

'सरोज-स्मृति' के ढांचे की भी बात की गई है। डॉ. शर्मा ने पहले उसे अपेक्षाकृत कमजोर कहा था, लेकिन अंत में उन्होंने उनके अनुसार उसका जो ढांचा टूटता है, उसी को उसका गुण बतला दिया और कहा कि "यहां कविता के पूर्व-निश्चित तर्कसंगत ढांचे का टूटना ही उसकी सबसे बड़ी विशेषता है।" एक तो 'सरोज-स्मृति' का कोई 'पूर्व-निश्चित तर्कसंगत' ढांचा नहीं है, वह स्मृति-चित्रों से निर्मित है और बहुत कुछ अनिर्दिष्ट, यह बात और है कि श्रेष्ठ कलात्मक अनुशासन का पालन करते हुए निराला कविता को बिखरने नहीं देते और उसमें एक तर्क वा संगति बनाकर रखते हैं, दूसरे, वह ढांचा टूटता नहीं है। कविता शुरू हुई थी एक स्तर से, लेकिन थोड़ा ही आगे बढ़ने पर वह दूसरे स्तर पर, जो कि यथार्थ का स्तर है, आ जाती है और फिर अपनी गति से, कभी यथार्थ का सहारा लेती हुई और कभी कल्पना के आकाश में उठती हुई, कभी शांत रूप से और कभी तरंगित होती हुई, आगे बढ़ती चलती है। अंत में जब निराला कहते हैं–"अंत भी उसी गोद में शरण / ली, मूंदे दृग वर महामरण", तो वे 'गोद' से ठोस यथार्थ का और 'महामरण' से दार्शनिक कल्पना का संकेत देकर पाठकों को परस्पर-विरोधी भाव-स्तरों पर विचरनेवाले अपने

कवि-मानस का पूरा परिचय दे देते हैं। यदि उनका कवि-मानस इकहरा होता, उसमें कोई विरोध और कोई द्वंद्व न होता, तो उनकी कविता में जो जटिलता और संश्लिष्टता है, वह संभव न हो पाती और अंततः वह एक भावुकतापूर्ण सपाट कविता बनकर रह जाती। कविता के अंत में पुनः 'महामरण' को ले आना इस बात का सूचक है कि उसका अपने ढंग का ढांचा काफी सुदृढ़ है।

अंतिम पंक्तियों में भी वह ढांचा नहीं टूटता, क्योंकि उनमें निराला जिस दृढ़ता की अभिव्यक्ति करते हैं, वह इस कविता में पहले भी उनके आत्मविश्वास के रूप में अभिव्यक्त हो चुकी है, जहां उन्होंने अपने विरोधियों को ललकारते हुए कहा है कि भविष्य में वे और भी श्रेष्ठ कविताएं लिखेंगे :

> और भी फलित होगी वह छवि,
> जागे जीवन-जीवन का रवि,
> ले कर-कर कल तूलिका-कला,
> देखो क्या रंग भरती विमला,
> वांछित उस किस लांछित छवि पर
> फेरती स्नेह की कूची भर।

जैसे 'महामरण' का संबंध कविता की आरंभिक पंक्तियों से है, वैसे ही उसकी अंतिम पंक्तियों का संबंध इन पंक्तियों से। डॉ. शर्मा ने 'अर्पण करने का मतलब 'कवि-कर्म छोड़ देना' लगाया है, जोकि गलत है। यदि उनका अर्थ सही है, तो ऊपर उद्धृत पंक्तियों से उसकी संगति कैसे बैठेगी ? जब निराला ने कवि-कर्म छोड़ देना ही तय कर रखा है, तो साक्षात् सरस्वती भविष्य में उनकी काव्य-छवि में और उत्कृष्ट रंग कैसे भरेंगी ? किस बल पर वे अपने विरोधियों को ललकार रहे थे ? यदि यह कहें कि कविता के अंत तक पहुंचते-पहुंचते निराला आत्मविश्वास खो बैठे और कवि-कर्म से संन्यास ले लेने का निर्णय कर लिया, तो इस संबंध में ज्ञातव्य है कि प्रचंड रोमांटिक होते हुए भी उनका भाव-लोक इतना अस्थिर न था कि वह पल-पल अपना वेश परिवर्तित करता चलता था। ऐसे चंचल चित्तवाला कवि किसी श्रेष्ठ प्रदीर्घ कविता की रचना नहीं कर सकता। निराला में भाव और कला दोनों में असाधारण स्थैर्य और अनुशासन दिखलाई पड़ता है।

उनके जीवन में दुर्घटनाओं की कमी नहीं, लेकिन दो दुर्घटनाएं उन्हें वाकई तोड़ देनेवाली थीं। उनमें पहली दुर्घटना थी उनकी पत्नी की मृत्यु। पत्नी की मृत्यु का उनके ऊपर कैसा प्रभाव पड़ा था ? डॉ. शर्मा के ही शब्दों में, "गंगा के किनारे रात-रात-भर वह श्मशान में घूमा करते, जहां मनोहरा देवी की चिता जली थी। दिन में वह अवधूत टीले पर बैठ जाते और गंगा में बहती हुई लाशें देखा करते। पत्नी और भाई के निधन के बाद अब मृत्यु का ऐसा कोई दृश्य न था जिससे सुर्जकुमार

को भय होता। जीवन में जो सबसे बीभत्स और भयानक है, उसे भर आंखों देखना वह सीख गए थे। एक दिन वह अवधूत टीले पर बैठे थे, तभी कुल्ली ने आकर कहा, "मैं जानता हूं, आप मनोहर को बहुत चाहते थे। ईश्वर चाह की ही जगह मार देता है, होश कराने के लिए।" सुर्जकुमार को ब्रह्मज्ञान मिला। वह अभी बेहोश थे। न अपने को समझते थे, न मनोहरा को, न संसार को। दुख के अंकुश द्वारा अब ब्रह्म ने उन्हें अपना और संसार का ज्ञान कराया। 'साहित्य-साधना' के प्रथम खंड में डॉ. शर्मा ने यह प्रसंग निराला के संस्मरणात्मक उपन्यास 'कुल्ली भाट' से लेकर दिया है। उसके जिस परिच्छेद से उन्होंने यह अंश लिया है, उसी में पहले निराला कहते हैं, "सोलह-सत्रह की उम्र से भाग्य में जो विपर्यय शुरू हुआ, वह आज तक रहा। लेकिन मुझे इतना ही हर्ष है कि जीवन के उसी समय से मैं जीवन के पीछे दौड़ा था, जीव के पीछे नहीं। इसलिए शायद बच जाऊंगा। जीव के पीछे पड़नेवाला बड़े-बड़े मकान, राष्ट्र-चमत्कार और जादू से प्रभावित होकर जीवन से हाथ धोता है, जीवन के पीछे चलनेवाला जीवन के रहस्य से अनभिज्ञ नहीं होता, अस्तु।" पत्नी की मृत्यु के बाद अपने तत्त्व-ज्ञान से उन्होंने अपने को संभाला, महिषादल लौटकर धीरे-धीरे प्रकृतिस्थ हो गए।

सरोज की मृत्यु के बाद भी वे टूटे नहीं, बल्कि नए सिरे से संकल्प किया कि वे और दृढ़ता से कवि-कर्म करेंगे, पहले से बेहतर कविताएं लिखेंगे। 'सरोज-स्मृति' की रचना के एक सप्ताह बाद उन्होंने अपनी एक अन्य महान् कविता 'प्रेयसी' की रचना की। यह कविता उसी मनोयोग और कलात्मक अनुशासन के साथ लिखी गई है, जिससे उनकी अन्य लंबी कविताएं। इस कविता में जो बारीक नक्काशी है और उसका जो 'नक्शा' है, उसे देखकर कोई भी यह स्वीकार करेगा कि इसकी रचना के समय निराला की कवि-प्रतिभा पूर्णतः जागृत थी। 'सुधा' में 'सरोज-स्मृति' के छपने के पहले ही 'माधुरी' के नवंबर, 1935 के अंक में यह कविता प्रकाशित हुई। यदि निराला ने काव्य-रचना से विरत होने का फैसला कर लिया था, तो इतनी जल्दी यह महान् कविता उन्होंने कैसे लिखी ? और यह कविता एक क्षण-विशेष की भावात्मक प्रतिक्रियावाली कविता नहीं, बल्कि ऐसी कविता है, जिसकी रचना के लिए निश्चय ही कुछ दिन पहले से कवि-मानस के भीतर तैयारी चलती आ रही होगी। लगभग एक साल बाद उन्होंने अपनी सर्वश्रेष्ठ कविता 'राम की शक्ति-पूजा' का प्रणयन किया। यह कविता भी कोई भावात्मक विस्फोट नहीं, बल्कि एक सतत क्रियमाण कवि-मानस की देन थी। ये तथ्य इस बात की पुष्टि करते हैं कि 'सरोज-स्मृति' की अंतिम पंक्तियों का गलत ही नहीं, बिलकुल उलटा अर्थ प्रचारित किया गया है। कवि ने संकल्प किया था कि वह अपने मार्ग पर और दृढ़ता से कदम उठाएगा। आलोचक ने प्रचारित कर दिया कि उसने कवि-कर्म से संन्यास ले लेने का निश्चय किया है !

यहां डॉ. शर्मा की निराला पर लिखित एक कविता की पंक्तियां याद आती हैं, जो 'सरोज-स्मृति' के रचयिता पर ज्यादा सटीक बैठती हैं, क्योंकि उसमें बहुत ही प्रबल अपराजेयता-बोध है और उन पंक्तियों में यही कहा गया है। उन्हें उद्धृत करना जरूरी है :

यह कवि अपराजेय निराला,
जिसको मिला गरल का प्याला,
ढहा और तन टूट चुका है,
पर जिसका माथा न झुका है,
शिथिल त्वचा, ढलढल है छाती,
लेकिन अभी संभाले थाती,
और उठाए विजय-पताका–
यह कवि है अपनी जनता का।

ये पंक्तियां बहुत ही सरल भाषा में लिखी गई हैं, छंद भी ऐसा है कि लगता है, कविता बच्चों के लिए रचित है, लेकिन इनमें निराला-काव्य की मूल विशेषता को निर्दिष्ट कर दिया गया है–अपराजेयता-बोध, जिसकी पुष्टि 'तुलसीदास', 'राम की शक्ति-पूजा' और 'वन-बेला' से ही नहीं, और प्रबल रूप से 'सरोज-स्मृति' से भी होती है। आलोचक-दृष्टि जहां चूक गई, वहां कवि-दृष्टि अचूक साबित हुई। लेकिन निराला जनता के कवि कैसे हैं ? सच पूछा जाए तो इसी प्रश्न के उत्तर में 'सरोज-स्मृति' की भी महानता का असली रहस्य छिपा हुआ है।

5

'सरोज-स्मृति' वाकई एक अत्यंत संश्लिष्ट रचना है, क्योंकि इसमें सरोज की स्मृतियों के माध्यम से सिर्फ उसी की जीवन-गाथा नहीं प्रस्तुत की गई। उसी के प्रसंग में इस कविता में निराला की जीवन-गाथा भी आ गई है–कलकत्ते से लेकर उनका लखनऊ तक का जीवन, जो संघर्ष से भरा हुआ है। यह संघर्ष साहित्यिक भी है, सामाजिक भी और आर्थिक भी। उनका साहित्यिक संघर्ष उनके पूरे युगीन परिवेश को मूर्त कर देता है, जिससे छायावादी कवि जूझ रहे थे। सामाजिक संघर्ष सरोज के विवाह के क्रम में दिखलाई पड़ता है, जब उनके सामने दहेज की समस्या आती है और रूढ़ि-मुक्त ढंग से विवाह करने का कान्यकुब्ज ब्राम्हणों द्वारा विरोध किया जाता है। उन दिनों निराला आर्थिक दृष्टि से और ज्यादा परेशान थे। इसी कारण विवाह बिना किसी समारोह के संपन्न हुआ। देखते-देखते सरोज और निराला की एक दूसरे से जुड़ी हुई कथा अवध के एक मामूली किसान की कथा बन जाती है। मातृविहीन पुत्री,

उसका ननिहाल में पलना, एक युवक के दूसरे विवाह की समस्या, पुत्री का मुंह देखकर उसका उससे इनकार करना, फिर पुत्री के विवाह की समस्या, नानी, मामा-मामी और सास इन संबंधियों वा इनके संबंधों का महत्त्व, टूटा-फूटा घर, हर प्रकार का अभाव, पुत्री के प्रति विवश पिता का वात्सल्य, पुत्री की बीमारी और उसका इलाज न करा पाना, उसमें संबंधियों द्वारा दिखलाई जानेवाली आत्मीयता—यही तो वे बातें हैं, जिनसे अवध क्या, संपूर्ण हिंदी क्षेत्र के साधारण किसानों का जीवन बना है। अवध के किसान का जिक्र मैंने इसलिए किया कि निराला ने जो कथा कही है, उसका एक जनपद से घनिष्ठ संबंध दिखलाया है, जिससे कि वह कल्पित न प्रतीत हो। इसके साथ-साथ कविता में सरोज की बाल-क्रीड़ा, उसके यौवनागम, विवाहोपरांत के उसके सौंदर्य और उसकी मनोदशा आदि का भी वर्णन है, जो इसे एकस्तरीय की जगह एक बहुस्तरीय कविता बना देता है। खास बात यह कि यह वर्णन भी उसी तरह एक साधारण कृषक-कन्या के वर्णन में रूपांतरित हो जाता है। कथा का अनेक शाखाओं में विस्तार और उनका परस्पर गुंथा होना कविता को संश्लिष्ट बनाता है और उसका अपनी सीमाओं का अतिक्रमण करना उसे उच्चकोटि की कलाकृति का दर्जा दे देता है।

लेख के आरंभ में ही एक विदेशी आलोचक के हवाले से कहा गया है कि कोई भी कलाकृति एक परंपरा की नवीनतम सृष्टि होती है। कलाकृतियों की परंपरा की नवीनतम सृष्टि होने का मतलब यह है कि उसमें अनिवार्य रूप से कलाकृतियों की विशेषताएं स्वयं आ जाती हैं, जिससे वह व्यक्ति-विशेष से संबद्ध होते हुए भी सार्वजनीन हो जाती है। निराला ने कलाकृतियों की परंपरा को बहुत अच्छी तरह से आत्मसात् किया था, जिससे उनकी रचना में मानवीय और सामाजिक अर्थ सहज भाव से समाविष्ट हो गए। सरोज केवल उनकी पुत्री न रहकर पुत्री-मात्र हो गई, निराला भी केवल निराला न रह गए, एक साधारण किसान हो गए और उनका शोक भी केवल उनका शोक न रहकर पुत्री की मृत्यु का सामान्य शोक बन गया। यदि ऐसा न हुआ होता तो यह रचना निराला के जीवन का एक नितांत निजी प्रसंग बनकर रह जाती। इस रचना में गलदश्रु भावुकता का जो अभाव है और शोकाभिभूत न होकर तमाम चीजों को अत्यंत संतुलित रूप में बयान करने की जो क्षमता है, उसी ने इसे वैयक्तिकता से ऊपर उठाकर स्पृहणीय निर्वैयक्तिकता प्रदान की है। इस लेख में सरोज और निराला-संबंधी जो तथ्य किंचित् विस्तार से प्रस्तुत किए गए हैं, वह यह दिखलाने के लिए नहीं कि 'सरोज-स्मृति' एक नितांत निजी रचना है, बल्कि यह दिखलाने के लिए कि वह कल्पित न होकर निराला के जीवन की ठोस वास्तविकता पर आधारित रचना है। व्यक्तिगत जीवन की ठोस वास्तविकता—इसी आधार पर कोई शोकगीति व्यापक रूप से प्रभावशाली बन सकती है। जीवन-तथ्यों से रचनाओं में बिलकुल नया संबंध कायम करने और उन्हें उसमें नए ढंग से संयोजित करने का

मतलब यह नहीं है कि उनका रूप एकदम बदल दिया जाए, या उनसे प्रकृत संबंध तोड़ लिया जाए। उसका मतलब है उनका एक हद तक अमूर्तीकरण करना, जिससे उनमें निहित सार्वजनीन सत्य उभरकर सामने आ जाए। जो वृक्ष आकाश में ऊंचा उठकर भी मजबूती से खड़ा रहता है, उसकी जड़ें धरती में उतनी ही गहरी धंसी होती हैं। यह ऊंचाई और गहराई का द्वंद्वात्मक संबंध है, जिसे समझना कठिन नहीं है।

अभी 'मानवीय अर्थ' का जिक्र किया गया। बिना इस अर्थ और इस अर्थ की गहराई के कोई भी रचना श्रेष्ठ नहीं बन सकती, क्योंकि उसका संबंध अंततः मनुष्य से है, वह ईश्वर पर लिखी गई हो, या समाज पर, या प्रकृति पर। मानवीय अर्थ ही उसे सार्थकता प्रदान करता है और वह अर्थ जितना गहरा, जितना मूल्यवान् होता है, रचना उतनी ही महत्त्वपूर्ण बनती है। 'सरोज-स्मृति' में सरोज और निराला की जीवन-कथा के साथ सामाजिक वास्तविकता भी प्रकट हुई है, लेकिन इसे सर्वाधिक प्रभावशाली और महत्त्वपूर्ण बनानेवाली चीज इसमें स्थल-स्थल पर विभिन्न प्रसंगों और भावों का अत्यंत मर्मस्पर्शी ढंग से किया गया चित्रण है। आचार्य रामचंद्र शुक्ल के अनुसार कहा जा सकता है कि इस लंबी कविता में, जो उस तरह से कथात्मक नहीं, कवि ने मार्मिक स्थलों को अच्छी तरह से पहचाना है। वह स्थल सरोज का समुचित ढंग से लालन-पालन न कर पाने से संबंधित हो, या विवाह के पूर्व अपने पिता के घर आकर अपने को बोझ समझती हुई सिर झुकाए उसके वहां रहने से, या उसकी बाल-क्रीड़ा से, या जाड़ों की सुनहली धूप में खेलती हुई उसके परी की तरह दिखलाई पड़ने से, या पिक-बालिका से दी गई उसकी उपमा से, या निराला की उस विवशता से, जिसकी वजह से सास ने जब उन्हें सरोज का विवाह करने का सुझाव दिया तो वे कुछ न कह सके, या उनके यह कहने से कि वे कान्यकुब्ज-कुल-कुलांगारों-जैसे शिव से अपनी गिरिजा का विवाह करने की चाह नहीं रखते, या विवाह में सरोज पर कलश का शुभ जल पड़ने से, या विवाहोपरांत के उसके सौंदर्य-वर्णन से, जिसमें वह हंसती है, तो जैसे उसके होंठों में बिजली फंसकर रह जाती है, या निराला के स्वयं अपनी पुत्री की सुहाग-शय्या सजाने से, या फिर अपने को 'भाग्यहीन' कहने तथा अपनी पुत्री को अपना 'संबल' बतलाने से, निराला ने इन सभी स्थलों का वर्णन हृदय की जिस गहराई से किया है, वह पाठकों को देर तक प्रकंपित करता रहता है। प्रसंग चूंकि शोक का है, इसलिए सारे चित्र मन में भिन्न भाव उठाते हुए भी अंततः उस अनुभूति को ही घनीभूत बनाते हैं। चित्र जितने ही भ.स्वर और संयत हैं, उनका असर उतना ही मारक होता है। इस स्तर पर कविता व्यक्ति-भेद और वर्ग-भेद की सीमाओं को तोड़कर प्रवाहित होती है और जैसे राजपरिवार का हर्ष और शोक श्रेष्ठ काव्य में मानव-मात्र का हर्ष और शोक बन जाता है, इस कविता में भी एक अभावग्रस्त मध्यवित्तीय परिवार के पिता का शोक

मानव-मात्र का शोक बन गया है। विभिन्न मार्मिक स्थल उसे बहुरंगी ही नहीं बनाते, उसे अत्यंत संवेदनीय बना देते हैं।

यह सारा कुछ निराला ने जिस कौशल के साथ किया है, उस पर एक बार पुनः ध्यान ले जाना आवश्यक है। वे जितने बड़े कवि थे, उतने ही बड़े कलाकार भी थे। इस कारण 'सरोज-स्मृति' उनकी शोकानुभूति की दृष्टि से तो एक महान् कविता है ही, इसमें उन्होंने उसे मूर्त करने के लिए अपनी जिस महान् कला-क्षमता का परिचय दिया है, उस दृष्टि से भी यह एक महान् कविता है। विचार करने पर पता चलता है कि इस कविता के कलात्मक सौंदर्य और उसकी पूर्णता का मुख्य स्रोत इसकी रचना में पाया जानेवाला वैषम्य का गुण है। एक तरफ इस कविता में रोमांटिक कल्पना का उत्कर्ष देखने को मिलता है और दूसरी तरफ कठोर यथार्थ-चित्रण, एक तरफ इसमें तीव्र भावावेश है और दूसरी तरफ स्पृहणीय बौद्धिक अनुशासन और एक तरफ यह रचना अतिशय आत्मपरक है और दूसरी तरफ पूर्णतः वस्तुपरक। सरोज की मृत्यु को आध्यात्मिक प्रभा से मंडित करना रोमांटिक कवि की भव्य कल्पना ही तो है। इसके साथ वह कल्पना सरोज के यौवनागम और विवाहोपरांत के सौंदर्य-वर्णन में उड़ान भरती हुई दिखलाई पड़ती है। लेकिन इस वर्णन के साथ ही निराला के आर्थिक, साहित्यिक और सामाजिक संघर्ष का इस कविता में बहुत सटीक वर्णन है, जैसे कोई यथार्थवादी कथाकार ब्योरा प्रस्तुत कर रहा हो। एक तरफ 'धीरे-धीरे फिर बढ़ा चरण' से आरंभ होनेवाला सरोज के यौवनागम का वर्णन और दूसरी तरफ "वे जो यमुना के-से कछार / पद फटे बिवाई के !" दोनों चित्रों का वैषम्य देखने की लायक है। डॉ. नामवर सिंह ने 'कविता के नए प्रतिमान' नामक अपनी पुस्तक में इस कविता में 'चमरौधे' को ले आने को 'रोमांटिक गंभीरता' को तोड़नेवाला कहा है, वह भी शोक की भावभूमि में, जो निराला से ही संभव था। स्वभावतः रोमांटिक कल्पना से युक्त वर्णन जहां छायावादी भाषा और शैली में किया गया है, वहां यथार्थ-प्रसंगों के वर्णन में कवि की भाषा बिलकुल नंगी और बेलौस हो गई है। "उन्मनन-गुंज सज हिला कुंज / तरु-पल्लव कलिदल पुंज-पुंज" के समानांतर इस भाषा को रखकर देखने से बात स्पष्ट हो जाती है :

वे जो यमुना के-से कछार
पद फटे बिवाई के, उधार
खाए के मुख ज्यों, पिए-तेल
चमरौधे जूते से सकेल
निकले, जी लेते, घोर-गंध···

पूरी कविता तीव्र भावावेश के साथ लिखी गई है, लेकिन कहीं उस पर कवि का बौद्धिक नियंत्रण शिथिल नहीं होता। वह भावावेश ऐसा मालूम पड़ता है, जैसे वह छायावादी

कवि का न होकर आर्ष कवियों का भावावेश हो। हजारीप्रसाद द्विवेदी ने लिखा है कि तुलसीदास की वाणी में कभी विह्वलता के चिह्न प्रकट होते हैं, तो सिर्फ राम के सौंदर्य-वर्णन के प्रसंग में। ज्यादा से ज्यादा सरोज के सौंदर्य-वर्णन के संबंध में यह बात कही जा सकती है, वर्ना निराला की शोकानुभूति अत्यंत प्रचंड होते हुए भी कहीं भी उनके अनुशासन को चुनौती नहीं देती। जैसे सरोज का देह-सौंदर्य मर्यादित था, वैसे ही उनकी शोकानुभूति भी है। तीव्र भावावेश पर यह नियंत्रण जिन कारणों से संभव हुआ है, उनमें एक कारण यह भी है कि निराला ने सरोज की मृत्यु को अपने जीवन की कोई अलग-थलग घटना न मानकर उसे पूरे सामाजिक संदर्भ में रखकर देखा है। इसने कवि को अपने ऊपर नियंत्रण रखने का अवसर भी दिया है और उसकी कविता का अर्थ-विस्तार भी किया है। पुत्री की मृत्यु पर व्यक्त की जानेवाली प्रतिक्रिया से अधिक आत्मपरक वस्तु क्या होगी, लेकिन निराला ने उसे एक सामाजिक घटना बनाकर कविता को अत्यधिक वस्तुपरक बना दिया है।

जैसा वैषम्य 'सरोज-स्मृति' की विषयवस्तु में है, वैसा ही उसके रूप-शिल्प में भी। एक तरफ यह कविता एक आत्माभिव्यक्तिमूलक प्रगीतात्मक रचना है और दूसरी तरफ यथार्थमूलक एक वर्णनात्मक रचना। इसी तरह इसमें एक तरफ कवि का ध्यान कविता के स्थापत्य पर रहा है, तो दूसरी तरफ उसकी भीतरी सजावट पर भी। भाषा भी एक तरफ कवित्वपूर्ण है, तो दूसरी तरफ बातचीतवाली। पूरी कविता छंदोबद्ध है, लेकिन वाक्य-विन्यास गद्यात्मक है। छंद निहायत छोटा है, पर उसमें बंधे हुए वाक्य कभी-कभी बहुत लंबे। सरोज की मृत्यु का गौरवीकरण, निराला का पिता के रूप में निरर्थकता-बोध, उनके कवि-जीवन का जिक्र, सरोज का सौंदर्य-वर्णन और अंत में निराला की संकल्प की घोषणा यह सब उनकी आत्माभिव्यक्ति है या आत्माभिव्यक्ति की शैली में प्रस्तुत किया गया है, लेकिन निराला के दूसरे विवाह और सरोज के विवाह का पूरा प्रसंग वर्णनात्मक है। प्रगीतात्मकता और कथात्मकता दोनों इस कविता में परस्पर गुंफित हैं। कथात्मकता कविता को यथार्थ का आधार प्रदान करती है और प्रगीतात्मकता उसमें रोमांटिक कविता का सौंदर्य ला देती है। निराला का ध्यान पूरी तरह से कविता के स्थापत्य पर रहा है, पर शोक की अवस्था में भी जहां आवश्यक हुआ है, वे कविता में भीतरी सजावट करना न भूले हैं। इससे काव्य-रचना का क्षण स्पष्टतः जीवन के व्यावहारिक क्षणों से भिन्न मालूम पड़ता है। इस क्षण में कवि अपनी अनुभूति को ही पूरी सन्नद्धता से कलात्मक रूप प्रदान करता है। 'सरोज-स्मृति के अलंकृत अंशों को पढ़ते समय लगता है कि हम किसी ऐसे मंदिर में घूम रहे हैं, जिसकी दीवारों पर उत्कृष्ट कोटि का कारु-कार्य किया गया हो। इस कारु-कार्य की विशेषता यह है कि यह पर्याप्त नवीन है, क्योंकि यह कवि की रोमांटिक कल्पना की देन है, भले उसे मूर्त उसने

क्लासिकी दक्षता के साथ किया हो। दूसरी बात यह कि चूंकि यह शब्दों के माध्यम से किया गया है, इसलिए इसमें चित्र के साथ-साथ संगीत भी है।

"चढ़ मृत्यु-तरणि पर तूर्ण-चरण / कह—पितः, पूर्ण आलोक-वरण", "व्यक्त हो चुका चीत्कारोत्कल / क्रुद्ध युद्ध का रुद्ध कंठ-फल", "कर स्नान-शेष, उन्मुक्त केश / सासुजी रहस्य-स्मित सुवेश" और "उमड़ता ऊर्ध्व को कल सलील / जल टलमल करता नील नील"-जैसी पंक्तियां चित्रात्मक ही नहीं, संगीतात्मक भी हैं, क्योंकि इनमें निराला ने समान ध्वनियोंवाले वर्णों की योजना पर विशेष ध्यान दिया है। उन्होंने इस योजना से जब जैसा प्रभाव उत्पन्न करना चाहा है, किया है। जहां उनकी शब्द-योजना सरल है, वहां भी वे एक तरह की सजावट करते हैं, यथा 'खाई भाई की मार, विकल / रोई उत्पल-दल-दृग-छलछल।" इसमें ध्यान देने लायक "उत्पल-दल-दृग-छलछल" ही नहीं, 'खाई' और 'भाई' का अनुप्रास भी है। इसी तरह "बैठा प्रांतर में दीर्घ प्रहर / व्यतीत करता था गुन-गुनकर / संपादक के गुण, यथाभ्यास / पास की नोचता हुआ घास" में पहले चरण में 'र' वर्ण की अनेक बार आवृत्ति और दूसरे चरण के 'गुन' की तीसरे चरण में 'गुण' के रूप में आवृत्ति ही ध्यातव्य नहीं है, तीसरे चरण के 'यथाभ्यास' के साथ चौथे चरण के 'पास' और 'घास' की आवृत्ति भी ध्यातव्य है। प्रायः पूरी कविता छोटे-बड़े कारु-कार्यों से इस तरह अलंकृत है कि अभिव्यक्ति में एक विलक्षण सौंदर्य उत्पन्न हो गया है। रीतिकाल के कवियों ने इस प्रकार के अलंकरण को काव्य-शक्ति के प्रदर्शन का एक स्वतंत्र क्षेत्र समझ लिया था, जिससे उनकी कविता को लाभ से अधिक क्षति पहुंची। निराला का अलंकरण तुलसीदास की पद्धति पर है, जिसमें जितना महत्त्व अलंकरण का है, उससे अधिक महत्त्व कविता के स्थापत्य का। निराला का ध्यान भी कविता के स्थापत्य से कभी नहीं हटता, जिससे उनकी कविता की भीतरी सजावट एक दूसरे स्तर पर भी पाठकों को सजग रखकर उन्हें काव्यानंद तो प्रदान करती है, लेकिन उन्हें रास्ते में ही रोक नहीं लेती।

भाषा-प्रयोग के मामले में भी 'सरोज-स्मृति' में बहुत वैषम्य है। इसके दो स्तर तो बिलकुल स्पष्ट हैं, जिनमें कोई मेल नहीं दिखलाई पड़ता। पहला स्तर कवित्वपूर्ण भाषा का है और दूसरा बिलकुल बेरंग और गद्यात्मक बातचीतवाली भाषा का, जिसका सामना होने पर लगता ही नहीं है कि हम कोई कविता पढ़ रहे हैं। छंद और तुक में बंधी होने से काव्य-भाषा का हलका-सा तनाव उसमें जरूर है, लेकिन वह अपर्याप्त है। पाठकों को यह बतलाने की आवश्यकता नहीं होनी चाहिए कि वह अंश निराला के दूसरे विवाह और फिर सरोज के विवाह से संबंधित है, जिसमें निराला की सास उनसे निवेदन करती हैं, वे स्वगतभाषण करते हैं और फिर शिवशेखर द्विवेदी को सारी बातें समझाते हैं। यह अंश 'तुलसीदास' के उस अंश की याद दिलाता है, जो रत्नावली के भाई और उसकी बातचीत से संबंधित है। ऊपर डॉ. शर्मा के हवाले

से कहा जा चुका है कि संवाद-रचना में निराला सर्वाधिक कमजोर हैं, फिर भी 'सरोज-स्मृति' के संवादों में प्रयुक्त यह भाषा इस कविता को कमजोर नहीं करती, बल्कि छायावादी कविता के भीतर निराला के तेवर को पूरे तौर पर सामने लाती है। कविता और गद्य के वैषम्य और मिश्रण से निराला ने एक नए ढंग की कविता लिखी, जैसी किसी अन्य छायावादी कवि ने नहीं लिखी। ग़ौर करने पर पता चलता है कि नीरस गद्यात्मक अंशों के बीच भी कभी ऐसी पंक्तियां आ जाती हैं, जो उन्हें आलोकित और झंकृत कर देती हैं। सास के साथ पहली बातचीत के प्रसंग में "आई पुतली तू खिल-खिल-खिल / हंसती" और "कर स्नान-शेष, उन्मुक्त-केश" पंक्तियां ऐसी ही हैं। इसी तरह उनके साथ दूसरी बातचीत में "सुनकर, गुनकर चुपचाप रहा, / कुछ भी न कहा, – न अहो, न अहा"- जैसी पंक्तियां आती हैं, जो अपनी सादगी के कारण ही हृदय को वेध डालती हैं और पूरा प्रसंग अत्यंत मार्मिक हो उठता है। सरोज के विवाह के प्रसंग में निराला के स्वगत-भाषण में "ऐसे शिव से गिरिजा-विवाह / करने की मुझको नहीं चाह" इन पंक्तियों की वैसी ही भूमिका है। शिवशेखर द्विवेदी के साथ निराला का जो संवाद है, उसकी शुष्कता भी इन पंक्तियों के साथ समाप्त हो जाती है–"देखा विवाह आमूल नवल, / तुझ पर शुभ पड़ा कलश का जल।"

'सरोज-स्मृति' का छंद 'बैरगिया नाला जुलुम जोर' के सोलह मात्राओंवाले एक लोकछंद से लिया गया बतलाया जाता है, लेकिन वस्तुतः यह पद्धरि वा पद्धटिका नामक मात्रिक छंद है, जो सोलह मात्राओं का होता है और नियमतः जिसका अंत जगण से होता है। लेकिन निराला ने इस जगणवाले नियम को नहीं माना है और स्वतंत्रतापूर्वक चरण के अंत में जो गण रखना चाहा है, रखा है, जैसे तुलसीदास ने रामचरितमानस में सोलह मात्राओं के ही भिन्न लयवाले चौपाई छंद का अत्यंत स्वतंत्रतापूर्वक प्रयोग कर उससे तरह-तरह के संगीत की सृष्टि की है और अपने छंद-प्रयोग को एकरस होने से बचाया है। 'सरोज-स्मृति' में छंद-संबंधी वैषम्य इस रूप में दिखलाई पड़ता है कि छंद छोटा है, लेकिन वाक्य उसमें निराला ने प्रायः बड़े-बड़े रखे हैं। स्वभावतः वे चरण के साथ समाप्त नहीं होते और अगले चरणों में भी प्रवाहित होते रहते हैं। उदाहरणार्थ–

> जीवित-कविते, शत-शर-जर्जर
> छोड़कर पिता को पृथ्वी पर
> तू गई स्वर्ग, क्या यह विचार–
> जब पिता करेंगे मार्ग पार
> यह, अक्षम अति, तब मैं सक्षम,
> तारूंगी कर गह दुस्तर तम ?

या फिर

अस्तु मैं उपार्जन को अक्षम
कर नहीं सका पोषण उत्तम
कुछ दिन को, जब तू रही साथ,
अपने गौरव से झुका माथ,
पुत्री भी, पिता-गेह में स्थिर,
छोड़ने के प्रथम जीर्ण अजिर।

बात केवल बड़े वाक्यों की नहीं है, ये वाक्य गद्यात्मक भी हैं, जो छायावाद-काल के लिए एक नई बात थी। प्रगीतात्मक कविता की भाषा में प्रायः गद्यात्मक वाक्य नहीं मिलते, क्योंकि उसमें यथार्थ-चित्रण के स्थान पर आत्माभिव्यक्ति की प्रधानता होती है। निराला ने मुक्तछंद में लिखी गई कविताओं से गद्यात्मक वाक्य-विन्यास का प्रयोग शुरू किया, जो उनमें यथार्थ की प्रवृत्ति बढ़ने के साथ बढ़ता गया। एक तरफ छंद का खिंचाव और दूसरी तरफ वाक्य का फैलाव—इस कशमकश में 'सरोज-स्मृति' की भाषा में गजब का तनाव भर गया है। एक तनाव वाक्यों में सरलता और जटिलता को लेकर भी है। वाक्य का कोई हिस्सा बहुत सरल है, तो कोई हिस्सा जटिल, जिसमें गूढ़ अर्थ छिपा होता है। इस कविता के प्रत्येक स्तर पर वैषम्य है, जिससे इसमें एक ऐसा तनाव पैदा हुआ है, जैसा वीणा-जैसे वाद्ययंत्र के चढ़े हुए तारों में ही देखने को मिलता है।

रही बात इस कविता के आधार पर निराला के जनता के कवि होने की। जनता का कवि वही नहीं होता है, जो जन-भाषा में उसके जीवन-यथार्थ के बारे में लिखता है, बल्कि वह भी होता है, जिसकी भाव-धारा जनसमर्थक होती है और जिसकी लेखन-शैली नितांत 'यथार्थवादी' न होकर 'कलात्मक' होती है। इस दृष्टि से प्रेमचंद ही जनता के लेखक नहीं हैं, 'प्रसाद' भी जनता के लेखक और कवि हैं। डॉ. शर्मा मुक्तिबोध को जनता का कवि नहीं मानते, क्योंकि उनकी कसौटी नागार्जुन और केदारनाथ अग्रवाल-जैसे सरल कविता लिखनेवाले कवि हैं, लेकिन वे निराला को जनता का कवि मानते हैं, यह भले उनके साथ किया गया उनका पक्षपात हो, लेकिन यह ठीक है। 'सरोज-स्मृति' कलात्मक कविता होते हुए भी अवध के छोटे किसानों के जीवन-चित्र को हमारे सामने लाती है और अपनी कलात्मकता से पाठकों के सौंदर्य-बोध के धरातल को ऊपर उठाती है। ऐसी स्थिति में वह निर्विवाद रूप से एक जनता के कवि की रचना है। निराला ने कभी कविता में एक तरह की भाषा का प्रयोग नहीं किया। उन्होंने उसमें हमेशा भाषा के अनेक स्तर कायम करके हिंदी कविता का समृद्ध करने की कोशिश की। उनकी काव्य-भाषा का वह स्तर, जो अत्यंत उदात्त और ओजस्वी है, कठिन कहा जाता है। हिंदी में उसका विरोध भी हुआ था

और उनसे मांग की गई थी कि वे सरल भाषा का प्रयोग किया करें। उत्तर में निराला ने 'सुधा' में 'भाषा' शीर्षक एक टिप्पणी लिखी थी, जिसमें उन्होंने कहा था कि अभी तो लोग सीधी भाषा के प्रयोग की ही मांग कर रहे हैं, मुमकिन है, एक दिन लोग यह भी कहने लगें कि भाव सीधे होने चाहिए ! निश्चय ही इस संकीर्ण 'जनवादी' दृष्टिकोण को छोड़कर ही 'सरोज-स्मृति'-जैसी क्रांतिकारी कविता की श्रेष्ठता को समझा जा सकता है।

राम की शक्ति-पूजा

रवींद्रनाथ अपनी 'गीतांजलि' के लिए प्रसिद्ध हैं, लेकिन उनकी अलौकिक कवि-प्रतिभा उनकी लंबी कविताओं में प्रकट हुई है, उदाहरणार्थ 'बिदाय-अभिशाप', 'कर्णकुंती-संवाद', 'गांधारीर आवेदन' आदि में। लंबी कविताओं में वे ऐतिहासिक और पौराणिक आख्यानों से संकटपूर्ण स्थलों का चुनाव करते थे और अपनी सृजनात्मक कल्पना का उपयोग करते हुए उन्हें लेकर नई रचना प्रस्तुत कर देते थे। वह रचना एक तरफ प्राचीन वातावरण को अत्यंत सजीव ढंग से मूर्त करती थी और दूसरी तरफ आधुनिक जीवन के द्वंद्व को भी तीखे ढंग से अभिव्यक्त करती थी। रवींद्रनाथ की इस विशेषता से निराला का प्रभावित होना स्वाभाविक था। उनके कवि ने बंगला कविता के प्रकाश में ही आंखें खोली थीं। धीरे-धीरे उन्होंने रवींद्र-काव्य से गहरा संपर्क स्थापित किया। उन्होंने न केवल अपनी कविता के अंतरंग और बहिरंग को उसके प्रभाव से संवारा, बल्कि उस पर 'रवींद्र-कविता-कानन' नाम से 1927 में एक पुस्तक लिखी, जोकि संभवतः हिंदी में उस विषय पर लिखी गई आलोचना की पहली पुस्तक है। निराला की कविता का मिजाज क्लासिकी है, इसलिए वह रवींद्रनाथ से भिन्न है, तथापि उसमें उनका प्रभाव पार्श्वसंगीत की तरह निरंतर बजता रहता है। अनुमानतः 'राम की शक्ति-पूजा' के रूप में एक लंबी कविता लिखने की प्रेरणा उन्हें रवींद्रनाथ की उक्त लंबी कविताओं से ही मिली थी। उन्हीं की तरह उन्होंने राम-कथा से एक अत्यंत संकटपूर्ण स्थल—रावण के साथ युद्ध में राम की निराशा—का चुनाव किया और अपनी सृजनात्मक कल्पना के योग से एक तरफ उसमें पौराणिक वातावरण की सृष्टि की और दूसरी तरफ उसमें नई अंतर्वस्तु का समावेश किया।

लेकिन रवींद्रनाथ से उन्हें सिर्फ लंबी कविता लिखने की प्रेरणा मिली थी, 'राम की शक्ति-पूजा' के लिए सामग्री उन्होंने एक अन्य स्रोत से प्राप्त की। इस प्रसंग

में विद्वान् और आलोचक 'देवी भागवत' नामक एक पुराण का जिक्र करते हैं, लेकिन उसे देखने के बाद यह पता चलता है कि 'शक्ति-पूजा' की सामग्री की दृष्टि से वह अपर्याप्त है और निराला को उसकी जानकारी रही हो, लेकिन उससे उन्हें अपनी कविता की रचना में कोई उल्लेखनीय सहायता नहीं मिली। उसमें सीता-हरण के बाद किष्किंधा में विरह-विह्वल राम लक्ष्मण से कहते हैं–कैकेयी का मनोरथ पूरा हो गया। यदि सीता न मिली, तो निश्चय ही उसके बिना मैं जीवित न रहूंगा और अयोध्या भी न लौटूंगा। राज्य गया, वनवास मिला, पिता की मृत्यु हुई और अब सीता का भी हरण हो गया। दैव मुझे संताप देता हुआ भविष्य में न जाने क्या करेगा ? लक्ष्मण उन्हें सांत्वना देते हैं। कहते हैं, हे महाबाहो, आप कातरता छोड़कर धैर्य धारण कीजिए, मैं रावण को मारकर सीता को ले आऊंगा। मैं अकेले सभी दैत्यों और देवताओं को जीतने का सामर्थ्य रखता हूं, फिर भी आवश्यक हुआ तो मैं सैन्य-सहित भरत-शत्रुघ्न और जनक को बुला लूंगा। इसी समय वहां आकाश-मार्ग से देवर्षि नारद का अवतरण होता है। उन्होंने रावण पर विजय प्राप्त करने के लिए राम को आश्विन मास में नवरात्र व्रत के द्वारा देवी की उपासना करने का परामर्श दिया। राम ने उन्हीं के आचार्यत्व में प्रवर्षक पर्वत के शिखर पर विधिपूर्वक अंबिका का पूजन किया, जिससे प्रसन्न होकर अष्टमी की मध्यरात्रि में सिंह पर आरूढ़ हुई भगवती ने उन्हें दर्शन दिया और तत्पश्चात् मनोवांछित वरदान। जाहिर है कि यह सामग्री 'राम की शक्ति-पूजा'-जैसी नाटकीय कविता के लिए काफी नहीं। इसमें राम देवी-पूजन युद्धारंभ के पहले ही करते हैं, लंका में नहीं, समुद्र के इसी पार, और इसमें न शक्ति द्वारा रावण को अंगीकृत करने का वर्णन है, न नीलकमलों का और न अंतिम नीलकमल दुर्गा द्वारा गायब कर दिए जाने के बाद राम के उसके बदले में अपनी एक आंख चढ़ाने के लिए उद्यत होने का। इसमें बस राम की शक्ति-उपासना का उल्लेख-भर है। 'देवी भागवत' के अनुसार राम की निराशा भी लक्ष्मण के समझाने से ही दूर हो गई थी।

इस कविता की सामग्री निराला ने वस्तुतः बंगला के ही एक मध्ययुगीन कवि कृत्तिवास की 'रामायण' से ली है, जोकि अनुमानतः तुलसीदास के सौ वर्ष पहले हुए थे। निराला ने माइकेल मधुसूदन दत्त और रवींद्रनाथ के काव्य का ही नहीं, कृत्तिवास, चंडीदास और गोविंददास-जैसे मध्ययुगीन बंगला कवियों के काव्य का भी पारायण किया था। इन कवियों में कृत्तिवास का विशेष महत्त्व है, क्योंकि उनकी 'रामायण' को लोक-काव्य का दर्जा प्राप्त हो गया था। वह बंगाल में व्यापक रूप में गाया जाता था, जिससे क्रमशः उसका रूप भी बदलता गया। आज भी यह काव्य बहुत प्रभावशाली है, जो अपनी धारा में पाठकों को बलात् खींचकर बहा ले जाता है। ताज्जुब नहीं कि निराला इस काव्य की लोकप्रियता और शक्ति दोनों से प्रभावित हुए और उसके लंकाकांड से एक प्रसंग लेकर उसे बहुत कुछ नवीन रूप में सृजित किया, कविता

में अपनी संपूर्ण प्रतिभा और ऊर्जा को केंद्रित करके, जिससे वह उनकी सर्वश्रेष्ठ कविता के रूप में तो मान्य हुई ही, उसे खड़ीबोली में लिखी गई समस्त कविताओं में सर्वोच्च स्थान प्राप्त हुआ। आज वह कविता हिंदी की एक कालजयी रचना मानी जाती है।

कृत्तिवासीय रामायण में राम की शक्ति-पूजा का अत्यंत समर्थ भाषा में अपेक्षित विस्तार के साथ वर्णन किया गया है। राम और रावण के बीच विकट युद्ध चल रहा था। उसमें कभी राम मूर्च्छित हो जाते थे, कभी रावण। राम पुनः नई शक्ति से रावण पर प्रहार करते थे, लेकिन वह परास्त न होता था। एक बार तो उसने ऐसा उग्र रूप धारण किया कि हनुमानसहित राम-पक्ष के सारे योद्धा भाग खड़े हुए। राम उसके सिर काट डालते थे, लेकिन वे फिर जाकर उसके धड़ से जुड़ जाते थे। अंततः रावण ने स्तुति करके शक्ति को प्रसन्न कर लिया, जिसके बाद वे उसे अपनी गोद में लेकर उसके रथ पर आरूढ़ हो गईं। यह दृश्य जब राम ने देखा, तो उन्होंने धनुष-बाण फेंक दिया और विषण्ण होकर धरती पर बैठ गए। उन्होंने विभीषण से कहा, स्वयं भगवती रावण की रक्षा कर रही हैं, इसलिए अब उसके वध का सामर्थ्य किसी में नहीं रहा। राम की दशा देखकर सारे देवता चिंतित हो उठे। एक बार राम के बाण से आहत होकर रावण युद्ध से विरत हो गया था और अपने पापों के लिए उन्हें विष्णु का अवतार बतलाते हुए उनसे क्षमा-याचना करने लगा था। इससे प्रभावित होकर राम ने भी हथियार रख दिया था। तत्पश्चात् देवताओं के आग्रह से सरस्वती रावण के कंठ पर आसीन हुईं और उससे राम के प्रति कटु वचन कहलाए, जिससे क्रुद्ध होकर राम पुनः उसके वध के लिए तत्पर हुए। इस बार देवराज इंद्र ने ब्रह्मा से कुछ उपाय करने को कहा। उन्होंने चंडी के असमय-बोधन को ही एकमात्र उपाय बतलाया और स्वयं वह करके राम के पास पहुंचे और उन्हें भी वही करने के लिए प्रेरित किया। ब्रह्मा की प्रेरणा से दुर्गा की मूर्ति बनाकर राम ने उनकी पूजा शुरू की। बाद में विभीषण के परामर्श से उन्होंने हनुमान से देवीदह से देवदुर्लभ एक सौ आठ नीलकमल मंगवाए, जिनमें से उनकी परीक्षा के लिए दुर्गा ने अंतिम समय में एक नीलकंमल गायब कर दिया। उसके बाद वे बहुत दुखी हुए, फिर उसकी जगह, यह याद करते हुए कि सभी लोग उन्हें 'नील-कमलाक्ष' कहा करते हैं, जब वे अपनी एक आंख अर्पित करने को तैयार हुए, तो प्रकट होकर दुर्गा ने उनका हाथ पकड़ लिया और उनसे कहा—"अब मैं रावण को छोड़कर जाती हूं, तुम उसका विनाश करो।" फिर वे अंतर्धान हो गईं।

इस कथा-सार से यह स्पष्ट है कि 'राम की शक्ति-पूजा' का पूरा ढांचा कृत्तिवास से लिया गया है। दोनों में कुछ अंतर भी है। कृत्तिवासीय रामायण में युद्ध में हनुमान भी भाग खड़े होते हैं, जबकि 'शक्ति-पूजा' में अंत-अंत तक टिके रहनेवाले वे एकमात्र योद्धा हैं। उसमें युद्ध के बीच रावण द्वारा राम की जो स्तुति की गई है और देवताओं

के अनुरोध पर सरस्वती के उसके कंठ पर आसीन होने का जो वर्णन है, वह 'शक्ति-पूजा' में नहीं। कृत्तिवासीय रामायण में रावण को शक्ति की कृपा युद्ध-क्षेत्र में ही प्राप्त होती है, जबकि 'शक्ति-पूजा' में वह उसे पहले से ही प्राप्त है। उसमें राम को चंडी की आराधना की प्रेरणा ब्रह्मा से मिलती है, जबकि 'शक्ति-पूजा' में जांबवान से। इसी तरह उसमें आराधना की विधि मूर्ति-पूजनवाली है, जबकि 'शक्ति-पूजा' में योगवाली। कृत्तिवासीय रामायण में नीलकमल लाने का सुझाव विभीषण का है, लेकिन 'शक्ति-पूजा' में उसके लिए स्वयं राम हनुमान को आदेश देते हैं। साथ ही 'नील-कमलाक्ष' वाली बात उसमें सर्वजनों के द्वारा कहने का जिक्र है, जबकि 'शक्ति-पूजा' में माता के द्वारा कहने का। 'शक्ति-पूजा' में एक नीलकमल शक्ति द्वारा अंत में गायब किया जाता है, लेकिन कृत्तिवासीय रामायण में वे उसे बीच में ही कभी उठा ले जाती हैं। दोनों काव्यों में एक अंतर यह भी है कि एक में जहां शक्ति प्रकट होकर अंतर्धान हो जाती हैं, वहां दूसरे में वे राम के मुंह में समा जाती हैं। लेकिन 'राम की शक्ति-पूजा' की कथा को देखते हुए यह अंतर विशेष महत्त्वपूर्ण नहीं। निराला ने कृत्तिवास से न केवल अपनी कविता की कथा-सामग्री ली है, बल्कि उनकी अनेक उक्तियां भी ले ली हैं, जो इस बात का एक और प्रमाण है कि 'शक्ति-पूजा' का उपजीव्य कृत्तिवासीय रामायण है।

कृत्तिवासीय रामायण में बार-बार राम कहते हैं कि सीता का उद्धार न हो सका या न हो सकेगा : "राम बले, ना हइला सीतार उद्धार", "जनक-नंदिनी सीतार ना हैल उद्धार," "सीतार उद्धार आर नाहिक उपाय" और "निश्चय बुझिनु सीता ना हबे उद्धार"। 'राम की शक्ति-पूजा' में ये उक्तियां इस रूप में मौजूद हैं : "जानकी ! हाय, उद्धार प्रिया का न हो सका।" उसमें दुर्गा के बारे में कहा गया है कि "बसिलेन रथे कोले करिया रावण।" 'शक्ति-पूजा' में भी यह है : "देखा, हैं महाशक्ति रावण को लिए अंक।" कृत्तिवासीय रामायण में राम की उक्तियां हैं : 'मिथ्या परिश्रम कैनु' और 'मिथ्या श्रम करिलाम।" 'शक्ति-पूजा' में यह विभीषण राम से कहते हैं : 'कितना श्रम हुआ व्यर्थ !" उसमें राम के रोने के बारे में एक बार इन शब्दों में कहा गया है : "आंखि छल-छल, बहे अश्रुजल।" 'शक्ति-पूजा' में भी एक स्थल पर बहुत कुछ ऐसा ही है : "...कहते छल छल / हो गए नयन, कुछ बूंद पुनः ढलके दृगजल।" कृत्तिवासीय रामायण की उक्ति "नील-कमलाक्ष मोरे बले सर्ब्बजने" अथवा "कमल-लोचन मोरे बले सर्ब्बजने" 'शक्ति-पूजा' में "कहती थीं माता मुझे सदा राजीवनयन-!" हो गई है। इसी तरह "एक चक्षु दिब आमि संकल्प-पूरणे" का ही रूपांतरण "...यह पुरश्चरण / पूरा करता हूं देकर मातः एक नयन" है। कृत्तिवासीय रामायण में "हेन काले कात्यायनी धरिलेन हाते" है, तो 'शक्ति-पूजा' में "...लिया भगवती ने राघव का हस्त थाम।" उसमें राम जब देवी से निवेदन करते हैं, तब कहते हैं :

जन्मावधि दुःख मा गो कि कहिब आर।
तबु दुःख दाओ, दया न हय तोमार।

....

आमि दीन हीन क्षीण अति अभाजन।
हेर मा नयन-कोणे मानस पूरण।
नीलपद्म देखाइया पूर्ण कर फल।
ना सय यातना आर जीवन विफल।

इसकी स्पष्ट प्रतिध्वनि 'शक्ति-पूजा' के राम की इस आत्मभर्त्सना में सुनाई पड़ती है :

धिक् जीवन को जो पाता ही आया विरोध,
धिक् साधन जिसके लिए सदा ही किया शोध !

इसके अलावा कृत्तिवासीय रामायण में प्रयुक्त कुछ शब्द भी 'शक्ति-पूजा' में प्रयुक्त हुए हैं, यद्यपि भिन्न संदर्भों में। उसमें राम के चरणों की चाप से लंका डांवाडोल होती है, "श्रीचरण-भरे लंका करे *टलमल*", 'शक्ति-पूजा' में "राक्षस-पदतल पृथ्वी *टलमल*"। इसी तरह उसमें "गदा व्यर्थ गेल, *भावे* कमललोचन" कहा गया है, 'शक्ति-पूजा' में "*भावित* नयनों से सजल गिरे दो मुक्ता-दल।" उसमें 'शक्ति-पूजा' के 'शतशेलसंवरणशील' का 'शेल' भी मौजूद है–"लक्ष्मणेर *शक्तिशेल* क्लेशमात्र सार", उसके "पुनर्वार ज्यों उठा हस्त" का 'पुनर्वार' भी–"*पुनर्ब्बार* रघुनाथ अर्च्चना करिल", और उसके "रावण-महिमा श्यामा विभावरी अंधकार" का 'विभावरी' भी "नृत्य गीते बिभावरी हइल प्रभात।" कहा जा सकता है कि कृत्तिवासीय रामायण के "आद्रचित्त रोमांचित, भासे अश्रुजले" का 'रोमांचित' ही 'शक्ति-पूजा' में इस रूप में प्रकट हुआ है–"तन पुलकित होता बार-बार।" ये कुछ उदाहरण अलग से उक्त मध्ययुगीन काव्य से निराला की कविता के घनिष्ठ संबंध की सूचना देते हैं। लेकिन क्या हिंदी के आधुनिक कवि का उद्देश्य बंगला के एक मध्ययुगीन कवि के काव्य से एक कथा-प्रसंग लेकर उसे अपनी भाषा में दुहराना-भर था ? क्या 'राम की शक्ति-पूजा' थोड़े-बहुत अंतर के साथ एक भिन्न भाषा में की गई पुनरावृत्ति-मात्र है ? इसका वास्तविक महत्त्व किस बात में है–इसके सफल पुनरावृत्ति होने में, या इसके पुनर्रचना होने में ?

1936 में लखनऊ कांग्रेस के मौके पर निराला महात्मा गांधी से मिले थे और प्रसंगवश उनसे निवेदन किया था : "आप जानते हैं, हिंदीवाले अधिकांश में रूढ़िग्रस्त हैं। वे जड़ रूप ही समझते हैं, तत्त्व नहीं। जो कथाएं पुराणों में आई हैं, उनके स्थूल रूप में सूक्ष्मतम तत्त्व भी हैं। वास्तव में वेदों का सत्य पुराणों में कथाओं द्वारा विवृत

हुआ है। यहां के लोग कथा को ही ऐतिहासिक सत्य की तरह मानते हैं। हिंदी में इन तत्त्वों के परिष्करण की भी चेष्टा की गई है। साथ-साथ, नए-नए रूप, नए-नए छंद और नए-नए भाव भी दिए गए हैं। साधारण जन तो इनसे दूर हैं ही, संपादक और साहित्यिक भी, अधिक संख्या में, इनसे अज्ञ हैं। वे समझने की कोशिश भी नहीं करते, उल्टे मुखालिफत करते हैं। हम लोगों के भाव इसीलिए प्रचलित नहीं हो पाए। देश की स्वतंत्रता के लिए पहले समझ की स्वतंत्रता जरूरी है। मैं आपसे निवेदन करने आया हूं कि आप हिंदी की इन चीजों का कुछ हिस्सा सुनें।" (प्रबंध-प्रतिमा, पृ. 124) यह कहना मुश्किल है कि पुरा-कथा पर आधारित अपनी कौन-सी कविता निराला महात्मा गांधी को सुनाना चाहते थे, 'राम की शक्ति-पूजा' उस समय तक लिखी नहीं गई थी, लेकिन उनके कथन से यह स्पष्ट है कि अपनी कविताओं में उन्होंने पौराणिक आख्यानों की आवृत्ति-भर नहीं की है और उनमें निहित सत्य को नवीनता के साथ प्रकट किया है। 'राम की शक्ति-पूजा' की नवीनता क्या है ? जब एक विद्वान् को हम यह कहते हुए देखते हैं कि इस कविता के माध्यम से निराला ने शक्ति-पूजा का प्रचार किया है, क्योंकि उसके बिना देश का अभ्युत्थान संभव नहीं, तो उनकी इस बात से असहमति की गुंजायश नहीं रह जाती कि यहां के लोग कथा को ही सत्य मानते हैं और उसमें निहित सार-तत्त्व की तरफ अपनी दृष्टि नहीं ले जाते। आज निराला नहीं हैं, लेकिन स्थिति में आज भी कोई विशेष फर्क नहीं पड़ा है, क्योंकि विद्वान् आज भी समझने की कोशिश नहीं करते और उनकी कविताओं की सही व्याख्या की जाती है, तो उलटे मुखालिफत पर उतर आते हैं !

'राम की शक्ति-पूजा' का कथा-प्रसंग निराला ने कृत्तिवासीय रामायण से लिया है, लेकिन उसका कच्चे माल की तरह इस्तेमाल कर उससे उन्होंने एक सर्वथा मौलिक कृति का निर्माण किया है। इस कृति की विशेषता है कविता के केंद्र में सीता की स्थापना। तात्पर्य यह कि यह शक्ति की उपासना की कविता न होकर पत्नी-प्रेम की कविता है। राम की पत्नी सीता को रावण ने लंका में कैद कर रखा है। राम का सारा प्रयास उसे मुक्त कराने के लिए है। निराला की नारी-भावना के संबंध में 'सरोज-स्मृति' के प्रसंग में लिखा जा चुका है। उनकी कविताएं इस बात का प्रमाण हैं कि उनके लिए शृंगार का एक ही मतलब था—दांपत्य-शृंगार। 'पंचवटी-प्रसंग' में शूर्पणखा-जैसी सुंदर युवती का प्रणय-निवेदन राम और लक्ष्मण दोनों ठुकरा देते हैं। 'तुलसीदास' में तुलसीदास अपनी पत्नी पर ही अनुरक्त हैं, किसी अन्य स्त्री पर नहीं। 'प्रेयसी' के युवक और युवक का मुक्त प्रेम भी दांपत्य-प्रेम के रूप में ही परिणति प्राप्त करता है। इस सबके ऊपर निराला की कविता है 'सम्राट् अष्टम एडवर्ड के प्रति', जिसमें उन्होंने एक सम्राट् का इसलिए अभिनंदन किया है कि उसने एक मामूली घराने की तलाकशुदा स्त्री को पत्नी बनाने के लिए ब्रिटिश साम्राज्य के राजसिंहासन को लात मार दी। अपनी पत्नी मनोहरा देवी के प्रति उनके असाधारण प्रेम का संकेत

भी पिछले निबंध में दिया जा चुका है। मृत्यु के बाद वे उनके लिए अलौकिक शृंगार के आलंबन के रूप में परिणत हो गई थीं। उन्हें 'गीतिका' समर्पित करते हुए निराला ने यह भी लिखा है–"जिसने अंत में अदृश्य होकर मुझसे मेरी पूर्ण-परिणीता की तरह मिलकर मेरे जड़ हाथ को अपने चेतन हाथ से उठाकर दिव्य शृंगार की पूर्ति की।" 'राम की शक्ति-पूजा' में पत्नी-प्रेम और पत्नी-मुक्ति का अर्थ-विस्तार इस रूप में होता है कि ये दोनों नारी-प्रेम और नारी-मुक्ति का पर्याय बन जाते हैं। जैसे 'सरोज-स्मृति' के रूप में पुत्री-प्रेम की कविता लिखना एक क्रांतिकारी कार्य था, वैसे ही 'शक्ति-पूजा' के रूप में पत्नी-प्रेम की कविता लिखना भी एक क्रांतिकारी कार्य है।

'शक्ति-पूजा' पत्नी-प्रेम की कविता है, यह इस कविता की संरचना से अच्छी तरह प्रमाणित है, क्योंकि इसके केंद्र में तो सीता हैं ही, वही इसके हर मोड़ पर उपस्थित हैं, हर संकट की घड़ी में प्रत्यक्ष। आश्चर्य है, विद्वानों का ध्यान अभी तक इस बात पर क्यों नहीं गया। मुझे इसके दो ही कारण प्रतीत होते हैं–एक तो कविता के स्वरूप की अपेक्षा उनकी स्रोतानुसंधान में अधिक रुचि और दूसरे, कविता के प्रासंगिक अंशों में उनकी दृष्टि का उलझ जाना। जैसा कि टी. एस. इलियट ने लिखा है, कविता के उद्‌गम से संबंधित अत्यधिक सूचनाएं कविता से हमारे संबंध को तोड़ दे सकती हैं। यह दुर्घटना हिंदी आलोचना में व्यापक पैमाने पर घटित हुई है। 'राम की शक्ति-पूजा' भी उसी दुर्घटना की शिकार हुई है। जहां तक इस कविता के प्रासंगिक अंशों की बात है, यह 'सरोज-स्मृति' से अधिक ही संश्लिष्ट रचना है, लेकिन इसका मतलब यह नहीं है कि जो प्रधान है, उसे गौण और जो गौण है, उसे प्रधान बना दिया जाए। 'शक्ति-पूजा' में सीता के प्रति राम का प्रेम और उनकी मुक्ति का प्रयास प्रधान है, रावण के साथ राम का युद्ध, उनकी निराशा, हनुमान का ऊर्ध्वगमन, शक्ति-पूजा आदि गौण, लेकिन ये सभी कथा का अनिवार्य अंग बनकर आए हैं। राम की निराशा और उनकी निरुपायता ही उन्हें वह मानवीय व्यक्तित्व प्रदान करती है, जिसके अंधकार में उनका वह पत्नी-प्रेम दमकता है, जिसकी मिसाल न फिर पुराण में है, न लोक-कथाओं में और न इतिहास में। कहने की आवश्यकता न होनी चाहिए कि इस पत्नी-प्रेम की जड़ आधुनिक जनतांत्रिक चेतना में है। एंगेल्स ने उचित ही पुरुष-नारी-संबंध को समाज-दर्शन की कसौटी माना है।

2

'राम की शक्ति-पूजा' 23 अक्तूबर, 1936 को रची गई या पूरी हुई और अनुमान है कि वह 26 अक्तूबर, 1936 के 'भारत' (दैनिक, इलाहाबाद) में प्रकाशित हुई। आज 'भारत' का वह अंक सुलभ नहीं है, इसलिए उसके मूल के निकटतम पाठ के

लिए 'अनामिका' के प्रथम संस्करण में वह जिस रूप में छापी गई है, उसी पर निर्भर करना पड़ता है। उसे देखने से पता चलता है कि 'सरोज-स्मृति' की तरह यह कविता भी अनुच्छेदों में विभाजित थी। परवर्ती संस्करणों में उस विभाजन को समाप्त कर दिया गया। लंबे अंतराल के बाद 'निराला रचनावली' में उसे फिर से महत्त्व देकर कविता को छापा गया है। इसे संयोग ही कहेंगे कि 'शक्ति-पूजा' में भी उतने ही अनुच्छेद हैं, जितने 'सरोज-स्मृति' में। इन अनुच्छेदों की कुल संख्या ग्यारह है और ये प्रसंग के अनुसार छोटे-बड़े हैं। यह कविता चूंकि एक कथात्मक कविता है, इसलिए संश्लिष्ट होने के बावजूद इसकी संरचना अपेक्षाकृत सरल है।

कविता कथात्मक ढंग से शुरू होती है और इसमें घटनाओं का विन्यास इस ढंग से किया गया है कि वे बहुत कुछ नाटकीय हो गई हैं। वर्णन इतना सजीव है कि लगता है, आंखों के सामने कोई त्रासदी प्रस्तुत की जा रही है। पहले अनुच्छेद में अट्ठारह पंक्तियां हैं, कहना चाहिए, अट्ठारह पंक्तियों का एक वाक्य। आरंभिक प्रायः दो पंक्तियों में राम और रावण के बीच चलनेवाले युद्ध के संबंध में सरल भाषा में सूचना दी गई है। कहा गया है, सूर्य अस्त हो गया, लेकिन इतिहास के ज्योतिर्मय पृष्ठों पर अंकित राम-रावण का युद्ध आज समाप्त न हुआ, उसे कोई पक्ष न जीत सका। 'ज्योति के पत्र में लिखा' का प्रयोग निराला ने इसलिए किया है कि वह युद्ध मानव-इतिहास का एक आलोकपूर्ण अध्याय है, क्योंकि वह सत् और असत् के बीच था और उसमें अंततः असत् पर सत् की विजय हुई थी। उन्होंने उस युद्ध को 'अमर' भी कहा है। वह इसलिए कि मानव-स्मृति से उस युद्ध को मिटाना संभव नहीं है। उसके बाद की सोलह पंक्तियां युद्ध के विशेषण के रूप में आई हैं, छोटे-बड़े समस्त पदों के रूप में। एक-एक समस्त पद युद्ध का विशेषण है, संस्कृत की पद्धति पर प्रयुक्त, जो युद्ध के एक-एक दृश्य को सामने लाता है। युद्ध कैसा था ? उसका वेग बहुत प्रखर था, उसमें तीक्ष्ण बाध धारण किए हुए योद्धाओं के हाथ तेजी से चल रहे थे, सैकड़ों बर्छियों का भी प्रयोग हो रहा था और उससे उठनेवाला स्वर आकाश में गर्जन कर रहा था। शत्रुओं के विरुद्ध व्यूह-रचना प्रतिपल बदल रही थी, उन व्यूहों का भेदन करने के लिए नाना प्रकार के कौशल अपनाए जा रहे थे, राम की तरफ से राक्षसों के विरुद्ध बाधा पर बाधा खड़ी की जा रही थी और क्रोध से भरे हुए वानर-समूह विषम हुंकार करते हुए शत्रुओं पर टूट रहे थे। युद्ध के इस सामान्य वर्णन के बाद निराला अपनी दृष्टि कविता के नायक राम पर केंद्रित करते हैं।

क्रोध से भरे हुए रावण का सारा अहंकार चूर कर देनेवाले महान् शक्तिशाली राम ज्वाला विकीर्ण करते हुए अपने लक्ष्य पर बाण-प्रहार कर रहे थे, लेकिन आज युद्ध में अघटित घट रहा था। वे अनेक प्रकार के लाघव से काम ले रहे थे, पर रावण उन्हें लगातार निरस्त करता जा रहा था। इसी में दोपहर हो गई। रावण ने उग्र रूप धारण कर रखा था। उसने विस्तृत वानरी सेना को रौंद डाला। राम आश्चर्यचकित

निर्निमेष दृष्टि से देख रहे थे कि विश्व-विजय करनेवाले उनके दिव्य बाण भी आज खंडित हो रहे थे। उनकी छवि विचित्र थी : अंग-अंग रावण के बाणों से बिंधा हुआ, मुट्ठी में धनुष और शरीर से तेजी से बहते हुए रक्त के पनाले। वानरी सेना की टुकड़ियां ही नहीं, संपूर्ण सेना रावण के दुर्निवार प्रहार से व्याकुल थी। सुग्रीव, अंगद, विभीषण, गवाक्ष, गय और नल राम-पक्ष के ये सारे योद्धा मूर्च्छित हो गए। रावण ने अनगिनत वीरों के प्रतिरोध को ही बेकार नहीं कर दिया, उसने लक्ष्मण और जांबवान-जैसे योद्धाओं की भी एक न चलने दी। वह प्रलय-काल के क्षुब्ध समुद्र की तरह गर्जन कर रहा था। निराला के अनुसार उस अवस्था में होश केवल हनुमान को था। उन्होंने लगातार आग उगलते रहनेवाले ज्वालामुखी पर्वत का रूप धारण कर रखा था। राम जहां दोपहर तक ही युद्ध कर सके थे, वहां वे संध्या तक युद्ध करते रहे। समुद्र लांघकर और लंका-दहन कर हनुमान सीता को अपनी शक्ति का विश्वास दिला चुके थे। आज के युद्ध में भी उनके नारी-सुलभ चित्त में आशा का संचार करनेवाले सिर्फ वही थे, क्योंकि रावण का प्रतिरोध करने की क्षमता उनके अलावा किसी और में न थी।

डॉ. रामविलास शर्मा ने युद्ध-वर्णन के प्रसंग में दो बातें लिखी हैं। एक तो यह कि निराला आगे जाकर यह भूल जाते हैं कि शब्द-योजना उन्हें विशेषण के रूप में करनी है और दूसरी यह कि उनकी समास-योजना सर्वत्र संस्कृत की पद्धति पर नहीं। इनमें से पहली बात गलत है, दूसरी सही। निराला बहुत सचेत कवि थे, इसलिए काव्य-रचना में वे कभी विस्मरण के शिकार नहीं होते। जहां तक समास-योजना की बात है, उनका ध्यान व्याकरण का अनुसरण करने से अधिक अपनी अभिव्यक्ति को अधिकाधिक सशक्त और संप्रेषणीय बनाने पर रहता था। इस मामले में अनेक बार उनके पथ-प्रदर्शक तुलसीदास होते थे, जिन्होंने अपनी कविता में अवधी और संस्कृत को भी मिला दिया है।

हिंदी में 'राम की शक्ति-पूजा' का विरोध मुख्यतः उसके पहले अनुच्छेद के कारण ही किया गया, क्योंकि इसमें अट्ठारह पंक्तियों के एक ही वाक्य का प्रयोग हुआ था और इसकी सोलह पंक्तियां छोटे-बड़े संस्कृत के समस्त पदों से बनी थीं, जो पाठकों के लिए ही नहीं, विद्वानों के लिए भी दुरूह थे! वह विरोध बाद में भी बहुत दिनों तक बना रहा, जिसका एक प्रमाण किसी और का नहीं, पं. नंददुलारे वाजपेयी का यह कथन है : " 'शक्ति-पूजा' के आरंभ की पंक्तियों में भाषा की एक ऐसी कवायद है जिसका समर्थन केवल यह कहकर किया जा सकता है कि हिंदी में भी ऐसी भाषा लिखी जा सकती है।" (कवि निराला, पृ. 110) जिस भाषा में विनयपत्रिका की आरंभिक स्तुतियां मौजूद हों, उसमें 'राम की शक्ति-पूजा' का विरोध आश्चर्यजनक प्रतीत होता है, लेकिन यह सही है कि यह विरोध बहुत कुछ संगठित रूप में किया गया, जिसका परिणाम यह हुआ कि इस कविता के पहले अनुच्छेद

की 'सृजनशीलता' पर किसी का ध्यान न गया। यहां यह स्पष्ट कर देना जरूरी है कि निराला ने इस कविता के आरंभ में संस्कृतनिष्ठ समस्त पदावली का प्रयोग सप्रयोजन किया है। उनका पहला प्रयोजन था संक्षेप में युद्ध का वर्णन समाप्त कर जल्दी से जल्दी मुख्य विषय पर आ जाना और दूसरा ओजपूर्ण भाषा के द्वारा, उससे उत्पन्न होनेवाले नाद से, युद्ध के दृश्य को अधिक से अधिक मूर्त बनाना। निश्चय ही इस कविता का मुख्य विषय सीता की मुक्ति है, राम-रावण-युद्ध नहीं, इसलिए निराला युद्ध का वर्णन समाप्त कर यथाशीघ्र सीता की मुक्ति की समस्या पर चले आते हैं। यह समस्या चूंकि युद्ध से ही उत्पन्न हुई थी, उसमें आज मिली निराशा से, इसलिए युद्ध का वर्णन करना अनिवार्य था। कहा जा सकता है कि सीता की मुक्ति की समस्या की पृष्ठभूमि है युद्ध, इसलिए कवि उसे छोड़कर आगे नहीं बढ़ सकता था। मुक्ति की समस्या विकटता युद्ध की विकटता की ही देन थी, इस कारण युद्ध की विकटता को उसने अधिक से अधिक मूर्त बनाने की कोशिश की। निराला शब्दों के अर्थ से ही नहीं, उनमें निहित नाना प्रकार के संगीत से भी काम लेते थे, इसलिए उन्होंने केवल शब्दार्थ का भरोसा न कर ओजस्वी नाद-संयोजन के लिए भी भरसक प्रयास किया। इस प्रकार पहले अनुच्छेद की सोलह पंक्तियों में प्रयुक्त भाषा इस कविता की सृजनात्मकता की मांग थी; निराला ने यह अंश इस रूप में सृजनात्मक दबाव में रचा है, किसी प्रदर्शन-भाव से नहीं। इसकी अंतिम पंक्ति—'जानकी-भीरु-उर-आशाभर,—रावण-संवर" में जानकी का उल्लेख इस बात का पक्का प्रमाण है कि इस कविता के केंद्र में वही हैं, कुछ और नहीं। युद्ध उन्हीं के लिए हो रहा था, राम की निराशा उन्हीं की मुक्ति को लेकर है और शक्ति-पूजा भी वे उन्हीं के लिए करते हैं। लक्ष्य वही हैं, राम भी उपलक्ष्य मात्र हैं।

जिसे वाजपेयीजी ने 'भाषा की कवायद' कहा है, उस पदावली का सौंदर्य विलक्षण है। उदाहरणार्थ कुछ पंक्तियां :

> प्रतिपल-परिवर्तित व्यूह,—भेद-कौशल-समूह,—
> राक्षस-विरुद्ध प्रत्यूह,—क्रुद्ध-कपि-विषम-हूह,
> विच्छुरितवह्नि-राजीवनयन-हत-लक्ष्य-बाण,
> लोहितलोचन-रावण-मदमोचन-महीयान,
> राघव-लाघव—रावण-वारण—गत-युग्म-प्रहर,
> उद्धत-लंकापति-मर्दित-कपि-दल-बल विस्तर

ऊपर की दो पंक्तियों में कवि ने अंत में ही नहीं, उनके मध्य में भी तुकों का विधान किया है, 'प्रतिपल' और 'परिवर्तित' में तथा 'विरुद्ध' और 'क्रुद्ध' में जो अनुप्रास है, वह अलग से। 'प्रतिपल-परिवर्तित' की तरह ही आगे की पंक्तियों में 'विच्छुरितवह्नि' और 'लोहितलोचन' में अनुप्रास-योजना है। इसके अलावा 'लोहितलोचन' और

'मदमोचन' में भी अनुप्रास है, जैसे 'विरुद्ध' और 'क्रुद्ध' में। अंतिम पंक्तियों में 'राघव-लाघव' और 'रावण-वारण' की अनुप्रास-योजना अत्यंत स्पष्ट है। ध्यान देने पर पता चलता है कि निराला जिस सफलता से व्यंजन वर्णों का संगीत रचते हैं, उसी सफलता से स्वर वर्णों का भी। 'प्रतिपल-परिवर्तित' और 'विच्छुरितवह्नि' में क्रमशः 'प' और 'व' की ही आवृत्ति नहीं है, 'इ' की भी है। इसी तरह 'लोहितलोचन' में 'ल' की ही आवृत्ति नहीं है, 'ओ' की भी है। 'राघव-लाघव–रावण-वारण' में दोनों समस्त पदों में अंत्यानुप्रास के साथ 'आ' की चार बार आवृत्ति हुई है। इससे अनुमान लगाया जा सकता है कि निराला ने कितने मनोयोगपूर्वक यह पदावली रची है, जिसमें भाव और भाषा तथा अर्थ-संगीत और शब्द-संगीत के बीच गजब की स्पर्धा है। मानना पड़ेगा कि हिंदी में तुलसीदास के अलावा और किसी कवि ने अर्थ और शब्द की झंकार से भरी हुई ऐसी पदावली नहीं रची। जब निराला तत्सम 'विषम' के साथ भदेस 'हूह' शब्द का प्रयोग करते हैं, तो यह स्पष्ट हो जाता है कि शब्द-योजना में वे किसी रूढ़ सरणी के कायल नहीं और फक्कड़पन के लिहाज से वे तुलसीदास के सच्चे उत्तराधिकारी हैं। वैसे 'हूह' शब्द भी उन्होंने तुलसीदास से ही लिया है : "जय जय जय रघुबंसमनि धाए कपि दै हूह।"

पहले अनुच्छेद की बाद की दो पंक्तियां हैं–

अनिमेष राम–विश्वजिद्दिव्य-शर-भंग-भाव,–
विद्धांग-बद्ध-कोदंड-मुष्टि–खर-रुधिर-स्राव

ये अपनी ओजस्विता के लिए तो ध्यातव्य हैं ही, विशेष रूप से ध्यातव्य इनमें निबद्ध राम की जो छवि है, उसके लिए हैं। 'सरोज-स्मृति' वाले निबंध में कहा गया है कि 'राम की शक्ति-पूजा' में भी निराला ने आत्माभिव्यक्ति की है, लेकिन अपना नाट्यीकरण करते हुए, क्योंकि इसमें वे स्वयं रंगमंच पर नहीं आते, अपने को राम के रूप में प्रक्षेपित करते हैं। यह बात 'शक्ति-पूजा' के ऐसे स्थलों पर सही प्रतीत होती है, क्योंकि ऊपर उद्धृत पंक्तियों में अंकित राम की छवि से 'सरोज-स्मृति' के निराला की यह छवि बहुत कुछ मिल जाती है :

देखता रहा मैं खड़ा अपल
वह शर-क्षेप, वह रण-कौशल।

निराला का संघर्ष साहित्य में विषय-वस्तु और कला दोनों ही क्षेत्रों में नए मूल्यों की प्रतिष्ठा के लिए था, जिसमें उन्हें विकट प्रतिरोध का सामना करना पड़ा। राम का संघर्ष भी पत्नी की मुक्ति के लिए है, उस पत्नी की मुक्ति के लिए, जिसकी राजा-महाराजाओं को कतई कमी नहीं थी। उसी के लिए राम अपने अंग-अंग को बाणों से विद्ध करवा लेते हैं, उसी के लिए यह नौबत बुलाते हैं कि उनके शरीर से

रक्त के पनाले जारी हो जाते हैं ! राम के परंपरागत दैवी व्यक्तित्व को यह पीड़ाभरी नवीनता निश्चय ही उस पर निराला के मानुषी व्यक्तित्व के प्रक्षेपण से मिली है। अंतिम पंक्तियों में हनुमान का विराट् रूप भी उन्होंने बहुत सावधानी से बनाया है। यहां उनका रूप राम से भी बड़ा है। राम के लिए साभिप्राय 'राजीवनयन' शब्द का प्रयोग करते हुए उन्होंने कहा है कि वे 'विच्छुरितवह्नि' होकर अपने लक्ष्य पर बाण संधान कर रहे थे। हनुमान को जाग्रत् ज्वालामुखी बतलाते हुए उनके लिए वे 'उद्गीरित-वह्नि' विशेषण का प्रयोग करते हैं ! दोनों विशेषणों की तुलना करने पर यह स्पष्ट हो जाता है कि दूसरा पहले पर भारी पड़ता है, हनुमान के रूप के अनुरूप।

अत्यंत संक्षिप्त होने पर भी निराला के इस युद्ध-वर्णन की सफलता के मूल में उनकी कवि-प्रतिभा तो है ही, उनका 'महाभारत' नामक पुस्तक की रचना करना भी है। 'शक्ति-पूजा' का रचना-काल वही है, जो इस पुस्तक का। उसका गद्य गजब के क्लासिकी सौंदर्य से युक्त है। युद्ध का प्रसंग हो या सौंदर्य का, निराला सर्वत्र अपनी वर्णन-क्षमता से हमें चमत्कृत करते हैं। 'महाभारत' लिखते हुए वे 'शक्ति-पूजा' के आरंभ में युद्ध-वर्णन करने की क्षमता को भी परवान चढ़ा रहे थे।

'शक्ति-पूजा' के आगामी दो अनुच्छेद छोटे-छोटे और सूचनात्मक हैं। निराला यहां भी कथा कहने में कमजोर हैं, लेकिन उसकी क्षतिपूर्ति उन्होंने बखूबी अपने समर्थ वर्णन से की है। युद्ध बंद होने के साथ उसका कोलाहल भी बंद हो जाता है, जिससे निराला की भाषा भी अपेक्षाकृत सरल हो जाती है। लंबे समासों की योजना वे छोड़ देते हैं और गद्य की तरह पूरा-पूरा वाक्य लिखने का प्रयास करते हैं।

दूसरे अनुच्छेद में रावण और राम दोनों पक्षों की सेनाओं के लौटने की सूचना है—"लौटे युग दल", लेकिन दोनों सेनाएं दो तरह से लौट रही हैं। राक्षसी सेना अपने पैरों से पृथ्वी को हिलाती हुई और अपने तुमुल हर्षनाद से बेधकर आकाश को व्याकुल बनाती हुई लौट रही है, जबकि वानरी सेना कृत्रिम रूप से शांत वातावरण में अपने स्वामी का अनुसरण करती हुई दुखी भाव से अपने शिविर की ओर चल रही है, जैसे बौद्ध भिक्षुओं का दल हो। 'विभिन्न' का मतलब है 'असंगठित रूप में।' आगे राम हैं, धरती पर अपने कोमल चरण रखते हुए, पीठ पर तरकस है, लेकिन धनुष की डोरी उतरी हुई, कटिबंध ढीला, उनके पीछे लक्ष्मण, नमित मुखवाले सांध्य कमल की तरह, पलकों में चिंता लिए, उनके पीछे सारे वानर-वीर। एक सेना जीतकर लौट रही है, दूसरी हारकर, इसलिए एक उल्लसित है, दूसरी चुप।

निराला ने सूचना देने के साथ दोनों सेनाओं के लौटने का जो वर्णन किया है, उसमें भी काव्यत्व की कमी नहीं है, उनका व्यंजन और स्वर वर्णों का संगीतपूर्ण विन्यास भिन्न प्रकार की भाषा में भी दिखलाई पड़ता है, लेकिन यहां वर्णन की दृष्टि से उल्लेखनीय वह अंश है, जिसमें उन्होंने राम का एक विराट् चित्र अंकित किया है। राम चूंकि दोपहर के बाद ही युद्ध से विरत हो गए थे, इसलिए अत्यंत शिथिल

थे। उनकी दृढ़ता से बंधी हुई जटाएं, जो उस रूप में मुकुट की तरह प्रतीत होती थीं, अब खुलकर उनकी पीठ, बांहों और वक्षस्थल पर बिखरी हुई थीं, जैसे किसी दुर्गम पहाड़ पर रात्रि का घना अंधकार उतर आया हो। राम का शरीर चूंकि सुगठित और खमदार था, इसलिए उसकी उपमा 'दुर्गम पर्वत' से दी गई है। जटाएं ऊपर से नीचे आकर फैली थीं, अंधकार भी आकाश से नीचे उतरता है ! यह चित्र अपनी उदात्तता के कारण द्रष्टव्य है :

दृढ़ जटा-मुकुट हो विपर्यस्त प्रतिलट से खुल
फैला पृष्ठ पर, बाहुओं पर, वक्ष पर, विपुल
उतरा ज्यों दुर्गम पर्वत पर नैशांधकार

आकाश में दूर पर तारे चमक रहे हैं, जिन्हें देखकर लगता है कि वह उस अंधकार का अपर पार है ! इस वर्णन के साथ वातावरण वा दृश्य-वर्णन पूरा हो जाता है।

कविता का तीसरा अनुच्छेद ज्यादा सूचनात्मक है, जिसमें वानरी सेना को उसके निवास-स्थान को भेजकर उसके सेनापतियों और योद्धाओं के एक पहाड़ के शिखर पर स्थित शिविर में एकत्र होने की बात कही गई है। एकत्र होने का उद्देश्य था सवेरे से शुरू होनेवाले युद्ध की योजना बनाना। राम एक सफेद चट्टान पर बैठे। सेवा-धर्म में पटु हनुमान उनके हाथ-पांव धोने के लिए स्वच्छ जल ले आए। अन्य योद्धा संध्या वगैरह करने के लिए एक सरोवर के किनारे गए, लेकिन वह सब करके तुरत वापस आ गए और आज्ञा प्राप्त करने के तत्पर भाव से सब उन्हें घेरकर बैठ गए। विभीषण, जांबवान और सुग्रीव राम के सामने बैठे, लक्ष्मण उनके पीछे और हनुमान उनके चरण-कमलों में। अन्य यूथपति यथास्थान, निर्निमेष, "देखते राम का जित-सरोज-मुख-श्याम-देश।" कहने की आवश्यकता नहीं कि निराला की इस उक्ति में निहित काव्य-सौंदर्य ऊपर के सूचनात्मक अंश को भी सुंदर बना देता है, उस पर अपनी प्रभा फेंककर। 'जित-सरोज-मुख-श्याम-देश' समस्त पद है, लंबा भी, लेकिन प्रांजलता से युक्त है। इस प्रसन्न पदावली की तुलना केवल तुलसीदास की 'नील सरोरुह श्याम' वाली पदावली से की जा सकती है। जैसे राम के सौंदर्य-वर्णन में किसी हद तक वे भावुक हो उठते थे, अपने पर पूरा नियंत्रण रखते हुए 'शक्ति-पूजा' में निराला भी हो उठते हैं।

चौथा अनुच्छेद बड़ा भी है और महत्त्वपूर्ण भी, क्योंकि यह सूचनात्मक न होकर पूर्णतः वर्णनात्मक है। इसमें निराला ने सबसे पहले राम के सैन्य-शिविर के इर्द-गिर्द के परिवेश का वर्णन किया है, फिर उनकी मनोदशा का, फिर सीता के साथ प्रथम मिलन की उनकी स्मृति का, फिर उस स्मृति की उन पर होनेवाली प्रतिक्रिया का और अंत में आज के युद्ध में मिली उनकी असफलता तथा उससे उत्पन्न उनकी आशंका एवं व्याकुलता का।

जिन पंक्तियों में उन्होंने शिविर के इर्द-गिर्द के परिवेश का वर्णन किया है, वे 'राम की शक्ति-पूजा' की सर्वाधिक प्रसिद्ध पंक्तियां हैं। इसका कारण उनका अत्यंत सशक्त होना है :

है अमानिशा; उगलता गगन घन अंधकार;
खो रहा दिशा का ज्ञान; स्तब्ध है पवन-चार;
अप्रतिहत गरज रहा पीछे अंबुधि विशाल;
भूधर ज्यों ध्यान-मग्न; केवल जलती मशाल।

आचार्य रामचंद्र शुक्ल ने जिसे संश्लिष्ट बिंब कहा है, यह उसका बहुत बढ़िया उदाहरण है। आकाश अंधकार उगल रहा है, हवा का चलना रुका हुआ है, पृष्ठभूमि में स्थित समुद्र गर्जन कर रहा है, पहाड़ ध्यानस्थ है और मशाल जल रही है ! तात्पर्य यह कि ये सभी वस्तुएं क्रियाशील हैं। हवा का रुकना और पहाड़ का ध्यानस्थ होना भी अनायास नहीं है, ये उनकी क्रियाएं हैं। यह क्रियाशीलता ही इस बिंब को प्रभावशाली बनाती है। इससे जो परिवेश निर्मित होता है, वह अत्यंत भयावह है, जैसे आज के युद्ध से उत्पन्न होनेवाले भय को मूर्त करनेवाला। डॉ. शर्मा ने कहा है कि क्षिति, जल, गगन और समीर ये सभी तत्त्व राम के प्रतिकूल हैं, बस उनके पक्ष में है तो एक अग्नि-तत्त्व, जो मशाल के रूप में गहन अंधकार को भेद रहा है ! यह परिवेश किसी हद तक राम की मनोदशा को भी प्रतिबिंबित करता है, जो संशय और निराशा से ग्रस्त है। सारी परिस्थितियां उनके प्रतिकूल हैं, बस उनकी बुद्धि ने अभी तक उनका साथ नहीं छोड़ा। वह प्रतिकूल परिस्थितियों से संघर्ष करती हुई जाग्रत् है। मशाल जैसे उसे भी प्रतीकित करती है। यह चित्र निराला ने निश्चय ही बहुत ही अवधानतापूर्वक बनाया है। पहली पंक्ति में 'ग' और 'घ' वर्ण का संयोजन ओजस्विता की सृष्टि करता है, दूसरी पंक्ति में 'स्तब्ध' शब्द की ध्वनि भी ठहराव की सूचना देती है, तीसरी पंक्ति में 'अप्रतिहत' को 'अंबुधि' संतुलित करता है और चौथी पंक्ति के पूर्वार्ध में जहां 'ध्यान-मग्न' से गतिहीनता की व्यंजना होती है, वहां उत्तरार्ध में 'केवल जलती मशाल' -जैसी सरल पदावली से मशाल के जलने की गति की भी और इसमें 'ल' वर्ण की तीन बार आवृत्ति होने से अग्नि-पुंज की तेजस्विता की भी। 'मशाल' अरबी का शब्द है, जिसके प्रयोग से यह भी सिद्ध है कि शब्द-प्रयोग के क्षेत्र में निराला शुद्धतावादी न थे, वर्ना संस्कृत के अभिजात शब्दों के साथ वे इस शब्द का प्रयोग न करते। उनका ध्यान शब्दों के गोत्र और जाति पर न रहकर इस पर रहता था कि किस शब्द में प्रसंग-विशेष में अर्थ-प्रेषण की कितनी क्षमता है। उनके द्वारा प्रयुक्त भदेस 'उगलता' शब्द से भी यह प्रमाणित है।

स्थितप्रज्ञ राम को भी आज उनके मन में उत्पन्न संशय बार-बार हिला दे रहा है। रह-रहकर उनके प्राणों में रावण की जीत का भय जग उठता है। उनके हृदय

को आज तक शत्रु दमित न कर सके थे, वह चिर अश्रांत था, दस हजार और लाख सैनिकों के लिए भी उसे आक्रांत करना कठिन था, लेकिन आज उसकी दशा विचित्र थी। आवेश में वह कल के युद्ध में उतरने के लिए अधीर हो उठता था, लेकिन मन उसके लिए तैयार न था। वह उद्यत होता है, पर असमर्थ होकर हार-हार मानता है। ऐसे ही संकट के क्षण में राम को सीता की याद आती है, उस सीता की, जिससे प्रथम बार जनक की पुष्प-वाटिका में उनका साक्षात्कार हुआ था। यह प्रसंग दो दृष्टियों से ध्यातव्य है। एक, कविता की अंतर्वस्तु की दृष्टि से और दूसरी, मनोविज्ञान की दृष्टि से। कविता की अंतर्वस्तु चूंकि सीता की मुक्ति है, इसलिए संशय की घड़ी में उन्हें सीता की ही याद आती है कि अब उन्हें मुक्त न कराया जा सकेगा। उनके साथ प्रथम मिलन की बात ही उन्हें इसलिए याद आती है कि मनोवैज्ञानिक दृष्टि से वही स्वाभाविक है। जिस पर व्यक्ति का सर्वाधिक अनुराग होता है, संकट-काल में उससे संबद्ध सर्वाधिक भावनात्मक प्रसंग ही याद आता है। 'सरोज-स्मृति' में भी निराला के मानस में रह-रहकर सरोज के कोमल और संवेदनशील चित्र ही आते हैं, जो उन्हें ही नहीं, पाठकों को भी व्याकुल बना देते हैं।

'राम की शक्ति-पूजा' का यह प्रसंग उसके सर्वाधिक सुंदर प्रसंगों में से है :

> ऐसे क्षण अंधकार घन में जैसे विद्युत
> जागी पृथ्वी-तनया-कुमारिका-छवि, अच्युत
> देखते हुए निष्पलक, याद आया उपवन
> विदेह का,–प्रथम स्नेह का लतांतराल मिलन
> नयनों का–नयनों से गोपन–प्रिय संभाषण,–
> पलकों का नव पलकों पर प्रथमोत्थान-पतन,–
> कांपते हुए किसलय,–झरते पराग-समुदय,–
> गाते खग नव-जीवन-परिचय,–तरु मलय-वलय,–
> ज्योतिः प्रपात स्वर्गीय,–ज्ञात छवि प्रथम स्वीय,–
> जानकी-नयन-कमनीय प्रथम कंपन तुरीय।

जैसे घोर काले बादलों में बिजली चमक जाए, राम के भीतर सीता की विवाहपूर्व की छवि कौंध उठी। वे एकटक देखते रह गए। उन्हें जनक की पुष्प-वाटिका याद आई, उसके साथ ये तमाम बातें–लताओं के अंतराल में सीता से होनेवाला पहला प्रेमपूर्ण मिलन, आंखों-आंखों में ही होनेवाला गोपनीय और प्रिय संवाद, नई यानी तरुणाई की पलकों का उस तरह से पहली बार उठना और गिरना, फिर वहां की रमणीय प्रकृति। किसलय हवा से कांप रहे थे और फूलों की पंखुड़ियों से पराग-पुंज झर रहा था। पक्षी गान करते हुए राम और सीता के बीच जो यह परिचय हुआ था, नए जीवन का प्रारंभ करनेवाला, उसका उत्सव मना रहे थे और पुष्ट-वाटिका

के वृक्ष सुगंध बिखेरते चंदन के वृक्षों में बदल गए थे। इस प्रातःकाल में वाटिका में ज्योति का एक दिव्य प्रपात फूट पड़ा था ! सीता के देखने से राम को पहली बार अपनी सुंदरता का एहसास हुआ। उन्होंने महसूस किया कि "अवसि देखि अहि देखन जोगू" गलत नहीं है। उन्होंने सीता की सुंदर आंखों में चरम भावस्थता का प्रथम कंपन देखा।

यह अंश युद्ध-वर्णन-जैसा प्रगाढ़ नहीं है, फिर भी उसी मनोयोग से रचा गया है। कहना चाहिए, उसकी रचना में जैसे निराला की मनीषा पूर्णतः जाग्रत् थी, इसकी रचना में उनका हृदय। प्रसंग भी एक युद्ध का है, दूसरा प्रणय का। स्वभावतः पहले वर्णन में जहां ओजस्विता है, वहां दूसरे वर्णन में माधुर्य। सारी स्मृतियां वस्तुतः विद्युत्-गति से राम के मानस में आती हैं और उन्हें आंदोलित कर जाती हैं। उसी के अनुरूप निराला ने शीघ्रता से और थोड़े शब्दों में प्रत्येक स्मृति-चित्र का अंकन किया है। अंतिम चार पंक्तियां उन्होंने और तल्लीनता से रची हैं, जैसे सीता से ही राम का हृदय नहीं मिला था, वहां की प्रकृति से भी मिल गया था ! 'प्रतिपल-परिवर्तित व्यूह' वाले बंद की तरह ही अंतिम दोनों बंदों में अंतस्तुकें भी मिलती हैं, जिससे अभिव्यक्ति में उल्लासव्यंजक अतिरिक्त संगीत का समावेश हो गया। 'तरु मलय-वलय' का बिंब अद्भुत है। मलय पर्वत पर चारों ओर जो चंदन के वृक्ष हैं, वे उसके वलय की तरह हैं ! जनक की वाटिका के वृक्ष भी अभी मलय-वलय यानी चंदन के वृक्ष हो रहे हैं ! निश्चय ही यह पूरा वर्णन तुलसीदास से आगे का वर्णन है, क्योंकि संकट-काल का होने के कारण इसमें एक ओर गति है और दूसरी ओर वेधकता। इसके अलावा तुलसीदास में जहां राम और सीता बारी-बारी से एक-दूसरे को एकटक देखते-भर हैं, वहां इसमें वे आंखों से गोपन और प्रिय संभाषण भी करते हैं। यह इस बात का सूचक है कि निराला के नायक-नायिका मध्ययुगीन न होकर आधुनिक युग के हैं। स्वभावतः उनमें खुलापन ही अधिक नहीं है, जैसाकि डॉ. नामवर सिंह ने अपनी पुस्तक 'छायावाद' में लिखा है, उनकी प्रणयानुभूति में नए युग की बारीकियां भी हैं, जो पुरानी कविता से आधुनिक कविता को अलग करती हैं। (पृ. 63) एक खास बात यह कि राम और सीता के निरालावर्णित प्रणय-प्रसंग में जहां प्रकृति भी शामिल है, वहां तुलसीदास में वह तटस्थ है। यह छायावाद की विशेषता है, जो मध्ययुग की कविता में संभव नहीं थी।

सीता की स्मृति से राम का शरीर सिहर उठा, क्षण-भर के लिए मन बिलकुल खो गया, यानी उसे देश-काल का ज्ञान न रहा, और उनका संपूर्ण अस्तित्व उद्वेलित हो उठा। उन्हें घेरकर बैठे हुए योद्धाओं ने सिर्फ इतना लक्ष्य किया कि उनका एक हाथ उठा है। वह जैसे फिर एक बार शिव का धनुष तोड़ने के लिए उठा था। वे सीता के ध्यान में लीन थे, उनके होंठों पर मुस्कुराहट दिखलाई पड़ी। फिर उनके हृदय में विश्वविजय की भावना भर उठी। उन्हें अपने असाधारण शौर्य का बोध हुआ।

वे सारे दिव्य और अभिमंत्रित बाण याद आए, जो देवदूत की तरह पंख फड़काकर आकाश में उड़े थे और अपनी अग्नि में ताड़का, सुबाहु, विराध, शिरस्त्रय, खर और दूषण-जैसे निशाचरों को पतंगों की तरह जला डाला था। राम बंद आंखों से उस दृश्य को देखते रहे। लेकिन यह स्थिति ज्यादा देर तक नहीं रही। तुरत उन्हें शक्ति की वह भयानक मूर्ति याद आ गई, जो उन्होंने आज के युद्ध में देखी थी–अपने विराट् आकार से अपने सामने के संपूर्ण आकाश को ढंके हुए। राम ने रावण को मारने के लिए असंख्य दिव्यास्त्रों का प्रयोग किया, लेकिन वे सारे के सारे बुझते और क्षण-मात्र में शक्ति के शरीर में समाते चले गए, जैसे उन्हें परमधाम मिल गया हो। राम ने अपनी स्मृति में यह जो दृश्य देखा तो अतुल बलशाली होते हुए भी अपनी जीत के प्रति वे शंकालु हो उठे। उन्हें पुनः सीता की याद आई, उनकी उन आंखों की, जिनमें राम की मूर्ति अंकित थी। फिर उन्हें रावण का खलखल अट्टहास सुनाई पड़ा और उनकी चिंतायुक्त आंखों से आंसू की दो बूंदें लुढ़क पड़ीं :

> फिर सुना–हंस रहा अट्टहास रावण खलखल,
> भावित नयनों से सजल गिरे दो मुक्ता-दल।

उक्त दोनों पंक्तियां ओज और करुणा की दृष्टि से बेजोड़ हैं। रावण के अट्टहास का वर्णन इतना सजीव है कि उसकी ध्वनि पाठकों को भी सुनाई पड़ने लगती है। इसी तरह राम के अश्रुपात का वर्णन भी इतना जीवंत है कि उनकी आंखों के सामने दो मोती चमक उठते हैं। यहां आकर ये दोनों ही बातें स्थापित हो जाती हैं–कविता के केंद्र में सीता का होना और राम का इस कविता में अपनी संपूर्ण आधिदैविकता के साथ पूर्णतः मानवीय रूप में प्रकट होना। आलोचकों ने उचित ही निराला के राम को तुलसी की अपेक्षा वाल्मीकि के राम के निकट कहा है, यद्यपि सीताहरण और लक्ष्मण-मूर्च्छा के प्रसंग में तुलसी के राम भी पूर्णतः मानवीय रूप में सामने आते हैं। राम की मानवीयता–उनका संशय और निराशा से ग्रस्त होना तथा उनका विवशता और निरुपायता का एहसास–ही उनके चरित्र को आधुनिक बनाती है, जिससे आज का मध्यवर्गीय पाठक उसके प्रति आत्मीयता अनुभव करता है। मुक्तिबोध ने लिखा है कि आज रामचरितमानस पढ़ते समय राम के चरित्र से जो आंसू निकलते हैं, वे सामंती विश्वदृष्टि के आंसू हैं। उस विचार से 'शक्ति-पूजा' के राम की विवशता देखकर यदि हम द्रवित होते हैं, तो उसका संबंध आज के यथार्थ से है।

पांचवां अनुच्छेद सबसे बड़ा अनुच्छेद है, जिसमें निराला ने हनुमान पर राम के रोने की प्रतिक्रिया का वर्णन किया है।

हनुमान के बैठने के स्थान के बारे में वे पहले ही बतला चुके हैं। यहां भी वे कहते हैं–"बैठे मारुति देखते राम-चरणारविंद"। फिर कुछ शब्दों में वे उनकी

विशिष्टता पर प्रकाश डालते हुए उनकी स्थिति को और स्पष्ट करते हैं। हनुमान भक्त भी हैं और योगी भी। इस कारण वे हैं भी और नहीं भी हैं। मान्यता है कि भक्त तो अपने अस्तित्व को भगवान् से अलग रखकर उनकी भक्ति में लगा रहता है, जबकि योगी अपने को परमात्मा में लीन कर उससे अभिन्न हो जाता है। हनुमान, गुण-निधान और हर प्रकार से अनिंद्य, एकसाथ दोनों हैं। भक्त होने से वे अपनी सत्ता अलग बरकरार रखकर साधना भी कर रहे हैं और साधक होने से उसी अवस्था में परमात्मा से साम्य या तादात्म्य भी स्थापित कर चुके हैं ! उनके बाएं हाथ में राम का दाहिना पांव है और उनकी दाहिनी हथेली पर उनका बायां पांव। वे अत्यंत आह्लादित हैं, क्योंकि सत्य उनके हस्तगत है। राम ब्रह्म के साक्षात् रूप और परमधाम हैं, जहां पहुंचकर जीव चिर विश्राम प्राप्त करता है। योगी के रूप में हनुमान निष्ठापूर्वक अजपा जाप कर रहे हैं और भक्त के रूप में, अपने जीव को ब्रह्म से अलग रखते हुए, राम-नाम का। वे इसी अवस्था में थे कि राम की आंखों से आंसू की जो दो बूंदें टपकी थीं, वे उनके दोनों पांवों पर पड़ीं। उन्हें लगा, जैसे आकाश में दो नक्षत्र कौंध गए हों ! राम का वर्ण श्याम था, इसलिए उनके पांव उन्हें कालिका के पांवों की तरह प्रतीत हुए और उन पांवों पर उनके मध्य में स्थित आंसू की दो बूंदें दो हीरों या दो कौस्तुभ मणियों की तरह। इस तरह क्षण-भर के लिए उनकी दृष्टि में राम के चरण कालिका के मणिमंडित चरणों की तरह हो गए। कहने की आवश्यकता नहीं कि इस वर्णन में ये दोनों पंक्तियां कौस्तुभ मणियों की तरह ही चमक रही हैं :

> ये नहीं चरण राम के, बने श्यामा के शुभ,–
> सोहते मध्य में हीरक युग या दो कौस्तुभ

राम के आंसुओं को देखकर हनुमान का ध्यान भंग हो गया। उनका स्थिर चित्त चंचल हो उठा। उन्होंने संदेह से राम के चेहरे की तरफ दृष्टि उठाई, जैसे उन्हें विश्वास न हो कि राम रो भी सकते हैं। देखा कि राम शांत बैठे हुए हैं, पर उनकी आंखें सजल हैं। उनके चिरप्रफुल्ल मुख पर व्याकुलता है; वह निश्चेतन हो रहा है। मन में यह खयाल आते ही कि ये राम की आंखों से टपके आंसू हैं, वे उद्वेलित हो उठे। यहां निराला ने उन्हें 'शक्ति-खेल-सागर' कहा है और उसी रूप में आगे का वर्णन किया है। 'शक्ति-खेल-सागर' बहुत ही सशक्त प्रयोग है, जिसका मतलब है "वह समुद्र, जिसमें शक्ति क्रीड़ा करती रहती है।" वे यदि इससे कमजोर शब्द का प्रयोग करते, तो वह हनुमान की शक्तिमत्ता का पूरा परिचय न दे पाता।

राम के आंसुओं को देखकर शक्ति-खेल-सागर आलोड़ित हो उठा। हनुमान के पिता पवन थे। उनके सहयोग से उनकी सांस में खिंचकर उनचास-पवन उस सागर पर एक साथ जोरों से बह उठा, उस पर छाए हुए विराट् वाष्प-समूह को उड़ाता

हुआ। उससे उसमें सैकड़ों आवर्त घूर्णित हो उठे, तरंगों ने पहाड़ों की भंगिमा अख्तियार कर ली और जल राशि-राशि जल पर चढ़कर पछाड़ खाने लगा। अत्यंत आंदोलित जल का यह चित्र निराला को इतना व्यंजक लगता था कि वह बाद के उनके 'अर्चना' के एक गीत में भी मौजूद है : "शत संहत आवर्त-विवर्तों, / जल पछाड़ खाता है पर्तों / उठते हैं पहाड़, फिर गर्तों / धंसते हैं... ।" यह उस 'शक्ति-खेल-सागर' यानी हनुमान की स्थिति थी। वह सागर सागर और पृथ्वी के संधिस्थल यानी किनारों को तोड़कर उमड़ा, स्फीत-वक्ष, अत्यंत सामर्थ्यवान्। दिग्विजय करने के लिए वह निरंतर सामने बढ़ रहा था। अब वह उनचास ही नहीं, सौ पवनों के वेग से युक्त था और उसने उमड़कर सभी स्थानों को अतल में डुबो दिया था। उस पर बहती वायु प्रचंड हो उठी थी, क्योंकि उसमें सागर के जल के मंथन से उत्पन्न होनेवाला भयानक नाद तथा वज्र और तेज भी मिल गए थे। हनुमान को वज्रांग कहा जाता है और तेजस्विता के तो वे आगार ही हैं। यहां वायु को गर्जन, वज्र और तेज यानी विद्युत् तीनों से युक्त दिखलाया गया है। तात्पर्य यह कि राम के आंसुओं को देखकर हनुमान बहुत बेचैन हो उठे। उनके भीतर निहित अपार शक्ति खौल उठी और उसने सारी सीमाएं तोड़ दीं। राम ने अभी तक किसी से यह न बतलाया था कि आज के युद्ध में उनकी पराजय शक्ति के कारण हुई थी, लेकिन हनुमान इस बात को समझ चुके थे। इस कारण उनका सारा क्रोध शक्ति पर था। निराला के अनुसार वह शक्ति-खेल-सागर अत्यंत बेचैनी की हालत में महाकाश को पहुंच गया, निश्चय ही सूक्ष्म शरीर से, क्योंकि प्रत्यक्षतः हनुमान जहां बैठे थे, वहां उसी अवस्था में बैठे ही रहे। उन्हें एकादश रुद्र भी कहा जाता है। महाकाश को पहुंचकर उन्होंने अट्टहास किया और क्षोभ से भर उठे।

महाकाश शिव और शक्ति का निवास-स्थान है। शक्ति पर कुपित होने के कारण हनुमान ने सोचा कि समस्त आकाश को ही निगल जाएं, जिससे रावण की सहायता करने के लिए न शक्ति रह जाएं और न शिव। निराला ने उनके ऊर्ध्वगमन का बहुत भव्य वर्णन किया है। आकाश में रावण की महिमा काली रात के अंधकार की तरह फैली हुई थी। उस अंधकार में राम-भक्ति के प्रतापस्वरूप वे तेज का प्रसार करते हुए बढ़ रहे थे। यह वस्तुतः शक्ति और राम-भक्ति के बीच की टक्कर थी। एक ओर शिव की रावण द्वारा पूजित शक्ति और दूसरी ओर राम के नाम और गुण से निनादित हनुमत्-भक्ति ! शिव, जो सदा अविचल रहते हैं, महानाश को आगे बढ़ते देखकर क्षण-भर के लिए विचलित हो उठे। एक बार जब शक्ति अपना संहारकारी रूप छोड़ने को तैयार न थीं, सबका संहार करती हुई आगे बढ़ रही थीं, शिव भूमि पर लेट गए थे, जिससे उनके वक्ष पर अपना पांव पड़ने से उनका ध्यान भंग हुआ था। निराला शिव के लिए प्रयुक्त विशेषण 'श्यामा के पदतलभारधरण' के रूप में यहां उसी घटना को याद करते हैं, क्योंकि यहां भी शक्ति को रावण से विमुख कर

राम-पक्ष की सेना के संहार को रोकना है। उन्होंने गंभीर स्वर में शक्ति से कहा : देवि, आप अपने तेज का संवरण करें, यानी यहां शक्ति से काम न लें। जिसे आप वानर-मात्र समझ रही हैं, वह असाधारण प्राणी है। उसने आज तक स्त्री के साथ रमण नहीं किया, वह शृंगार की नहीं, वीरता की प्रतिमूर्ति है; राम-भक्ति का साकार रूप, जोकि अक्षय है, और चिर ब्रह्मचर्यरत। ये एकादश रुद्र हैं, मर्यादा पुरुषोत्तम के सर्वोत्तम एवं अनन्य लीला-सहचर और दिव्य भावों से युक्त। इन पर यदि आपने प्रहार किया, तो उसमें आपकी ही बुरी तरह से पराजय होगी। इसलिए उचित यही है कि आप विद्या के सहारे, अविद्या के नहीं, हनुमान के क्षुब्ध मन को प्रबोधित करने का प्रयास करें। मेरा विश्वास है, वे मान जाएंगे और संकट टल जाएगा। इतना कहकर शिव चुप हो गए।

लेकिन शक्ति ने उनके परामर्श पर पूरा ध्यान नहीं दिया। जैसे उन्हें विश्वास नहीं था कि हनुमान उनकी बात मानेंगे, इसलिए उन्होंने अविद्या अर्थात् माया की सहायता ली और उन्हें विस्मय में डालती हुई उनके सामने आकर उनकी माता अंजना का रूप धारण कर प्रकट हो गईं। जैसे साधारण माताएं उलाहनों से तंग आकर अपने बच्चों को समझाती हैं, अंजना ने उन्हें समझाया; बचपन में तुमने अबोधता के कारण सूर्य को निगल लिया था। वह भाव तुममें समाप्त नहीं हुआ, इसीलिए आज महाकाश को निगलने के लिए पहुंच गए हो। तुम्हारे ऐसे आचरणों को मुझे झेलना पड़ता है, यह बहुत लज्जा की बात है। यह महाकाश है, उन शिव का निर्मल वास-स्थान, जो राम के भी आराध्य हैं। उस स्थान को अपना ग्रास बनाने के लिए जो तुम आ गए हो, वह क्या अनर्थ नहीं है ? जरा मन में विचार करो। क्या राम ने तुम्हें ऐसा करने का आदेश दिया है ? तुम सेवक हो, जिसका धर्म होता है, स्वामी के आदेश के मुताबिक चलना। तुम अपने मन से यह ऐसा कार्य करने आ गए हो, जो कभी नहीं होना चाहिए। क्या तुम चाहते हो कि वे उसे बर्दाश्त कर लें ? अपनी माता के समझाने पर हनुमान की समझ में बात आ गई। क्षणांतर में अंजना अदृश्य हो गईं और वे धीरे-धीरे नीचे आकर पुनः राम के चरणों को पकड़कर भक्त की दैन्यावस्था में पहुंच गए। 'उतरे धीरे-धीरे' का मतलब बहुत कुछ वही है, जो आगे राम के लिए 'ध्यान की भूमि से उतरे' का है।

स्पष्टतः कविता के इस अनुच्छेद में हनुमान का महत्त्व बहुत बढ़ा-चढ़ाकर दिखलाया गया है, जैसे निराला को सिद्ध करना हो कि 'राम ते अधिक राम कर दासा'। कुछ विद्वानों के अनुसार यह शाक्तोपासना पर वैष्णव भक्ति की प्रतिष्ठा करना है। राम-भक्त हनुमान शक्ति-उपासक रावण का ही संहार नहीं कर सकते, वे स्वयं शक्ति का संहार करने पहुंच जाते हैं और शक्ति को उन्हें शांत करने के लिए छल का सहारा लेना पड़ता है। लेकिन कविता के अंत में इसमें शक्ति-उपासना की ही प्रतिष्ठा है, इसलिए इस घटना को बिलकुल प्रासंगिक समझना चाहिए। बंगाल

में रहते हुए निराला ने शक्ति का ही नहीं, हनुमान का भी महत्त्व समझा था। आरंभिक दिनों में तो उनके मानस पर हनुमान छाए हुए थे, जिसका प्रमाण उनकी आत्मसंस्मरणात्मक कहानी 'भक्त और भगवान' है। वे स्वप्न में उनके दर्शन करते थे, उनसे बातें करते थे। एक दिन जब वे खा-पीकर सोए, "समय समझकर महावीरजी फिर आए। उसने आज महावीरजी की वीर-मूर्ति देखी। मन इतने दूर आकाश पर था कि नीचे समस्त भारत देखा; पर यह भारत न था–साक्षात् महावीर थे, पंजाब की ओर मुंह, दाहिने हाथ में गदा–मौन शब्द-शास्त्र, बंगाल के ऊपर दाएं-बाएं पर हिमालय-पर्वत की श्रेणी, बगल के नीचे बंगोपसागर, एक घुटना वीर-वेश-सूचक–टूटकर गुजरात की ओर बढ़ा हुआ, एक पैर प्रलंब–अंगूठा कुमारी-अंतरीप, नीचे राक्षस-रूप लंका-कमल–समुद्र पर खिला हुआ। ध्वनि हुई, 'वत्स, यह वीर-रूप समझो।' इसके बाद स्वामी प्रेमानंदजी की प्रशांत मूर्ति ऊषा के अरुण प्रकाश की तरह भक्त के सुंदर मन के आकाश से भी ऊंचे उगी। ध्वनि हुई, 'वत्स, यह सूक्ष्म भारत है, इससे नीचे नहीं उतर सकते, इनका प्रसार समझ के पार है।' एक बार सूर्य दिखाई दिया, फिर अगणित तारे, प्रकाश मंदतर होता हुआ विलीन हो गया। ऐसा लगता है कि हनुमान की यही मूर्ति और विराट् रूप धारण कर 'शक्ति-पूजा' में प्रकट हुई है।

लेकिन बाद में निराला पर जब यथार्थ-बोध हावी होने लगता है, तो वे मिथकों को तोड़ने लगते हैं और अन्य दार्शनिक-पौराणिक मिथकों के साथ हनुमान के मिथक को भी तोड़ डालते हैं। 'बिल्लेसुर बकरिहा' में जब हनुमान बिल्लेसुर की बकरियों की रक्षा नहीं कर सके, तो बिल्लेसुर "चबूतरे-चबूतरे मंदिर की उलटी प्रदक्षिणा करके, पीछे महावीरजी के पास गए। लापरवाही से सामने खड़े हो गए और आवेग में भरकर कहने लगे–'देख, मैं गरीब हूं। तुझे सब लोग गरीबों का सहायक कहते हैं, मैं इसीलिए तेरे पास आता था, और कहता था, मेरी बकरियों को और बच्चों को देखे रहना। क्या तूने रखवाली की, बता, लिए थूथन-सा मुंह खड़ा है ?' कोई उत्तर नहीं मिला। बिल्लेसुर ने आंखों से आंखें मिलाए हुए महावीरजी के मुंह पर वह डंडा दिया कि मिट्टी का मुंह गिली की तरह टूटकर बीघे भर के फासले पर जा गिरा।"

'शक्ति-पूजा' के छठे अनुच्छेद में विभीषण का लंबा संवाद है, जो किंचित् कूटनीतिक होने के कारण बहुत सजीव है। राम-कथा में विभीषण की स्थिति विचित्र है। वे रावण के द्वारा उसकी राजसभा से राम का पक्ष लेने के कारण प्रताड़ित करके निकाले गए थे और अब राम से मिलकर उसके विरुद्ध युद्ध कर रहे थे। स्थिति की विडंबना यह थी कि लंका-विजय होने के पहले ही राम ने उनका राज्याभिषेक कर उन्हें वहां का राजा बना दिया था। स्वभावतः युद्ध में जब कभी राम का पक्ष कमजोर पड़ता था, वे व्याकुल हो उठते थे। यह उनकी स्थिति की विचित्रता ही थी कि लक्ष्मण के मूर्च्छित होने पर राम जब विलाप करने लगे, तो सबसे ज्यादा चिंता उन्हें विभीषण को लेकर थी। इसी से उन्होंने कहा था–"स्वैहे कहा बिभीषन की गति रही सोच

भरि छाती।" मानस में राम को युद्ध में बिना वाहन के देखकर सबसे ज्यादा घबड़ाहट विभीषण को ही हुई; "रावनु रथी बिरथ रघुबीरा। देखि बिभीषनु भएउ अधीरा।" तुलसीदास में वे राम के मित्र हैं, लेकिन वाल्मीकि और निराला में एक राज्याकांक्षी राजा। इसी से 'शक्ति-पूजा' में वे यथार्थ पर पर्दा डालते हुए राम से ऐसी बातें कहते हैं, जिससे कि वे उत्तेजित होकर और अधिक शक्ति और संकल्प से रावण से युद्ध करने लगें।

वे कुछ देर तक राम का विषादग्रस्त मुख-मंडल देखते रहे, फिर उनसे कहा : आज आपका वदन पहले की तरह प्रफुल्लित नहीं, जिसे देखकर सारे वानर और भल्लूक वीर अपनी थकान भूलकर अक्षय जीवन प्राप्त करते थे। आपके तरकस में वही बाण हैं, आपका वही वक्ष है, वही युद्धपटु हाथ, वही अशेष बल, मेघनादजयी लक्ष्मण भी वही हैं, वही जांबवान, वही प्रसन्नमन सुग्रीव, वही अंगद, वही महाबली और धीर श्वेत, वही हनुमान, जिनका कोई प्रतिद्वंद्वी नहीं और जो अकेले दस करोड़ के बराबर हैं, सारे दक्ष सेनापति वही हैं, युद्ध भी बदला नहीं, वही है, फिर आपके मन में अकारण यह निराशा-भाव के क्षणों का उदय कैसे हुआ ? आप रघुकुल के गौरव हैं, लेकिन अभी लघुता से ग्रस्त हो रहे हैं। जब युद्ध विजय के निकट है, तब आप उससे पराङ्मुख हो रहे हैं ! हम लोगों ने व्यर्थ ही इतना श्रम किया ! फिर विभीषण राम के मर्म पर आघात करने के लिए कहते हैं, जब सीता से मिलने की घड़ी आई है, तो आप निर्दयतापूर्वक अपना हाथ उनसे पीछे खींच रहे हैं !

इसके बाद वे युद्ध में रावण की विजय के बाद का सीता को लेकर ऐसा चित्र खींचते हैं कि इसमें संदेह नहीं रह जाता कि सीता ही इस कविता की धुरी हैं और इसके सारे अवयव उसी के इर्द-गिर्द घूमते हैं। विभीषण राम में फिर जोश भरने के लिए अंतिम अस्त्र का प्रयोग करते हैं : वह रावण, जो लंपट है, खल है, पाप-कर्म से अनाचारी हो चुका है और जिसने अपनी भलाई की बात कहने पर मुझे पैरों से प्रताड़ित किया, वह विजयोपरांत सीता को पुनः तरह-तरह से पीड़ित करेगा। वह अपने उद्यान में बैठा रहेगा, अपनी मंत्रिपरिषद् के सदस्यों से घिरा, उन्हें युद्ध में अपनी विजय की गाथा सुनाता हुआ और वसंत-ऋतु में कल-कूजन करते हुए कोकिल को सुनता हुआ ! यह चित्र निराला की सृजनात्मक कल्पना की अपूर्व देन है, जो उनकी कविता के इस प्रसंग को एक ओर अत्यंत नवीन बनाता है और दूसरी ओर अत्यंत प्रभावशाली। लेकिन विभीषण वहीं चुप नहीं होते, वे अपना राज्याभिषेक करनेवाले राम पर अपनी स्थिति की विडंबना पूर्णतः उजागर कर उन्हें आहत करते हैं : "मैं बना किंतु लंकापति, धिक्, राघव, धिक् धिक् !" प्रत्यक्षतः वे अपने को धिक्कारते हैं, लेकिन यह धिक्कार वस्तुतः राम को है, जो युद्ध से पांव पीछे हटा रहे हैं। पांचवें अनुच्छेद में शिव और अंजना के जो संवाद हैं, उनमें सजीवता नहीं है, लेकिन विभीषण का यह संवाद बहुत सजीव है, क्योंकि यह कथा-मात्र नहीं है, इसका संबंध उनके

जीवन के एक संकटपूर्ण यथार्थ से है। इस यथार्थ को अपनी कल्पना के योग से निराला ने बहुत तीखा बनाकर प्रस्तुत किया है।

सातवें अनुच्छेद में निराला ने जो कुछ लिखा है, उससे विभीषण और राम के चरित्र का अंतर स्पष्ट हो जाता है, राम की विवशता सामने आती है और उनकी आंखों से पुनः जो आंसू की बूंदें गिरती हैं, तो अलग-अलग योद्धाओं पर उसकी अलग-अलग प्रतिक्रिया का पता चलता है।

विभीषण की बातें सुनकर पूरी सभा सन्न रह गई। राम अपनी आर्द्र आंखों से शीतल प्रकाश छोड़ते हुए उदास मन देखते रहे। ऐसा लगा कि विभीषण ने जो ओजस्वी शब्दों का प्रयोग किया था, उसका उनके ऊपर कोई प्रभाव नहीं था। उन शब्दों से न उनका लगाव मालूम पड़ा, न अलगाव। वे जैसे शब्द-मात्र थे, अर्थ से रहित, और मित्र के प्रति अनुरागवश औपचारिकता में कहे गए थे। उनमें मित्र के गहरे भावों को समझने की क्षमता नहीं थी। कुछ क्षणों तक चुप रहकर राम ने अपने सहज कोमल स्वर में, यानी बिना किसी उद्वेग के, विभीषण से कहा—मित्रवर, इस युद्ध में विजय संभव नहीं, क्योंकि अब यह सिर्फ नर-वानर और राक्षस के बीच का युद्ध नहीं रहा। अब रावण के आमंत्रण पर इसमें स्वयं महाशक्ति उतर गई हैं। यह घोर आश्चर्य की बात है, "अन्याय जिधर, हैं उधर शक्ति !" नामवरजी ने अपनी 'छायावाद' नामक पुस्तक में ही इस पर यह दिलचस्प टिप्पणी की है : "यह शक्ति स्वयं राम की शक्ति थी जो अब रावण के पक्ष में हो गई थी। यह निराला का स्वयं अपना वर्ग मध्यवर्ग था जो अब पुराण-पंथी सामंती दल से मिल गया था। इस राम को जराजीर्ण रावण से भय न था और न उसकी परवा ही थी। लेकिन वे उस अपनी शक्ति का क्या करते ?" (पृ. 143) स्पष्टतः यहां सोचने का एक सरल मार्क्सवादी ढांचा है, जिसके अनुसार जो मध्यवर्ग सामंतवर्ग के विरुद्ध संघर्ष करता हुआ समाज में प्रगतिशील भूमिका निभाता है, वही पतनशील दौर में उससे एकजुटता स्थापित कर उसके विकास में बाधक बन सकता है। इस दृष्टि से 'शक्ति-पूजा' का रावण सामंतवर्ग का प्रतीक है, जिसे पछाड़ना मध्यवर्ग के लिए आसान है, लेकिन कठिनाई यह है कि उससे शक्ति, जोकि मध्यवर्ग की शक्ति हैं, जाकर मिल गई हैं ! यह कविता अत्यधिक संश्लिष्ट होने के कारण निश्चय ही अनेक स्तरों पर आधुनिक मनुष्य की विवशता और संघर्ष को प्रतिध्वनित करती है, लेकिन इस रूप में उसके किसी भी अंश की व्याख्या बहुत स्थूल मानी जायेगी। जो प्रतिध्वनि की तरह अस्पष्ट और अनिश्चित है, उसे ध्वनि के रूप में न ग्रहण करना ही उचित है। 'राम की शक्ति-पूजा' का सौंदर्य और शक्ति उसके प्रकृत रूप में है। जल में बननेवाले वृत्तों की तरह उसमें अर्थ के दूर से दूर जानेवाले वृत्त तो बन सकते हैं, पर उस पर बेधड़क कोई नया अर्थ आरोपित नहीं किया जा सकता। शक्ति की चर्चा करते हुए राम की आंखें छलछला आईं और पुनः उनसे कुछ अश्रुबिंदु ढुलक पड़े। फिर उनका कंठ अवरुद्ध

हो गया, वे चुप हो गए।

इस बार उनके रोने की प्रतिक्रिया हनुमान के साथ दूसरे योद्धाओं पर भी हुई। लक्ष्मण का प्रचंड तेज कौंध उठा। हनुमान पर अंकुश लग गया था, इसलिए वे मसककर राम के दोनों चरणों को दंड की तरह पकड़े हुए धरती में धंस गए, कोई उड़ान नहीं भरी। जांबवान सभी योद्धाओं में बुजुर्ग थे, इसलिए वे जैसे सबकुछ समझते हुए स्थिर रहे, लेकिन सुग्रीव व्याकुल हो उठे, जैसे उनके हृदय में विषम क्षत बन गया हो। विभीषण भावी कार्यक्रम का निश्चय करते प्रतीत हुए। वातावरण अत्यंत असहज था, ऊपर से शांत, पर भीतर से कंपायमान। यहां निराला ने लक्ष्मण, हनुमान, जांबवान, सुग्रीव और विभीषण इन सभी योद्धाओं की संक्षिप्त प्रतिक्रिया से उनके शील का और राम के प्रति उनके भाव का बहुत अच्छा परिचय दे दिया है।

अगले अनुच्छेद में राम अपने को प्रकृतिस्थ करते हैं और पहले जो कह गए हैं, उसे विस्तार से उपस्थित योद्धाओं को समझाते हैं। अंत में जांबवान उन्हें शक्ति-पूजन का परामर्श देते हैं, उन्हें आश्वस्त करते हुए कि उनकी अनुपस्थिति में भी सुनियोजित ढंग से युद्ध चलता रहेगा। राम ने संयत होकर कहा–दैव का यह विधान मेरी समझ में न आया। उन्होंने जैसे "अन्याय जिधर, हैं उधर शक्ति !" की व्याख्या की–अधर्म में लिप्त रावण को शक्ति ने अपनाया और मुझे पराया समझा ! फिर उन्होंने दो बार 'शंकर' का स्मरण किया और बोले, यह युद्ध रावण का नहीं, शक्ति का खेल है। तभी मैं बार-बार तीक्ष्ण बाणों की योजना करता रहा, जिनसे यह सारी दुनिया जीती जा सकती है, लेकिन वे आज युद्ध में बिलकुल बेकार साबित हुए। यहां विस्तार से उन्होंने अपने बाणों की श्रेष्ठता का परिचय दिया : वे तेज-पुंज हैं, जिनमें सृष्टि की रक्षा का विचार और पतन को रोकनेवाली अर्थात् उच्च एवं विकसित संस्कृति दोनों निहित हैं। इसके साथ उनमें और चीजें भी हैं, यथा अत्यधिक शुद्धता का बोध, सूक्ष्म से सूक्ष्म विवेक और क्षात्रधर्म की पूर्णता। स्पष्ट है कि राम के बाण और उनके द्वारा किया जानेवाला उनका युद्ध किन मूल्यों का प्रतीक था। उन बाणों की प्रजापति संयमपूर्वक रक्षा भी करते थे। प्रजापति दक्ष आदि दस लोककर्ता थे, जिन्हें ब्रह्मा ने सृष्टि के आदि में उत्पन्न किया था। वे सृष्टि के निर्माण और पालन में हमेशा देवताओं की सहायता किया करते थे। राम विष्णु के अवतार थे, इसलिए वे उनके बाणों के भी रक्षक थे। ऐसे बाण भी आज रावण के द्वारा काट डाले गए, जिससे उनकी महिमा जाती रही।

अंत में राम ने कहा :

देखा, हैं महाशक्ति रावण को लिए अंक,
लांछन को ले जैसे शशांक नभ में अशंक;
हत मंत्रपूत शर संवृत करतीं बार-बार,

निष्फल होते लक्ष्य पर क्षिप्र वार पर वार !
विचलित लख कपिदल, क्रुद्ध युद्ध को मैं ज्यों-ज्यों,
झक-झक झलकती वह्नि वामा के दृग त्यों-त्यों;
पश्चात् देखने लगीं मुझे, बंध गए हस्त,
फिर खिंचा न धनु, मुक्त ज्यों बंधा मैं हुआ त्रस्त !

यह "फिर देखी भीमा मूर्ति आज रण देखी जो" तथा "ज्योतिर्मय अस्त्र सकल बुझ-बुझकर हुए क्षीण" का भाष्य तो है ही, उससे अधिक भी कुछ है। कृत्तिवास ने अपनी रामायण में रावण को अपनी गोद में लिए हुए शक्ति का बहुत ही भव्य वर्णन किया है, जो देखने लायक है :

असित-बरणा काली, कोले दशानन।
रूपेर छटाय घन-तिमिर-नाशन।
अलका झलका उच्च-कादंबिनी-केश।
ताहे श्यामा रूपे नील-सौदामिनी-वेश।
कर-पद-नखे शशि अनल प्रकाशे।
बिंब-फल तुलित अधरे मंद हासे।

—कृष्ण-वर्णा काली गोद में दशानन को लिए बैठी हैं, उनके रूप की छटा से घना अंधेरा छंट गया। ऊंचे बादलों-जैसे केश में मानो बिजली झलक रही हो। श्यामा रूप में नीली सौदामिनी का वेश। हाथ और पैरों के नाखून से चंद्रमा की ज्योति प्रकट होती है और अधर पर मंद हास से मानो बिंब-फल शोभा पा रहा हो।

निराला ने इस पूरे वर्णन को एक पंक्ति में समेटा है—"लांछन को ले जैसे शशांक नभ में अशंक", और इसमें जो नई बात पैदा की है, वह यह कि शक्ति के लिए रावण वैसे ही है, जैसे चंद्रमा के लिए कलंक। 'अशंक' विशेषण व्यंग्यात्मक भी है, क्योंकि कलंक को अंकस्थ किए हुए भी शक्ति निश्चिंत हैं। उन्हें इस बात की परवाह नहीं कि एक अन्यायी और दुराचारी को अपना कृपा-पात्र बनाने पर दुनिया क्या कहेगी ! शक्ति राम की आराध्या थीं, लेकिन उनके प्रति उनके मन में शिकायत का भाव पैदा होता है, यह इस बात का सूचक है कि इस नायक की पुराने मूल्यों में निष्ठा दरक रही है। यह आधुनिक मनुष्य की मनोदशा है, जो बिलकुल अनारोपित ढंग से इस पंक्ति से अभिव्यक्त हो रही है। राम द्वारा संधान किए गए मंत्राभिषिक्त बाणों का शक्ति बार-बार संवरण करती रहीं, लक्ष्य पर क्षिप्रता से किए गए उनके आक्रमण निष्फल होते रहे। यहां भी निराला ने अत्यंत संकट-काल में अरबी 'मशाल' की तरह 'आक्रमण' की जगह फारसी 'वार' शब्द का प्रयोग किया है, जो उनके इस कथन की याद दिलाता है कि कोई भी जुबान अशुद्ध नहीं होती।

राम कहते हैं कि युद्ध में अपनी असफलता से वानरी सेना को विचलित देखकर, वे ज्यों-ज्यों और क्रुद्ध होकर अस्त्र चलाते थे, शक्ति की आंखों में त्यों-त्यों अग्नि और तेज होती जाती थी। निराला की प्रचंड भाषा-शक्ति एक बार यहां पुनः प्रत्यक्ष है : "झक-झक झलकती वह्नि वामा के दृग त्यों-त्यों।" अग्नि के क्रमशः तेज होते जाने का बिंब तो यहां अत्यंत सशक्त है ही, शक्ति के लिए 'वामा' शब्द का प्रयोग भी अत्यंत सटीक है। शक्ति स्त्री ही नहीं हैं, विरोध करनेवाली स्त्री हैं ! राम जब उग्रतर होने लगे, तो शक्ति ने उन पर दृष्टिपात किया, फिर तो उनके हाथ बंध गए, उनसे धनुष न खिंचा, मुक्त रहकर भी जैसे वे बंदी हो गए। स्वभावतः इस स्थिति से उनके मन में त्रास भर उठा। छायावादोत्तर काव्य में आधुनिक मनुष्य की विवशता, निरुपायता, कुंठा और संत्रास का बहुत वर्णन हुआ है, प्रायः प्रचलन के रूप में। निराला ने यहां एक दैवी पात्र राम के माध्यम से परिस्थितिजन्य उपर्युक्त भावों का बहुत ही सशक्त वर्णन किया है। आकस्मिक नहीं कि उनके कथन में 'त्रस्त' शब्द भी मौजूद है। इन्हीं कारणों से 'राम की शक्ति-पूजा' आधुनिक संवेदनावाली एक यथार्थयुक्त रचना मानी जाती है और उसके रचयिता हिंदी में आधुनिक कविता के जनक। इस कविता की लोकप्रियता का आधार उसकी आधुनिकता ही है, पौराणिकता नहीं, यद्यपि वह पौराणिकता के भीतर से ही परिस्फुट हुई है। इसके अलावा इस वर्णन में कहीं निराला की अपनी स्थिति की भी अभिव्यक्ति हुई है। निरुपायता का बोध 'सरोज-स्मृति' में भी है, "समझता हुआ मैं रहा देख, / हटती भी पथ पर दृष्टि टेक" से लेकर "सुनकर, गुनकर चुपचाप रहा, / कुछ भी न कहा,— न अहो, न अहा" तक में। वह बोध यहां और गहरा और तीखा हुआ है।

शक्ति के सम्मुख अपनी स्थिति का बयान करने के बाद क्षण-भर के लिए राम चुप हुए, तो पूरे विश्वास से जांबवान ने उनसे निवेदन किया : आप अकारण विचलित हैं। शक्ति का वाहन सिंह है। आप भी पुरुषों में सिंह हैं। आप भी अपने ऊपर शक्ति को धारण करें, फिर रावण आपको पराजित न कर सकेगा। उपासना का उत्तर उपासना से ही दिया जा सकता है। आप शक्ति की उपासना को रावण से आगे बढ़ा दें और इस प्रकार अपने प्राणों को नियंत्रित कर उसके प्राणों पर विजय प्राप्त करें। पापी होकर भी यदि रावण ने शक्ति की कृपा प्राप्त कर आपको त्रस्त कर दिया है, तो आप तो उपासना में सिद्ध होकर उसे ध्वस्त ही कर डालेंगे। आप शक्ति की मौलिक रूप में कल्पना कर उनका पूजन करें और जब तक उसमें सिद्धि न प्राप्त हो, युद्ध से विरत रहें। आपकी अनुपस्थिति में भी युद्ध जारी रहेगा। जब तक आप युद्ध में लौट नहीं आते, वह लक्ष्मण के नेतृत्व में लड़ा जाएगा। वे बीच में रहेंगे, उनके दाहिने अंगद, यूथपति श्वेत के सहायक के रूप में। मैं भालुओं की सेना को संभालूंगा और लक्ष्मण के बाएं हनुमान रहेंगे, नल, नील और छोटे वानर योद्धाओं के प्रधान। सुग्रीव, विभीषण और अन्य यूथपति जब जहां भी भय होगा,

रक्षार्थ समय पर उपस्थित हो जाएंगे। इस प्रकार युद्ध की पूरी योजना जांबवान के माध्यम से निराला ने राम के सम्मुख प्रस्तुत कर दी। ऐसे ब्योरे से निश्चय ही इस कविता को वास्तविकता का एक आधार मिला है, जिससे वह शुद्ध काल्पनिक सृष्टि होने से बच गई है और उसमें यथार्थवादी कला का सौंदर्य उत्पन्न हुआ है।

'शक्ति-पूजा' के नौवें अनुच्छेद में शक्ति-पूजा के आयोजन का विस्तार से वर्णन है। इसकी विशिष्टता यह है कि इसी में निराला ने शक्ति की वह 'मौलिक कल्पना' प्रस्तुत की है, जिसके लिए जांबवान ने राम को प्रेरित किया था और जो राम की इष्ट बनती है। जांबवान के सुझाव से सभा में प्रसन्नता छा गई। राम ने उसे उत्तम बतलाकर और सिर झुकाकर उनके वार्धक्य का सम्मान किया। फिर वे कुछ सोचते हुए ध्यानस्थ हो गए। उपस्थित सभी योद्धाओं ने देखा कि उनका शरीर बार-बार रोमांचित हो रहा था। कुछ देर के बाद उनकी आंखें खुल गईं, लेकिन उसके बाद भी मन भाव में डूबा रहा। शांत स्वर में अत्यंत विश्वास के साथ उन्होंने दुर्गा के नाम लेते हुए उन्हें पुकारा। कहा, माता, मैं आपकी शरण में हूं। आप परम शक्तिमयी हैं। आपने अपनी शक्ति से महिषासुर का मर्दन किया है, गर्जन करता हुआ सिंह आपके लोकरंजक चरणों के नीचे है! यह वस्तुतः आपका संकेत है। मैं समझ गया, मैं आपकी पूजा सिंह-भाव से ही करूंगा। तात्पर्य यह कि उन्होंने सिंह की तरह उनको वहन करने का निश्चय किया, हनुमानवाले रास्ते से अलग पूर्णतः दास्य-भाव से। जांबवान ने उन्हें कहा था, "हे पुरुष-सिंह, तुम भी यह शक्ति करो धारण।" राम को भी अपने बल का विश्वास था, वे भी अपने को पुरुष-सिंह मानते थे। स्वभावतः उन्होंने सिंह-भाव से दुर्गा की आराधना का संकल्प किया। यहां आकर वे पुनः थोड़ी देर के लिए स्थिर हो गए, दशभुजा दुर्गा की छवि में लीन। तत्पश्चात् उन्होंने पलकें खोलीं। उनके मंत्री और सेनापति वीरासन में बैठे हुए, उनके प्रति भावाभिभूत, उनका मुस्कुराता हुआ चेहरा देखते रहे। अंत में राम ने भावस्थ रहते हुए ही कंपित प्राणों और मेघगंभीर स्वर से उन्हें शक्ति के स्वकल्पित रूप के बारे में बतलाया।

उनके सम्मुख एक पर्वत था। पर्वत उच्चता अर्थात् उच्चभाव का प्रतीक है। उन्होंने उपस्थित योद्धाओं से कहा कि इसी पर्वत यानी उच्चभाव की कल्पना पार्वती के रूप में की गई है। यह श्यामवर्ण पर्वत अनेक हरी-भरी झाड़ियों और घासों से मंडित है, पर इसका मधुर सार, मकरंद-बिंदु के समान, पार्वतीरूप में इसकी अवधारणा है। इस पर्वत के पाद-मूल में जो समुद्र गर्जन कर रहा है, वही पार्वती का वाहन सिंह है, दसों दिशाएं उनके हाथ हैं और ऊपर चोटी पर स्थित जो चंद्रमा है, वही अर्चनाप्राप्त दिगंबर शिव हैं, शशि-शेखर! महिषासुर मानव के मन का नीच असुर है, उसका अहंकार, कोई वास्तविक राक्षस नहीं, जो वास्तविक पार्वती या दुर्गा से नहीं, मंगल के उच्चभाव से उनके पैरों के नीचे पराजित पड़ा है! निराला ने अपने प्रसिद्ध लेख 'वर्तमान धर्म' में कुछ पौराणिक रूपकों का अर्थ बतलाया था, महात्मा

गांधी से भी उन्होंने कहा था कि पौराणिक कथाओं में सूक्ष्मतम तत्त्व स्थित हैं। यहां उसी के अनुरूप उन्होंने पार्वती या शक्ति का अर्थ 'उच्चभाव' बतलाया है। अपने कई आरंभिक लेखों में भी उन्होंने शक्ति की व्याख्या इसी रूप में की है, रूढ़ रूप में नहीं। उनमें उन्होंने यह समझाने का भरसक प्रयास किया है कि शक्ति अंतरात्मा में प्रकाशित शक्ति है, कोई बाहरी वस्तु नहीं, बल्कि जिसे हम बाह्य जगत् कहते हैं, वह भी उसी शक्ति की तरंगें हैं ! इस तरह 'शक्ति' का राम के लिए अर्थ हुआ 'उच्चभाव' या आत्मशक्ति। यही उनके द्वारा की गई शक्ति की 'मौलिक कल्पना' है। स्वभावतः शक्ति-पूजा का उनके लिए अर्थ हुआ अपने भीतर उच्चभाव को जाग्रत करना, जिसे संशय और निराशा के भाव ने आक्रांत कर लिया था। यह निराला की भाव-धारा के भी अनुरूप है।

संशय और निराशा में घिर जाने के बाद निराला अपने मन को समेटते थे, उसे एक बिंदु पर केंद्रित करते थे और फिर नए संकल्प, आशा और विश्वास के साथ नई ऊर्जा से भरकर अपने मार्ग पर दृढ़तापूर्वक आगे बढ़ जाते थे। 'सरोज-स्मृति' में भी हमने देखा है कि किस तरह उन्होंने पुत्री की मृत्यु के आघात के बाद अपने को संभाला और उच्चतर एवं श्रेष्ठतर साहित्यिक प्रयास के लिए अपने को तैयार किया। 'वन-बेला' में उनकी यह मनःप्रक्रिया ज्यादा स्पष्ट है। उसमें वे प्रखर उपल-प्रहार से अपने वृंत पर नाचनेवाली बेला से कहते हैं : "तुम रहो एक मेरे उर में / अपनी छवि में शुचि संचरिता।" यह आकस्मिक नहीं कि उनकी सर्वश्रेष्ठ कविता 'शक्ति-पूजा' उनके परवर्ती प्रयास का ही फल है। 'भक्त और भगवान' शीर्षक कहानी में उन्होंने पहाड़ उठाए आकाश-मार्ग से जाते हनुमान के चित्र में भारत के नक्शे की कल्पना की थी, यहां उन्होंने उच्चभाव के प्रतीक पर्वत में पार्वती की कल्पना की है ! डॉ. बच्चन सिंह के 'आलोचना को चुनौती' नामक उनकी पुस्तक में संकलित लेख 'राम की शक्ति-पूजा : एक नई व्याख्या' में यह संकेत मौजूद है कि शक्ति-पूजा से निराला का मतलब राम द्वारा अपने मनोबल को दृढ़ करना है। उन्होंने मनोबल की क्षीणता का संबंध तत्कालीन राष्ट्रीय परिस्थिति से भी जोड़ा है। यह बात उसी रूप में ठीक हो या नहीं, लेकिन उनका संकेत ठीक है और उससे 'राम की शक्ति-पूजा' को समझने का रास्ता साफ होता है। यहां आकर उन लोगों को पूरा उत्तर मिल जाता है, तो इस कविता की रचना का उद्देश्य समझते हैं प्रचलित रूप में ही शक्ति-पूजा का प्रचार।

जब सारा कुछ राम के सामने स्पष्ट हो गया, तो उन्होंने स्नेहपूर्वक हनुमान से कहा कि वे देवी-पूजा के लिए देवी-दह से, जोकि संभवतः शैवों का मानसरोवर ही है, कम से कम एक सौ आठ नीलकमल ला दें। वे तड़के शीघ्र यहां से प्रस्थान करें और कमल लाकर फिर युद्ध पर जाएं। हनुमान ने जांबवान से रास्ता, दूरी और स्थान के बारे में मालूम किया और राम की चरण-धूलि सिर से लगाकर हर्षित भाव

से विदा हुए। काफी रात बीत चुकी थी, राम ने अन्य योद्धाओं को भी छुट्टी दी। वे सब भी राम के प्रति करुणा से भरे हुए और उनकी विजय के बारे में सोचते हुए अपने वासस्थान की ओर चले।

इस अनुच्छेद में राम द्वारा की गई शक्ति की मौलिक कल्पना या उनके प्रति किया गया उनका आत्मनिवेदन अत्यंत उदात्त है, जिससे पाठक सहज भाव से प्रभावित हो जाते हैं, लेकिन इसमें ये माधुर्यपूर्ण स्थल भी हैं, जिनकी ओर ध्यान जाना चाहिए–"कुछ समय *अनंतर इंदीवर-निंदित लोचन* / खुल गए, रहा निष्पलक भाव में मज्जित मन", "कुछ समय स्तब्ध हो रहे राम छवि में निमग्न, / फिर खोले *पलक कमल-ज्योतिर्दल* ध्यान-लग्न" और "बोले भावस्थ *चंद्र-मुख-निंदित रामचंद्र*, / प्राणों में पावन कंपन भर, स्वर मेघमंद्र।" काफी पहले एक विद्वान् ने कहा था कि निराला में 'ओजस्वी लावण्य' मिलता है। वे घोष वर्णों की योजना से भी गजब का माधुर्य उत्पन्न कर सकते हैं। पहली और तीसरी बलयुक्त पदावलियों में उन्होंने 'द' और 'न' वर्णों की संयुक्त योजना से तथा दूसरी बलयुक्त पदावली में 'ल' वर्ण की अनेकशः आवृत्ति से उन्होंने अपनी अभिव्यक्ति में विलक्षण संगीत संभव किया है। कहा जा सकता है कि 'राम की शक्ति-पूजा' एक ऐसा 'कंसर्ट' है, जिसके शब्दों और पंक्तियों से अलग-अलग स्थलों और प्रसंगों में अलग-अलग प्रकार का तीव्र संगीतात्मक स्वर निनादित होता रहता है। यदि इसे वाद्ययंत्र कहें, तो यह लगातार छेड़ा जाता हुआ वाद्ययंत्र है, किसी स्थान पर सजाकर रखा हुआ वाद्ययंत्र नहीं; यह जल का बहता हुआ प्रवाह है, स्थिर नहीं। 'शक्ति-पूजा' भक्ति-काव्य नहीं है, लेकिन इसमें राम के वर्णन में निराला ने वैसी ही विभोरता दिखलाई है, जैसी किसी राम-भक्त में हो सकती है, उदाहरण के लिए स्वयं तुलसीदास में।

पहले अनुच्छेद से लेकर नौवें अनुच्छेद तक यह कविता संध्या-काल से लेकर अमावस्या की रात्रि में घटित होती है। इसी रात्रि के घने अंधकार को अपनी राम-भक्ति के तेज से भेदते हुए हनुमान ऊर्ध्वगमन करते हैं। लेकिन इसी में निराला राम के माध्यम से पर्वत में पार्वती का जो रूप निरूपित करते हैं, उसमें उसके ऊपर चंद्रमा को अवस्थित बतलाया गया है : "अंबर में हुए दिगंबर अर्चित शशि-शेखर।" 1936 में ही डॉ. रामविलास शर्मा को लिखे गए एक पत्र में निराला ने इस असंगति का निराकरण इस रूप में कर दिया था : "यदि 'शशि' को देखना हो तो अमावस्या में वह कल्पना में ही देख पड़ेगा–वह आकाश में है।"

दसवां अनुच्छेद 'राम की शक्ति-पूजा' का सबसे महत्त्वपूर्ण अनुच्छेद है। आकार में भी यह बड़ा है, पांचवें अनुच्छेद से सिर्फ दो बंद इसमें कम हैं। यह अनुच्छेद भी भीतर से दो खंडों में बंटा है। पहले खंड में राम के शक्ति-पूजन का वर्णन है, जिसमें पूजन आरंभ करने से लेकर दुर्गा द्वारा अंतिम नीलकमल चुरा ले जाने तक का वृत्तांत है, और दूसरे खंड में उसके बाद से लेकर दुर्गा के प्रकट होने तक का। कविता दूसरे

खंड में ही चरमोत्कर्ष पर पहुंचती है।

रात्रि का अंत हुआ। आकाश के प्रदीप्त ललाट पर प्रथम किरण प्रस्फुटित हुई। उसके साथ ही राम के मन से भी संशय और निराशा का अंधकार छंट जाता है। उनकी आंखों में महिमा की स्वर्णिम ज्योति दिखलाई पड़ी। विभीषण ने उनसे कहा था, "रघुकुल गौरव, लघु हुए जा रहे तुम इस क्षण।" अब उनमें लघुता का भाव न रहा, उनमें पुनः अपने प्रति आस्था का संचार हुआ। उनका खोया हुआ आत्मविश्वास उन्हें मिल गया। युद्ध से विरत साधक के वेश में वे पूजा के आसन पर बैठे थे। हाथ में धनुष न था, न कंधे पर तरकस। युद्ध में जाने पर वे अपनी जटाओं को कसकर अपने सिर पर मुकुट की तरह बांध लेते थे। अभी वह भी न था यानी उनकी जटाएं खुली हुई थीं, यद्यपि वे रात्रि के अंधकार की तरह उनके शरीर पर नहीं बिखरी थीं। अब वह चिंता का आलम न था। वे युद्ध-क्षेत्र से दूर थे, पर उसका गर्जन-तर्जन, घोर कोलाहल वहां से भी सुन पड़ता था, लेकिन उसका उन पर कोई असर नहीं। मन उससे जरा भी आविष्ट नहीं होता था। वे बिलकुल शांत थे, ध्यानस्थ। पूजा करते थे, फिर मुंह से शक्ति के 'दुर्गा', 'दशभुजा' आदि नामों का जाप करते थे और मन से उनमें निहित उनके गुणों का मनन। पहला दिन यों बीत गया, जिसकी उपलब्धि यह रही कि उनका मन अपनी इष्ट देवी के चरणों में स्थिर हो गया। फिर तो उनकी आराधना क्रमशः गहनतर होती गई।

निराला ने दिखलाया है कि राम ने यौगिक विधि से शक्ति की उपासना की। क्यों ? इसलिए कि इस विधि से ही, मन को बहिर्मुखी से अंतर्मुखी बनाकर उसकी समस्त शक्तियों को केंद्रित करने से ही, उसकी उस शक्ति की प्राप्ति संभव है, जो असीम होती है और जिससे संपूर्ण विश्व पर विजय प्राप्त की जा सकती है। क्रियात्मक आध्यात्मिकता के बारे में बतलाते हुए विवेकानंद ने कहा है कि अचेतन को अपने अधिकार में लाना हमारी साधना का पहला भाग है। दूसरा है चेतन के परे जाना। जिस तरह अचेतन चेतन के नीचे, उसके पीछे रहकर कार्य करता है, उसी तरह चेतन के ऊपर, उसके अतीत भी एक अवस्था है। जब मनुष्य इस अतिचेतन अवस्था को पहुंच जाता है, तब वह मुक्त हो जाता है, ईश्वरत्व को प्राप्त हो जाता है। तब मृत्यु अमरत्व में परिणत हो जाती है, दुर्बलता असीम शक्ति बन जाती है और अज्ञान की लौह शृंखलाएं मुक्ति बन जाती हैं। अतिचेतन का यह असीम राज्य ही हमारा एकमात्र लक्ष्य है। "अतएव यह स्पष्ट है कि हमें दो कार्य अवश्य ही करने होंगे। एक तो यह कि इड़ा और पिंगला के प्रवाहों का नियमन कर अचेतन कार्यों को नियमित करना, और दूसरा, इसके साथ ही साथ चेतन के भी परे चले जाना।" पुनः, "योगी वही है, जिसने दीर्घकाल तक चित्त की एकाग्रता का अभ्यास करके इस सत्य की उपलब्धि कर ली है। अब सुषुम्णा का द्वार खुल जाता है और इस मार्ग में वह प्रवाह प्रवेश करता है, जो इसके पूर्व उसमें कभी नहीं गया था, वह (जैसा कि आलंकारिक

भाषा में कहा है) धीरे-धीरे विभिन्न कमल-चक्रों से होता हुआ, कमल-दलों को खिलाता हुआ अंत में मस्तिष्क तक पहुंच जाता है। तब योगी को अपने सत्यस्वरूप का ज्ञान हो जाता है, वह जान लेता है कि वह स्वयं परमेश्वर ही है।" (*विवेकानंद संचयन*, पृ. 97-98) कृत्तिवास के राम और निराला के राम की शक्ति-पूजा में यही फर्क है। एक के लिए शक्ति का स्रोत बाहर है, दूसरे के लिए भीतर, जिसे योग-साधना के द्वारा ही पाया जा सकता है।

एक के बाद एक योग-साधना में राम के पांच दिन बीत गए। उनका मन चक्रों का भेदन करता हुआ क्रमशः तेजी से ऊपर उठता गया। हाथ की उंगलियों पर जप का हिसाब रखते हुए उसके पूरा होने पर वे दुर्गा को एक नीलकमल चढ़ा देते थे। इस तरह उनका अनुष्ठान चल रहा था। छठे दिन उनका मन आज्ञा चक्र पर केंद्रित हुआ। यहां किए जानेवाले प्रत्येक जप से वे देवी के प्रति महान् आकर्षण का अनुभव करने लगे। ध्यान उनका त्रिकुटी पर केंद्रित था, पर उसी में आंखें देवी के चरणों पर लगी थीं। यहां निराला ने 'त्रिकुटी' के 'त्रि' से संगति बिठाने के लिए आंख के लिए 'द्विदल' शब्द बना लिया है, जिसमें गजब का सौंदर्य भी है। ये आंखें राम की हैं, जिनके सौंदर्य का वे भाव-विह्वल होकर उल्लेख करते रहे हैं। स्वभावतः उनके लिए यह नया शब्द उन्हें बहुत उपयुक्त प्रतीत हुआ। इस 'द्विदल' से आज्ञा चक्र के द्विदलकमल का भ्रम नहीं होना चाहिए, जैसे "लख महाभाव-मंगल पदतल धंस रहा गर्व" में 'महाभाव' का अर्थ 'उच्चभाव' लेना ही अपेक्षित है, जबकि यह शब्द अध्यात्म-साधना का एक पारिभाषिक शब्द है। निराला शब्द-प्रयोग में स्वतंत्र हैं और इस स्वतंत्रता से भी वे उसमें शक्ति और सौंदर्य संभव करते हैं, यह बात सदा ध्यान में रखने की है। दूसरे, शब्दों का अर्थ तय करते समय वाक्य-रचना और प्रसंग को ही निर्णायक मानना चाहिए, किसी भी दूसरी चीज को नहीं। 'द्विदल' का अर्थ आंख ही है, यह आगे के उनके इस कथन से भी पता चलता है—"ध्यान में *देखते* चरण युगल।" राम का मन आज्ञा चक्र पर केंद्रित हुआ ही था कि उनकी साधना का असर होने लगा। उनके जप से आकाश थर्रा उठा। दो दिन वे एक आसन में ही रहे, अकंपित। दुर्गा के चरणों में नीलकमल अर्पित करते हुए और उनका नाम जपते हुए।

आठवें दिन उनका देवी के ध्यान में डूबा हुआ मन जो ऊपर उठने लगा तो वह ब्रह्मा, विष्णु और महेश सबों के स्तर का अतिक्रमण कर गया, यानी ये देवता जिस स्तर पर रहते हैं, उससे आगे चला गया। फिर तो उन्होंने संपूर्ण ब्रह्मांड को जीत लिया, जिसे देखकर देवता स्तब्ध रह गए। अब राम पूर्णतः शुद्ध और मुक्त थे। उनके पूर्वजीवन के सारे दुखद कर्म जलकर भस्म हो गए। पूर्ण सिद्धि बिलकुल निकट थी। एक नीलकमल बच रहा था। उनका मन सहस्राररूपी दुर्ग को पार करने के लिए पूर्णतया प्रस्तुत था कि इसी बीच एक दुर्घटना हो गई। चुपके से दुर्गा प्रकट

हुईं और वे हंसती हुई अंतिम नीलकमल उठा ले गईं। जैसा कि कहा जा चुका है, यह महान् कविता संध्या-काल से शुरू होती है और राम के शक्ति-पूजन करने का निश्चय करने तक रात में ही घटती रहती है। ताज्जुब नहीं कि इस कविता में जब अंतिम नीलकमल गायब किए जाने की दुर्घटना घटती है, राम की परीक्षा के लिए, तो इसमें पुनः निशीथ का अंधकार है। उसमें छिपकर दुर्गा के प्रकट होने और हंसकर नीलकमल उठा ले जाने का निराला ने जो वर्णन किया है, वह अपनी नाटकीयता, प्रांजलता और दुर्गा के प्रति उनके भक्ति-भाव की अभिव्यक्ति तीनों ही दृष्टियों से अनुपम है :

> द्विपहर रात्रि, साकार हुईं दुर्गा छिपकर,
> हंस उठा ले गईं पूजा का प्रिय इंदीवर।

'प्रिय इंदीवर' इसलिए कि नीलकमल दुर्गा को विशेष प्रिय है। राम ने इसीलिए नीलकमलों से उनकी पूजा करने का निश्चय किया था। योग-साधना का यह पूरा प्रसंग बहुत ही वेगपूर्ण भाषा में लिखा गया है, उनकी क्रिया और भाव दोनों का वर्णन करते हुए, इसलिए वह नीरस होने से बच गया है।

यह जप का आखिरी दौर था। ध्यान में देवी के दोनों चरणों को देखते हुए राम ने नीलकमल लेने के लिए हाथ बढ़ाया, तो उन्हें वह मिला नहीं। उनका स्थिर मन चंचल हो उठा। ध्यान भंग हुआ। उन्होंने आंखें खोल दीं। देखा कि जिस जगह पर वह रखा था, वह खाली थी। वे आसन से उठ नहीं सकते थे, क्योंकि उससे उनकी आराधना खंडित हो जाती, लेकिन अब किसी तरह वह पूर्ण होनेवाली नहीं थी, क्योंकि विघ्न पड़ चुका था। उन्हें अपना दुर्भाग्यपूर्ण संपूर्ण जीवन याद आया—किशोरावस्था में ही माता-पिता से अलग होकर विश्वामित्र के आश्रम के लिए प्रस्थान, धनुष-भंग करने के बाद परशुराम का कोप, अयोध्या लौटने पर युवराजपद की प्राप्ति के मार्ग में आनेवाली बाधा, पुनः माता-पिता और पुरवासियों को बिलखते छोड़कर नवपरिणीता और राजकुमारी पत्नी के साथ चौदह वर्षों के लिए वनगमन, पिता की मृत्यु और वन में रावण द्वारा सीता-हरण—और उनकी दोनों आंखें भर आईं। उन्होंने स्वगत ये तीन पंक्तियां कहीं, जो 'राम की शक्ति-पूजा' की 'है अमानिशा' वाली पंक्तियों की तरह ही प्रसिद्ध हैं :

> धिक् जीवन को जो पाता ही आया विरोध,
> धिक् साधन जिसके लिए सदा ही किया शोध !
> जानकी ! हाय, उद्धार प्रिया का न हो सका।

स्पष्टतः यह चरम निराशा में की गई राम की आत्मभर्त्सना है, जो भक्त कवियों की आत्मभर्त्सना से भिन्न इसलिए है कि वहां जहां वह प्रायः एक रूढ़ि-पालन-मात्र होती

है, यहां वह राम के जीवन-यथार्थ और उससे प्राप्त कटु अनुभव पर आधारित है। राम अपने जीवन को ही नहीं धिक्कारते हैं, वे उस लक्ष्य को भी धिक्कारने लगते हैं, संकट-मुक्त होने के लिए जिसकी प्राप्ति में वे जीवन-भर लगे रहे।

उनकी यह आत्मभर्त्सना किसी भी मध्यवर्गीय व्यक्ति की आत्मभर्त्सना हो सकती है, जो अपने जीवन में निरंतर बाधाओं का सामना करता रहा हो और जिसकी सफलता के मार्ग में अंतिम बार भी बाधा आ खड़ी हुई हो। इन पंक्तियों की लोकप्रियता का कारण इनमें निहित यही आधुनिक जीवन-बोध है। ये पंक्तियां स्वयं निराला के जीवन को भी उसी तरह से प्रक्षेपित करती हैं, जिस तरह राम के जीवन को। निराला का जीवन भी वैसा ही दुर्भाग्यपूर्ण रहा—युवावस्था के आरंभ में ही पत्नीसहित परिवार के पांच व्यक्तियों की मृत्यु, कंधे पर आ जानेवाला अवहनीय पारिवारिक दायित्व, महिषादल में चोरी के इलजाम में उनकी गिरफ्तारी, 'मतवाला' में इस आरोप पर उनकी कविताओं का छपना बंद हो जाना कि वे रवींद्रनाथ की कविताओं का अनुवाद अपने नाम से छपाते हैं, कलकत्ते से लेकर लखनऊ तक चलनेवाला उनका साहित्यिक और आर्थिक संघर्ष, प्रकाशकों द्वारा किया गया उनका शोषण, फटेहाली में सरोज का विवाह और अंत में समुचित चिकित्सा व्यवस्था के अभाव में उसकी मृत्यु। अपनी अन्य कविताओं में भी वे लगातार अपनी निराशा और अपना पराजय-भाव व्यक्त करते रहे। 'सरोज-स्मृति' की ये पंक्तियां भी प्रसिद्ध हैं : "...लखकर अनर्थ आर्थिक पथ पर / हारता रहा मैं स्वार्थ-समर।" इसी तरह 'वन-बेला' की ये पंक्तियां भी : "हो गया व्यर्थ जीवन, / मैं रण में गया हार!" यहां राम की आंखें पुनः भर आती हैं, पहले भी वे दो बार रो चुके हैं। निराला भी रोते हैं। 'भर देते हो' शीर्षक कविता में : "अंधकार में मेरा रोदन / सिक्त धरा के अंचल को / करता है क्षण-क्षण— / कुसुम-कपोलों पर वे लोल शिशिर-कण;" 'हताश' शीर्षक प्रगीत में : "जीवन चिरकालिक क्रंदन" और फिर 'सरोज-स्मृति' में : "अपने आंसुओं अतः बिंबित / देखे हैं अपने ही मुख-चित।"

पूजा में विघ्न उपस्थित होने पर आंखों में आंसू भरे राम को आत्मभर्त्सना करते हुए जो पहली चिंता होती है, वह इस बात को लेकर कि अब उनकी प्रिया जानकी को रावण से मुक्त न कराया जा सकेगा। उन्हे यह चिंता नहीं होती कि पूजा पूरी न होने से उसकी महिमा की स्थापना न हो सकेगी, न यह कि अब रावण का वध संभव न होगा। उन्हें चिंता होती है सीता की, क्योंकि वही और उन्हीं की मुक्ति इस कविता के केंद्र में है। युद्ध और शक्ति-पूजा का आयोजन तो उसी के लिए है। वह साध्य है, ये सब साधन। लेकिन राम हार माननेवाले न थे। उनके पास एक और मन था, जो न कभी थकता था, न कभी दीन होता था और न कभी झुकना जानता था। उसने राम के मन पर पुनः पड़े निराशारूपी माया के पर्दे को भेद दिया और उस पर विजय प्राप्त कर वह बिजली की गति से उनकी दुर्ग की तरह दुर्गम

बुद्धि तक पहुंच गया। उस मन के आघात से बेहोशी के आलम में पड़े राम की स्मृति सक्रिय हो गई, उनमें हर्ष-भाव का संचार हुआ और वे सजग हो गए। स्वगत ही वे गंभीर स्वर में बोल उठे—एक उपाय है ! मेरी माता मुझे सदा 'राजीवनयन' कहा करती थीं। मेरे पास अपने नेत्ररूपी दो नीलकमल तो अभी शेष हैं ! उन्होंने शक्ति से कहा—मातः, उनमें से एक नेत्र आपको अर्पित कर मैं अपने अनुष्ठान को पूरा करता हूं। यह कहकर उन्होंने तरकस की तरफ देखा। उसमें ब्रह्मशर झलक मार रहा था। उन्होंने विशाल फल और तीक्ष्ण चमकवाला वह बाण हाथ में ले लिया और बाएं हाथ में उसे लिए हुए दाहिने हाथ में अपनी दाहिनी आंख लेकर देवी को चढ़ाने को उद्यत हो गए—

कहकर देखा तूणीर ब्रह्मशर रहा झलक,
ले लिया हस्त लक-लक करता वह महाफलक,
ले अस्त्र वाम कर, दक्षिण कर दक्षिण लोचन
ले अर्पित करने को उद्यत हो गए सुमन।

इन पंक्तियों की भाषा सरल है, लेकिन इनमें वस्तु और क्रिया दोनों को यथार्थ रूप में उपस्थित करने की आश्चर्यजनक क्षमता है। ब्रह्मशर आंखों के सामने झलक उठता है, अपनी बड़ी नोक के साथ। 'लक-लक' शब्द भदेस है, लेकिन यहां ब्रह्मशर के तेज को प्रकट करने में किसी भी अभिजात शब्द से अधिक समर्थ। अंतिम दो पंक्तियों में न केवल पूरी क्रिया को मूर्त कर दिया गया है, बल्कि नेत्र-सुमन के लिए केवल 'सुमन' शब्द का प्रयोग कर निराला ने राम के नेत्रों के प्रति अत्यंत संयत रूप में अपनी विह्वलता भी प्रकट कर दी है।

जिस क्षण राम ने आंख निकालने के लिए अपना निश्चय दृढ़ किया, उसी क्षण ब्रह्मांड कांप उठा और तुरत देवी प्रकट हो गईं। यह कविता का चरमबिंदु है। राम अपनी पत्नी की मुक्ति के लिए अपनी एक आंख निकालकर शक्ति को अर्पित करने को तैयार हो जाते हैं ! जैसा कि कहा जा चुका है, पुराण, लोक-कथा और इतिहास में पत्नी के लिए किए जानेवाले ऐसे उत्सर्ग का अन्य उदाहरण शायद ही मिले। हिंदू संस्कृति में पत्नी को बहुत कम स्थान दिया गया है। उसमें तो साफ शब्दों में कहा गया है कि "नारि हानि बिसेष छति नाहीं," और यह बात और कोई नहीं, तुलसीदास के मानस में लक्ष्मण के मूर्च्छित होने पर विलाप करते हुए स्वयं राम कहते हैं। कितना फर्क है तुलसी के राम और निराला के राम में ! निश्चय ही यह मामूली फर्क नहीं है। यह दो युगों का फर्क है, मध्ययुग और आधुनिक युग का, दो मूल्यों का फर्क है; सामंती मूल्यों और जनतांत्रिक मूल्यों का।

और पीछे जाते हैं, तो वाल्मीकि रामायण में भी हम राम को यही कहते हुए पाते हैं कि मर्त्यलोक में ढूंढ़ने पर मुझे सीता-जैसी दूसरी स्त्री मिल सकती है, परंतु

लक्ष्मण के समान सहायक और युद्धकुशल भाई नहीं। इतना ही नहीं, उसमें युद्धोपरांत वे सीता से यहां तक कहते हैं कि तुम्हें मालूम होना चाहिए कि मैंने जो यह युद्ध का परिश्रम उठाया है तथा इन मित्रों के पराक्रम से जो इसमें विजय पाई है, यह सब तुम्हें पाने के लिए नहीं। सदाचार की रक्षा, सब ओर फैले हुए अपवाद का निवारण तथा अपने सुविख्यात वंश पर लगे हुए कलंक का परिमार्जन करने के लिए ही यह सब मैंने किया है। तुम्हारे चरित्र में संदेह का अवसर उपस्थित है, फिर भी तुम मेरे सामने खड़ी हो! जैसे आंख के रोगी को दीपक की ज्योति नहीं सुहाती, वैसे ही आज तुम मुझे अत्यंत अप्रिय जान पड़ती हो। अतः जहां तुम्हारी इच्छा हो, चली जाओ। मैं अपनी ओर से तुम्हें अनुमति देता हूं; ये दसों दिशाएं तुम्हारे लिए खुली हैं। अब तुमसे मेरा कोई प्रयोजन नहीं! कृत्तिवासीय रामायण में भी, जिससे निराला ने 'शक्ति-पूजा' का कथा-प्रसंग लिया है, थोड़े-बहुत हेर-फेर से राम सीता से यही बातें कहते हैं, यथा : तुम-जैसी नारी की मुझे कोई आवश्यकता नहीं है। तुमको फिर से ग्रहण करने में मेरे मन में शंका हो रही है। जहां भी तुम्हारा जी चाहे चली जाओ, और कहीं जाकर रहो। अगर तुम राक्षस के घर में पड़ी रहतीं और तुम्हारा उद्धार न हो सकता तो तीनों लोकों में मेरी बदनामी होती! तुम्हारे उद्धार से मेरा वह अपयश दूर हुआ। राम के दूसरे अपराजेय मन के माध्यम से निराला के अपने मन की अपराजेयता भी व्यक्त हुई है, उनके संकल्प के माध्यम से उनकी अपनी संकल्प-शक्ति भी और उनके उत्सर्ग के माध्यम से उनकी अपनी नई मूल्य-चेतना भी।

कृत्तिवासीय रामायण में राम बहुत रोते हैं। एक बार तो वे रोते-रोते धूल में लोटने लगते हैं, जिसे देखकर लक्ष्मण, हनुमान, सुग्रीव, अंगद, नल, नील और जांबवान सभी क्रंदन करने लगते हैं। उन्हें रोते देखकर विभीषण ने जब उनसे कहा कि अब मुझसे कोई उपाय न हो सकेगा, तो–

> एत शुनि कांदेन आपनि रघुराय।
> धूलाय लोटाय छिन्न नीलोत्पल-प्राय।
> लक्ष्मण कांदिछे आर बीर हनूमान।
> सुग्रीव अंगद नल नील जांबवान।

यह शुरू की बात है, जब राम ने रावण के रथ पर शक्ति को देखकर युद्ध करना छोड़ दिया था और निराशा से व्याकुल हो उठे थे। अंत में भी जब वे यह देखते हैं कि एक नीलकमल शक्ति ने गायब कर दिया है, उनके रोने के साथ अन्य योद्धा भी रोने लगते हैं :

> कांदिया श्रीरघुनाथ हइला अस्थिर।
> गंड बहि वक्षेते पड़िछे अश्रुनीर।

लक्ष्मण कांदेन आर बीर हनूमान।
सुग्रीव सुषेण बिभीषण जांबवान।

यह संभवतः बंग-कवि के जातीय गुण–अतिशय भावुकता–के कारण है कि वह बार-बार राम और उनके साथ अन्य योद्धाओं को भी चरम कातरता की अवस्था में पहुंचा देता है। निराला में न ऐसी अनियंत्रित भावुकता है, न पराक्रम, संकल्प-शक्ति और आस्था का ऐसा अभाव। 'शक्ति-पूजा' में राम किसी भी स्थिति में अपनी धीरता नहीं छोड़ते और निराशा से ग्रस्त होकर रोते भी हैं, तो उसमें कोई चीख-पुकार नहीं है, एक गहरा विषाद-भर है। यह आकस्मिक नहीं है कि निराला ने एक बार भी यह नहीं कहा है कि 'वे रोने लगे।' एक बार "भावित नयनों से सजल गिरे दो मुक्ता-दल", दूसरी बार "कुछ-बूंद पुनः ढलके दृगजल" और तीसरी बार "भर गए नयनद्वय।" तात्पर्य यह कि रोने के लिए राम सक्रिय नहीं होते, आंसू उनकी आंखों में स्वयं आते हैं और उनसे टपक पड़ते हैं, जो एक तरफ उनके संयम का सूचक है और दूसरी तरफ उनके दुख की गहनता का। अंतिम नीलकमल न मिलने के बाद पूजा को खंडित हुआ समझकर जब वे निराशा के चरमबिंदु पर पहुंच गए, तो उनके भीतर जो आस्थावान् मन था, उसके सक्रिय होने में ज्यादा देर नहीं लगी–

वह एक और मन रहा राम का जो न थका;
जो नहीं जानता दैन्य, नहीं जानता विनय,
कर गया भेद वह मायावरण प्राप्त कर जय,
बुद्धि के दुर्ग पहुंचा विद्युत-गति···

कृत्तिवासीय रामायण में राम को हनुमानसहित और योद्धाओं ने भी समझाने की कोशिश की, लेकिन किसी की भी न सुनकर वे रोते ही रहे। वे सिर पर हाथ मारकर विलाप करते रहे कि उनके भाग्य में निराशा ही निराशा है। फिर *सोचते-सोचते* उन्हें यह याद आया कि लोग उन्हें 'नील-कमलाक्ष' कहा करते हैं : "शिरे कराघात करि करेन हताश। / बलेन केवल मोर सकलि नैराश। / भाविते भाविते राम करिलेन मने। / 'नील-कमलाक्ष' मोरे बले सर्ब्बजने।" अपना निश्चय वे लक्ष्मण को बतला देते हैं, यह कहते हुए कि अब करूं भी तो क्या ! 'शक्ति-पूजा' में वे मन ही मन सब तय करते हैं और तत्क्षण तत्परतापूर्वक आंख निकालने के लिए बाण हाथ में ले लेते हैं। इसके अलावा कृत्तिवासीय रामायण में जहां राम को 'नील-कमलाक्ष' कहनेवाले अन्य सारे लोग हैं, वहां 'शक्ति-पूजा' में माता। माता के मुख में यह बात डालकर राम ने अपने को आत्मश्लाघा से बचाया है। निराला ने अपनी कविता में इन सूक्ष्म बातों को भी ध्यान में रखा है।

अंतिम अनुच्छेद में दुर्गा राम की प्रशंसा करती हुई उनका हाथ पकड़ लेती

हैं, फिर–

> देखा राम ने–"सामने श्री दुर्गा, भास्वर
> वाम पद असुर-स्कंध पर रहा दक्षिण हरि पर;
> ज्योतिर्म्मय रूप, हस्त दश विविध-अस्त्र-सज्जित,
> मंदस्मित मुख, लख हुई विश्व की श्री लज्जित,
> हैं दक्षिण में लक्ष्मी, सरस्वती वाम भाग,
> दक्षिण गणेश, कार्तिक बाएं रण-रंग-राग,
> मस्तक पर शंकर।"

यह दुर्गा का परंपरागत रूप है, जो दुर्गापूजा के मौके पर मूर्तियों में दिखलाई पड़ता है। यह दुर्गा या पार्वती के उस रूप से भिन्न है, जो निराला ने अपने योद्धाओं को पर्वत में दिखलाया था। वहाँ दुर्गा अपने तात्त्विक रूप में हैं, यहां उसका सम्मूर्तीकरण है। भावरूप में जो अरूप है, बाहर उसे एक मूर्त रूप दे दिया गया है। इस तरह ये दोनों ही रूप अभिन्न हैं, उनमें भेद या विरोध देखना गलत होगा। लेकिन इन पंक्तियों का असली महत्त्व इनमें निहित कवि की अकूत चित्रण-क्षमता के कारण है। उसने दुर्गा को आंखों के सामने खड़ा कर दिया है। रात के अंधेरे में अपनी ही ज्योति से उद्‌भासित। "मंदस्मित मुख, लख हुई विश्व की श्री लज्जित" यह पंक्ति दुर्गा के प्रति उसके श्रद्धा-भाव को भी प्रकट कर देती है, जिसका संस्कार उसे बंगाल से प्राप्त हुआ था। 'सरोज-स्मृति' में "देखो क्या रंग भरती विमला" में तो विमला की कोई मूर्ति ही नहीं बन सकी थी। यहां भी सरस्वती दुर्गा के पार्श्व में ही हैं, उनका स्वतंत्र महत्त्व नहीं है। देवताओं के सेनापति कुमार कार्तिकेय के लिए ओजस्वी नाद से भरा हुआ विशेषण 'रण-रंग-राग', अर्थात् युद्ध में ही आनंद की अनुभूति करनेवाले, प्रयुक्त कर कवि ने संपूर्ण पदावली को झंकृत कर दिया है।

राम ने मंद स्वरों में दुर्गा की स्तुति की और श्रद्धा से भरे हुए उनके चरण-कमलों में झुक गए। महाशक्ति ने उन्हें विजय का वरदान दिया और उनके मुख में लीन हो गईं। 'होगी जय, होगी जय, हे पुरुषोत्तम नवीन !" में पहले निराला ने 'प्रवीण' पाठ रखा था, पर बाद में अनुप्रास और नाद-सौंदर्य का मोह छोड़कर उन्होंने 'नवीन' कर दिया। डॉ. शर्मा को लिखे गए पूर्वोक्त पत्र में ही उन्होंने उन्हें लिखा था : "मुझे इसमें व्यंग्य अच्छा मालूम दिया।" वह व्यंग्य क्या है ? वह यह है कि राम नवीन पुरुषोत्तम इसलिए थे कि उन्होंने शक्ति की मौलिक रूप में कल्पना करके, उन्हें बाहर नहीं, अपने भीतर देखकर, उनकी उपासना की थी। इस तरह 'मौलिक' और 'नवीन' ये दोनों यहां पर्यायवाची शब्द हैं। कृत्तिवास में जहां शक्ति अंतर्धान हो जाती हैं, वहां निराला में वे राम में समा जाती हैं, वह भी इसीलिए कि कृत्तिवास की शक्ति जहां बाहरी हैं, वहां निराला की भीतरी। 'शक्ति-पूजा' में उनका बाहरी रूप, उनका

प्रकट होना और उनका राम के मुंह में लीन होना सब रूपक है, तत्त्व नहीं, लेकिन उसका महत्त्व है, क्योंकि तत्त्व रूप के बिना ग्राह्य नहीं हो सकता। इसी तरह सिंह-भाव से शक्ति की आराधना करना भी रूपकात्मक ही है, जिसका तात्त्विक अर्थ यह है कि राम शक्ति को धारण करना चाहते हैं। यह रूपक भी उनके आशय को मूर्तिमान् करता है।

इस प्रकार 'राम की शक्ति-पूजा' इस संदेश के साथ समाप्त होती है कि शक्ति का स्रोत मनुष्य के भीतर है, उसे जाग्रत् करने से ही बाहरी विश्व में भी विजय प्राप्त होगी। लेकिन क्या सचमुच ऐसा है ? क्या मन का भाव ही सबकुछ है, बाह्य विश्व की वस्तुगत सत्ता कुछ भी नहीं ? क्या भाव के आगे वस्तु को महत्त्व देने की जरूरत बिलकुल नहीं है ? निराला पर विवेकानंद का बहुत गहरा प्रभाव था। बाद में उन पर विरोधी प्रभाव भी पड़े, लेकिन उनका प्रभाव उन पर से पूरी तरह कभी नहीं मिटा। आरंभ में वे कहा करते थे, "मैंने विवेकानंद का कंप्लीट वर्क्स हजम किया है !" उनके इस कथन में पूरी सच्चाई है और ऐसा लगता है कि 'राम की शक्ति-पूजा' में उन्होंने उनके दार्शनिक प्रभाव का चरम निदर्शन प्रस्तुत किया है।

अपने 'बाहर और भीतर' शीर्षक निबंध में वे कहते हैं, "स्वतंत्रता के लिए बाहर मुड़ने से उस स्वतंत्रता का स्वरूप भोग बन जाता है। उससे बहिर्जगत में संघर्ष पैदा होता है, और वही संघर्ष भोग और भोगी के नाश का कारण होता है। अतः निश्चय है कि शांतिपूर्ण स्वतंत्रता बाहर नहीं मिलती।" 'स्वतंत्रता' का सवाल निराला ने इसलिए उठाया है कि देश के परतंत्रता-काल में यह सभी भारतीय दार्शनिकों, विचारकों और नेताओं के चिंतन के केंद्र में था। अपने एक अन्य निबंध 'प्रवाह' में वे कहते हैं : "आत्मवाद या मुक्ति ही भारत के जातीय जीवन का लक्ष्य है। मुक्ति प्रवाह या माया के अधिकारों से अलग है। बिना मुक्त हुए जीव स्वतंत्र नहीं हो सकता।" इसका खुलासा उनके 'शक्ति-परिचय' शीर्षक एक अन्य निबंध में है : "देश की समष्टिगत स्वाधीनता की तो इस प्रसंग में आप मीमांसा हो जाती है, क्योंकि व्यक्तिगत स्वाधीनता ही समष्टिगत स्वाधीनता की जननी है और इस दृष्टि से आज भी भारत में अन्य देशों की अपेक्षा स्वाधीन मनुष्यों की संख्या अधिक होगी।" ये 'स्वाधीन मनुष्य' वे हैं, जिन्होंने अपनी भाव-शक्ति 'संचित' कर ली है ! इसी निबंध में यह बात भी है : "संचित भाव-शक्ति के आगे—समरकुशल, भावाश्रय मनुष्य के सामने, किसी अपर शक्ति की हुकूमत नहीं चलती चाहे वह बाहर से आवे या भीतर से। सच तो यह है कि जिसमें भाव-शक्ति या धारणाशक्ति कम है वह अपने से अधिक शक्तिशाली के साथ आदेश का भाव नहीं रख सकता। जिसमें शक्ति की मात्रा कम होती है, उसे स्वभावतः यह ज्ञान हो जाता है कि प्रतियोगी की शक्ति अधिक है। यह प्रकृति के स्वभाव की बात है। और जबकि कोई भी मनुष्य या सृष्टि का कोई भी जीव प्रकृति से परे नहीं तो उसे शास्त्रोक्त भावशक्ति या धारणाशक्ति

अथवा चेतनाशक्ति की सहायता से जीत लेना असंभव नहीं।" क्या ताज्जुब, विवेकानंद ने अनेक स्थानों पर भाषण देते हुए भारत की स्वाधीनता के लिए कहा था–"हमें अग्निमंत्र से दीक्षित केवल आठ युवकों की आवश्यकता है।" एक तरफ महान् शक्तिशाली ब्रिटिश साम्राज्य और दूसरी तरफ आठ युवक–वह भी जन-शक्ति से लैस नहीं, 'अग्निमंत्र से दीक्षित' यानी आध्यात्मिक शक्ति से युक्त ! यह था विवेकानंद और उनके अनुयायी निराला का भाव-शक्ति में विश्वास !

स्वभावतः निराला ने 'शून्य और शक्ति' शीर्षक अपने निबंध के अंत में कहा : "हम समाज तथा साहित्य में अपनी बहुत दिनों की भूली हुई, उस शक्ति को आमंत्रित करना चाहते हैं, जो अव्यक्त रूप से सबमें व्यक्त अपनी ही आंखों से विश्व को देखती हुई अपने ही भीतर उसे डाले हुए है।" 'राम की शक्ति-पूजा' में शक्ति-पूजा का आयोजन इसीलिए है, पाठकों को यह बतलाने के लिए कि भीतर की शक्ति जग जाए, तो संपूर्ण ब्रह्मांड को विजित किया जा सकता है ! निराला इस निष्कर्ष पर जरा देर से पहुंचे और क्या संयोग कि स्त्रियों की स्वतंत्रता पर चिंतन करते हुए : "जो जीवन बाहरी स्वतंत्रता नहीं प्राप्त कर सकता, वह मुक्ति-जैसी सार्वभौमिक स्वतंत्रता कब प्राप्त कर सकता है ? उसकी धर्म की साधना भी ढोंग है। धर्म तो वह है जिससे अर्थ, काम तथा मोक्ष, तीनों मिल सकें। सच्चा धर्म इस समय स्त्रियों के सब प्रकार के बंधन ढीले कर देना, उन्हें शिक्षा की ज्योति से निर्मल कर देना ही है, जिससे देश की तमाम कामनाओं की सिद्धि होगी और स्वतंत्र-सुखी जीवन *बाह्य स्वतंत्रता से तृप्त होकर आध्यात्मिक मुक्ति के संधान में लगेगा।"* (निराला रचनावली, 6 / 13) 'बाहर और भीतर' शीर्षक निबंध में उन्होंने भीतरी स्वतंत्रता को पहले रखा था, बाहरी स्वतंत्रता को बाद में। यहां उन्होंने उस क्रम को बिलकुल उलट दिया है !

डॉ. रामविलास शर्मा ने कविता के अंत में शक्ति की स्थापना और आशा के स्वर के साथ उसका समापन देखकर उसके अंत को कमजोर कहा है : "कविता के अंत में महाशक्ति राम के वदन में लीन हुईं, यह सही है, किंतु उनके लीन होने के समय रात बीत चुकी थी, सवेरा हो गया था, कहीं स्पष्ट उल्लेख नहीं है। जब राम का मन सहस्रार पार करने को होता है, तब रात का दूसरा पहर है। दुर्गा कमल का आखिरी फूल उठा ले जाती हैं। राम नेत्रकमल चढ़ाने को होते हैं तब एक स्वप्न साकार हो उठता है : सामने दुर्गा हैं, दाएं लक्ष्मी, बाएं सरस्वती हैं। यह एक सपना है, जो प्रभात की किरणों से मेल नहीं खाता। कविता के आरंभ में पराजय का दुःस्वप्न है, कविता के अंत में वर-प्राप्ति का सुख-स्वप्न। इन दो स्वप्नों में वैषम्य है किंतु संतुलन नहीं। पहला स्वप्न प्रबल रूप से उद्वेगपूर्ण है, यथार्थ को समर्थ रूप से अभिव्यक्त करता है; दूसरा स्वप्न यथार्थ से विमुख, सुखद कल्पना है जिसमें अंतर्निहित भावशक्ति क्षीण है। यह सुख-स्वप्न चाहे राम ने रात्रि में देखा हो चाहे प्रातःकाल,

है वह कमजोर। 'राम की शक्ति-पूजा' के तर्कसंगत गठन में यह कमजोरी है। गठन की इस कमजोरी का संबंध निराला के भावबोध और उनकी विचारधारा से है। जीवन में संघर्ष और पीड़ा को चमत्कार से दूर करने का प्रयास कविता के ढांचे को कमजोर बनाएगा ही।" (*निराला की साहित्य-साधना*–2, पृ. 293) क्या सचमुच ऐसा है ?

डॉ. शर्मा ने 'सरोज-स्मृति' के अंत को बहुत प्रभावशाली बतलाया है, क्योंकि वह घोर निराशा के स्वर में होता है। हमने देखा है कि यह उसका बिलकुल उलटा अर्थ करना है। वह अंत घोर आशा, विश्वास और संकल्प के स्वर में होता है। यदि इसके बाद भी वह जोरदार हो सकता है, तो क्या 'राम की शक्ति-पूजा' के साथ वैसा नहीं हो सकता ? मैं कह चुका हूं कि महत्त्व आशा-निराशा का नहीं, इस बात का है कि उसमें सत्य का कितना अंश है, उसमें सच्चाई कितनी है। यदि 'शक्ति-पूजा' के सुख-स्वप्न में सच्चाई है, उसका संबंध कवि के वास्तविक अनुभवों से है, तो कोई कारण नहीं कि कविता में उसकी अभिव्यक्ति प्रभावशाली नहीं होगी। यह कोई नियम नहीं है कि दर्शकों को त्रासदी ही प्रभावित कर सकती है, कॉमेडी नहीं। निराला का संपूर्ण जीवन इस बात का प्रमाण है कि उनमें जो आस्था का स्वर है, वह यथार्थ-विमुख उनकी सुखद कल्पना-मात्र नहीं है। यह सोचना बिलकुल गलत है कि उन्होंने अपने जीवन में संघर्ष और पीड़ा को चमत्कार से दूर करने का प्रयास किया। शक्ति-साधना को उन्होंने सिद्ध किया था। इसी के परिणामस्वरूप जब उन पर बड़ा आघात होता था, वे अपने को समेटते थे, मन को एक बिंदु पर केंद्रित करते थे और उससे ऊर्जा प्राप्त कर पुनः साहित्य-साधना में जुट जाते थे। यह चमत्कार नहीं है, चमत्कार है मानसिक विक्षेप का शिकार होने के बावजूद उनका अविचलित मन से जीवन के अंत-अंत तक ऐसे काव्य की सृष्टि करते रहना, जिसकी तुलना भारत के और विश्व के श्रेष्ठ कवियों के काव्य से ही की जा सकती है। यह चमत्कार कैसे घटित हुआ ? निश्चय ही इसके पीछे निराला की मनःसाधना थी। इस मनःसाधना से देश को स्वाधीन नहीं किया जा सकता, समाज को नहीं बदला जा सकता, विश्व और ब्रह्मांड को पराजित नहीं किया जा सकता, यह निराला ने स्वयं बाद में महसूस किया और नए समाज-दर्शन और विश्वदृष्टि को अपनाने का प्रयास भी किया, लेकिन मनःसाधना की व्यक्ति और प्रकारांतर से समाज के जीवन में उपयोगिता से इनकार नहीं किया जा सकता। महान् नेताओं के जीवन में क्या कभी वह अवस्था नहीं आती, जिसमें वे निराशा और पराजय से घिर जाने के बाद अपने को समेटते हैं और अपने भीतर गोता लगाकर नई शक्ति प्राप्त कर पुनः अपने लक्ष्य की ओर अग्रसर हो जाते हैं ? परिवेश के साथ द्वंद्व में केवल मनःशक्ति या आत्मशक्ति कारगर नहीं हो सकती, तथापि उसकी भूमिका अत्यधिक महत्त्वपूर्ण होती है। यह भाव और वस्तु का द्वंद्व है, जिसके रिश्ते को निराला ने बाद में पहचाना, जिसका संकेत स्त्रियों की स्वाधीनता से संबंधित उनके लेख से ऊपर उद्धृत किए गए अंश में देखने को मिलता है।

ऐसी स्थिति में 'राम की शक्ति-पूजा' के अंत को कमजोर मानना गलत है। उससे उसका ढांचा कतई कमजोर नहीं हुआ है, बल्कि उसे तर्कसंगत परिणति प्राप्त हुई है। उसमें प्रभातकाल का प्रकाश और जागरण नहीं, रात का अंधकार ही है, पर वह आत्मशक्ति से 'ज्योतिर्मय' है। यदि निराला के संबंध में की गई डॉ. शर्मा की यह उक्ति की "यह कवि अपराजेय निराला / जिसको मिला गरल का प्याला" मिथक न होकर यथार्थ है, स्वप्न न होकर सत्य है, तो शक्ति-पूजा के अंतिम अंश की अंतर्वस्तु भी मिथक न होकर यथार्थ है, स्वप्न न होकर सत्य है और चमत्कार न होकर वास्तविकता है ! इसी तरह 'वन-बेला' के अंत को भी, जिसको डॉ. शर्मा 'शक्ति-पूजा' के अंत के साथ गिनाते हैं, कमजोर नहीं कह सकते। 'सरोज-स्मृति' और 'शक्ति-पूजा' दोनों का अंत आशा के स्वर में हुआ है। दोनों अंत वस्तुतः एक हैं, जिस तरह पहली कविता के निराला और दूसरी कविता के राम बहुत अंशों में एक हैं। दोनों ही पुरुषोत्तम थे—नवीन, संशय और निराशा में भी आस्था का बिंदु ढूंढ़ लेनेवाले, गहन अंधकार में भी प्रकाश का केंद्र तलाश लेनेवाले।

3

'राम की शक्ति-पूजा' की श्रेष्ठता का एक बहुत बड़ा कारण उसमें पाई जानेवाली नाटकीयता है। यह नाटकीयता उसकी घटनाओं में भी है, उसके चरित्रों में भी, उसके भाव में भी और उसमें प्रयुक्त संवादों की भाषा में भी। पूरी कविता एक नाटक की तरह है, जिसमें एक क्रम से सारे दृश्य रंगमंच पर प्रत्यक्ष होते हैं। उसका आरंभ युद्ध के दृश्य से होता है, जो कि वस्तुतः आगे घटनेवाली घटनाओं की पृष्ठभूमि है। युद्ध-वर्णन के अंत में अपनी दृष्टि सीता पर केंद्रित कर कवि कविता की अंतर्वस्तु का संकेत दे देता है। तत्पश्चात् वह राक्षसी और वानरी दोनों सेनाओं को युद्धभूमि से लौटते हुए दिखलाता है, ब्योरेवार। कविता का संबंध चूंकि राम से है, इसलिए यहां आकर वह राक्षसी सेना को छोड़ देता है और राम से संबंधित घटनाओं का अनुसरण करता है। बिलकुल नाटक के रंग-संकेत की तरह वह विस्तार से बतलाता है कि शिविर में लौटने के बाद राम-पक्ष के योद्धाओं और सैनिकों ने क्या किया और रामसहित किस तरह योद्धा कल की युद्ध-नीति पर विचार करने के लिए अपने-अपने स्थान पर बैठे। यूथपतियों की तो मुद्रा का भी उल्लेख है : "...हो निर्निमेष / देखते राम का जित-सरोज-मुख-श्याम-देश।" 'है अमानिशा' वाली चार पंक्तियों में उस नाटकीय परिवेश का वर्णन है, जिसमें वह पाठकों को राम के संशय और निराशा से ग्रस्त मनोलोक की यात्रा कराता है। इसी क्रम में जनक की पुष्प-वाटिका में सीता से उनके प्रथम मिलन का फ्लैशबैक। उनके मनोलोक की झलक बाहर उनके अश्रुपात करने से मिलती है। इस अश्रुपात की हनुमान पर जो रौद्र प्रतिक्रिया होती है, वह

भी बिलकुल मानसिक है, लेकिन निराला ने उसे बाह्यलोक में घटनेवाली महान् उथल-पुथल से भरी घटना की तरह चित्रित किया है। पाठकों को ऐसा लगता है कि वे किसी समुद्र-तट पर खड़े होकर या चित्र-पट पर समुद्र में आए भयानक तूफान का दृश्य देख रहे हैं। इसके बाद कविता पुनः अपने विषय पर लौटती है।

राम को विषादग्रस्त देखकर विभीषण का उन्हें उत्तेजित करने का प्रयास, सीता की भावी स्थिति की कल्पना प्रस्तुत कर उनके द्वारा उनके मर्म पर आघात, अपने गंभीर चरित्र के अनुरूप राम का उससे बिलकुल अप्रभावित रहना, उनका उत्तर और पुनः अश्रुपात करना, उस अश्रुपात की विभिन्न योद्धाओं पर क्रियात्मक और भावात्मक प्रतिक्रियाएं, राम द्वारा युद्ध के कारण अपनी विवशतापूर्ण स्थिति का वर्णन—"देखा, हैं महाशक्ति रावण को लिए अंक" से लेकर "फिर खिंचा न धनु, मुक्त ज्यों बंधा मैं हुआ त्रस्त" तक—और अंत में जांबवान द्वारा राम को मौलिक ढंग से शक्ति-पूजा करने का सुझाव, जिससे वातावरण तनाव-मुक्त हो जाता है, यह सब बहुत नाटकीय है। "मुक्त ज्यों बंधा मैं हुआ त्रस्त" यहां कविता मध्यावस्था में पहुंचती है और जांबवान के सुझाव के साथ वह अवसान की ओर बढ़ना शुरू करती है। निराला ने वाकई यह कविता कथा के रूप में नहीं, बल्कि नाटक के रूप में लिखी है। शिविर में आयोजित बैठक में प्रकाश राम पर केंद्रित रहता है, लेकिन आवश्यकतानुसार वह हनुमान, विभीषण और जांबवान पर भी स्थानांतरित होता है। कभी उसका शिविर से बाहर भी प्रक्षेपण किया जाता है, जैसे राम जब युद्ध-क्षेत्र में शक्ति की पक्षधरता का वर्णन करने लगते हैं, तो युद्ध-क्षेत्र में। हम वहां रावण के साथ राम का निष्फल युद्ध देखने लगते हैं। घटनाएं कभी बहुत तेजी से घटती हैं, भाव को साथ लिए हुए, जैसे पुष्प-वाटिका-प्रसंग में, और कभी धीरे-धीरे, जैसे अन्य प्रसंगों में।

शक्ति-पूजा के आरंभ के साथ कविता का अंतिमांश शुरू होता है। इसमें राम की विह्वलता, उनका शक्ति के प्रति निवेदन, उपस्थित योद्धाओं को शक्ति का वास्तविक अर्थ समझाना और तत्पश्चात् सभा का विसर्जित होना वर्णित है। यह सब भी बहुत नाटकीय है। "देखो, बंधुवर, सामने स्थित जो यह भूधर" इससे साफ ऐसा लगता है कि राम हाथ उठाकर पर्वत की ओर संकेत करते हैं और अपनी बात को अत्यंत नाटकीय बनाकर प्रस्तुत करते हैं। कविता का बिलकुल अंतिम अंश सर्वाधिक नाटकीय है। रात के बीतने के साथ रंगमंच पर जैसे राम का तन और मन दोनों प्रत्यक्ष हो उठते हैं। पाठक दोनों को साफ-साफ देखते हैं :

> है नहीं शरासन आज हस्त—तूणीर स्कंध,
> वह नहीं सोहता निविड़-जटा-दृढ़ मुकुट-बंध;
> सुन पड़ता सिंहनाद,—रण-कोलाहल अपार,
> उमड़ता नहीं मन, स्तब्ध सुधी हैं ध्यान धार।

चक्र-भेदन की क्रिया का भी निराला ने इस प्रकार वर्णन किया है कि वह दृश्यमान हो उठी है। राम की शक्ति-साधना तेजी से सफलता की ओर बढ़ रही थी कि सहसा एक बड़ी बाधा आ उपस्थित हुई। वह है दुर्गा द्वारा अंतिम नीलकमल उठा ले जाना। यहां राम जब अपने जीवन और अपने लक्ष्य को धिक्कारते हैं, तो लगता है कि वे एक त्रासदी के नायक हैं और वे अपने दुर्भाग्य को प्राप्त हो गए। लेकिन नाटक तेजी से फिर एक मोड़ लेता है और नाटकीय घटना चरमोत्कर्ष पर तब पहुंचती है, जब वे अपनी एक आंख निकालकर शक्ति को चढ़ाने को उद्यत हो जाते हैं। यह घटना का ही नहीं, सीता के प्रति राम के प्रेम का भी चरमोत्कर्ष है। प्रसंग जितना नाटकीय है, निराला ने उतने ही नाटकीय ढंग से उसका वर्णन किया है। फिर शक्ति का प्रकट होना, उनका राम का हाथ पकड़ लेना, वरदान देना, राम का स्तुति कर उनके चरणों पर झुकना और उनका उनके मुंह में समा जाना, इन घटनाओं के साथ नाटक अपनी तर्कसंगत परिणति प्राप्त करता है। पुरानी दृष्टि से कहें तो "रह गया एक इंदीवर, मन देखता–पार / प्रायः करने को हुआ दुर्ग जो सहस्रार" यह प्राप्त्याशा नामक कार्यावस्था है और "होगी जय, होगी जय, हे पुरुषोत्तम नवीन !" यह नियतप्ति नामक कार्यावस्था। फलागम–सीता की मुक्ति–कथित नहीं, व्यंजित है। भारतीय नाट्यशास्त्र में कार्यावस्थाओं और अर्थप्रकृतियों की जो चर्चा है, वह वस्तुतः नाटकीय वस्तु की प्रभावोत्पादकता के कारणों की खोज का परिणाम है, उसके गठन के लिए दिया गया निर्देश नहीं। उसे निर्देश मानकर संस्कृत में अनेक प्रभावहीन नाटक लिखे गए। 'राम की शक्ति-पूजा' में पाई जानेवाली नाटकीयता बहुत स्वाभाविक है, जो इस बात की सूचना देती है निराला क्रिया-व्यापार और भाव-व्यापार दोनों को एक दूसरे से अपृथक् मानते थे, जिससे उनके भाव-व्यापार को क्रिया-व्यापार मूर्त कर देता था और उनके क्रिया-व्यापार को भाव-व्यापार गतिशील बना देता था। यह कविता चूंकि कथात्मक कविता है, इसलिए स्वभावतः इसमें बहुत ज्यादा गति और वेग है।

संवाद 'सरोज-स्मृति' में भी हैं, लेकिन 'शक्ति-पूजा' में उनकी संख्या ज्यादा है, करीब दस। शुरू के दो संवाद–शिव का शक्ति को और अंजना का हनुमान को समझाना–प्रसंग को नाटकीय बनाते हैं, लेकिन वे प्रभावशाली नहीं हैं। बाद के तीन संवाद–विभीषण का राम को उत्साहित करना तथा एक बार शुरू करके बीच में थोड़ा रुककर पुनः राम का युद्ध-संबंधी स्थिति को स्पष्ट करना–अत्यंत प्रभावशाली हैं। कहा जा चुका है कि विभीषण के संवाद के प्रभावशाली होने का कारण यह है कि वह उनके संकट से उपजा है। राम के संवाद की प्रभावोत्पादकता का भी यही कारण है। शिव का संवाद गुरु-गंभीर भाषा में है, क्योंकि उसमें हनुमान की विशेषताएं गिनाई गई हैं–"...नहीं हुआ शृंगार-युग्म-गत, महावीर, / अर्चना राम की मूर्तिमान अक्षय-शरीर" आदि, लेकिन विभीषण का संवाद अपेक्षाकृत सरल और व्यावहारिक

भाषा में, जिससे उसमें अधिक मुखरता है :

कितना श्रम हुआ व्यर्थ ! आया जब मिलन-समय,
तुम खींच रहे हो हस्त जानकी से निर्दय !

विभीषण कूटनीति से काम ले रहे हैं, इसलिए राम को प्रभावित करने के लिए वे वक्तृत्व-कला का पूरा उपयोग करते हैं। उनके संवाद का सबसे प्रभावशाली अंश यह है, जिसके अंत में वे धिक्कारते हैं अपने को, लेकिन उनका लक्ष्य होते हैं राम :

रावण, रावण, लंपट, खल, कल्मष-गताचार,
जिसने हित कहते किया मुझे पाद-प्रहार,
बैठा उपवन में देगा दुख सीता को फिर,–
कहता रण की जय-कथा पारिषद-दल से घिर;–
सुनता वसंत में उपवन में कल-कूजित पिक,
मैं बना किंतु लंकापति, धिक्, राघव, धिक्-धिक् !

राम इसका उत्तर पहले संक्षेप में देते हैं, यह कहते हुए कि "मित्रवर, विजय होगी न समर", क्योंकि "अन्याय जिधर, हैं उधर शक्ति !", फिर वे विस्तार से वस्तुस्थिति पर प्रकाश डालते हैं। विभीषण ने उनसे कहा था कि "तुम फेर रहे हो पीठ हो रहा जब जय रण", लेकिन वे उनसे बिलकुल उलटी बात कहते हैं। इससे इन दोनों के चरित्र का अंतर स्पष्ट हो जाता है। राम जब अपने बाणों की महिमा का बखान करते हैं, तो उनकी भाषा शिव के संवाद की भाषा की तरह गुरु-गंभीर हो जाती है–"शत-शुद्धि-बोध–सूक्ष्मातिसूक्ष्म मन का विवेक, / जिनमें है क्षात्रधर्म का धृत पूर्णाभिषेक", लेकिन जब वे अपनी विवशता का वर्णन करते हैं, तो वह अपेक्षाकृत सरल और व्यावहारिक हो जाती है :

पश्चात्, देखने लगीं मुझे, बंध गए हस्त,
फिर खिंचा न धनु, मुक्त ज्यों बंधा मैं हुआ त्रस्त !

जांबवान के संवाद में कोई विशेषता नहीं। वह बहुत कुछ वैसा ही है, जैसा शिव और अंजना का संवाद। अंत में उसमें उन्होंने राम की अनुपस्थिति में लड़े जानेवाले युद्ध की व्यवस्था के संबंध में जो बतलाया है, वह अवश्य थोड़ा बोलता हुआ है। "मातः, दशभुजा, विश्व-ज्योतिः, मैं हूं आश्रित" राम का यह संवाद भी विशेष प्रभावशाली नहीं। इसी तरह वे नाटकीय ढंग से पर्वत में शक्ति के रूप का जो चित्र खींचते हैं, वह भी साधारण है। वैसा ही हनुमान के प्रति उनका संवाद भी है, जिसके अंत में यह बोलती हुई पंक्ति आती है : "तोड़ो, लाओ वे कमल, लौटकर लड़ो समर।"

पुनः उनका प्रभावशाली संवाद उनका वह स्वगत भाषण है, जिसमें अंतिम नीलकमल के न मिलने पर उन्होंने आत्मभर्त्सना की है–"धिक् जीवन को जो पाता ही आया विरोध" आदि–और सीता की मुक्ति की आशा अंतिम रूप से समाप्त हो जाने पर अपना भयानक दुख प्रकट किया है। तीन पंक्तियों का यह स्वगत पाठकों के कलेजे में बाण की नोक की तरह धंस जाता है। इसका कारण उसकी भाषा का सरल होना ही नहीं, यह भी है कि मध्यवर्गीय पाठक उसमें अभिव्यक्त राम की स्थिति से गहरी आत्मीयता अनुभव करते हैं। राम का मानवीय चरित्र उसमें सर्वाधिक पूर्णता के साथ अभिव्यक्त हुआ है। एक राम वह हैं, जिनका मन योग-साधना में ब्रह्मा, विष्णु और महेश के स्तर का भी अतिक्रमण कर जाता है और एक राग वह, जो कहते हैं, "जानकी ! हाय, उद्धार प्रिया का न हो सका !" स्पष्ट है कि राम का पहला रूप मिथक है, जबकि दूसरा यथार्थ। यथार्थ का स्पर्श भाषा में नई चमक ही नहीं ला देता है, उसमें तीक्ष्णता भी पैदा कर देता है। राम का अंतिम संवाद भी उनका स्वगत भाषण ही है, जिसमें वे अपनी एक आंख निकालकर शक्ति को अर्पित करने का अपना संकल्प प्रकट करते हैं। क्या संयोग है कि यह स्वगत भी प्रायः तीन पंक्तियों का है और उतनी ही सरल भाषा में लिखा गया है। यह भी उसी तरह से पाठकों के लिए मर्मवेधी साबित होता है। यहां राम का जो मानवीय चरित्र सामने आता है, वह नए युग के नायक का, जो पत्नी के प्रति अपने प्रेम की रक्षा के लिए और उसकी मुक्ति के लिए बड़ी-से-बड़ी कुर्बानी दे सकता है। जैसी संकटपूर्ण परिस्थिति, वैसी ही चमकदार धारवाली भाषा :

> दो नीलकमल हैं शेष अभी, यह पुरश्चरण
> पूरा करता हूं देकर मातः एक नयन।

इस कविता की भाषा की, वह वर्णन की हो या संवाद की, एक विशेषता यह है कि उसमें अनेक बार शब्दों का उच्चारण गद्य की तरह करना पड़ता है। डॉ. रामविलास शर्मा ने इधर ढूंढ़कर निकाला है कि 'राम की शक्ति-पूजा' का छंद वही है, जो पंतजी की इस कविता का–"खुल गए छंद के बंध, / प्रास के रजतपाश, / अब गीत मुक्त, / औ' युगवाणी बहती अयास !" यदि चार पंक्तियों को दो पंक्तियों में मुद्रित कर दिया जाए, तो उससे 'शक्ति-पूजा' का छंद बन जाता है। यह सही है, लेकिन 'शक्ति-पूजा' की विशेषता यह है कि वह छंद के प्रवाह के साथ गद्य की स्थिरता को लिए हुए आगे बढ़ती है। हम शुरू की ही पंक्तियां लें। छंद के प्रवाह के आग्रह से उसे इस रूप में पढ़ना पड़ेगा :

> रवि हुआ अस्त : *ज्यो तिके* पत्र पर लिखा अमर
> रह गया राम-रावण का अपराजेय समर
> *आ जका।*

इसी तरह आगे भी :

> उतरा ज्यों दुर्गम पर्वत पर नैशांधकार,
> *चम कतीं* दूर ताराएं ज्यों हो कहीं पार।

पुनः,

> है अमानिशा; *उग लता* गगन घन अंधकार,
> खो रहा दिशा का ज्ञान, स्तब्ध है पवन-चार।

लेकिन इस तरह इस कविता का पाठ करने का मतलब है इसके भाषा-सौंदर्य की और उसके माध्यम से इसके संपूर्ण काव्य-सौंदर्य की हत्या। लिहाजा छंद के प्रवाह के साथ बहते हुए भी 'ज्योति', 'चमकतीं' और 'उगलता' को इसी रूप में पढ़ना पड़ेगा, उन पर रुकते हुए। इससे कविता में एक नया स्वाद और सौंदर्य पैदा होता है। एक तरफ वह छंद-प्रवाह से युक्त हो उठती है और दूसरी तरफ गद्य की जमीन पर रह-रहकर अपने पांव टेक देती है, जिससे उसकी यथार्थवादिता पुष्ट होती है। निराला ने मुक्तछंद की कविता के पाठ में उच्चारण का महत्त्व बतलाया था। वह उनकी छंदोबद्ध कविता में भी अपनी भूमिका निभाता है। 'शक्ति-पूजा' के संवाद भी वैसी ही गद्यात्मकता से युक्त हैं। अंजना के इस संवाद में 'छोड़कर' को 'छो ड़कर' के रूप में पढ़ने से ही छंद के प्रवाह की रक्षा होगी—"तुम सेवक हो, छो ड़कर धर्म कर रहे कार्य", लेकिन स्पष्टतः ऐसा करने से संवाद का सौंदर्य क्षतिग्रस्त होगा। इसी तरह छंद की लय की रक्षा करनी हो तो राम के संवाद की निम्नलिखित पंक्तियों को इस तरह पढ़ना पड़ेगा :

> हत मंत्रपूत शर संवृत करतीं बार-बार,
> निष्फल होते *लक्ष्यपर* क्षिप्र *वा रपर* वार !
> विचलित लख कपिदल, क्रुद्ध युद्ध को मैं ज्यों-ज्यों,
> झक-झक *झल कतीं* वह्नि वामा के दृग त्यों-त्यों।

लेकिन जरूरत छंद की लय का अंधानुसरण करने के बदले निराला में छंद-प्रवाह और गद्य के उच्चारण के संबंध को समझने की है। उच्चारण का संबंध बलाघात से भी है। नाटकीय संवादों में बिना बलाघात के काम नहीं चल सकता। 'शक्ति-पूजा' में भी जहां आवश्यक है, वहां शब्दों का न केवल गद्य की तरह उच्चारण करना होगा, बल्कि उस पर उचित बल भी देना होगा। इस सबने इस कविता को उत्कृष्ट नाटकीय सौंदर्य प्रदान किया है।

'राम की शक्ति-पूजा' जैसे एक नाटकीय कविता है, वैसे ही एक आधुनिक कविता भी। तात्पर्य यह है कि जैसे उसकी कथात्मकता नाटकीयता से युक्त है, वैसे

ही उसकी पौराणिकता आधुनिकता से। लेकिन इसका यह मतलब नहीं है कि पौराणिकता उसमें अवरण की तरह है, जिसे हटा देने पर वह एक सर्वथा आधुनिक कविता बन जाती है। पौराणिक कथा-वस्तु को लेकर रची गई किसी भी श्रेष्ठ कविता में आधुनिकता इस रूप में प्रयुक्त नहीं होती। ऐसा नहीं होता कि कथा-वस्तु या विषय-वस्तु प्राचीन है और अंतर्वस्तु आपाततः नवीन। मेरा खयाल है कि उसमें विषय-वस्तु भी प्राचीन होती है और किसी हद तक अंतर्वस्तु भी, क्योंकि इन दोनों में बिलकुल एकता नहीं हुई तो श्रेष्ठ काव्य का निर्माण संभव नहीं होगा। नवीनता वा आधुनिकता उससे सिर्फ आभा की तरह फूटती है, 'प्रसाद' जी के शब्द लेकर कहें, तो वह उसमें मोती के पानी की तरह होती है ! रचना का बाहरी और भीतरी परिवेश पौराणिक ही होता है, आधुनिक सिर्फ उसकी प्रतिध्वनि होती है। वह रचना जब आधुनिक मानस से टकराती है, तब उससे पैदा होनेवाली प्रतिध्वनि में आधुनिक संवेदना वा चेतना की गूंज सुनाई देती है। यह सौंदर्यानुभूति की विशेषता है कि प्राचीन को नवीन में रूपांतरित किए बिना हम उससे नवीन संवेदना के स्तर पर प्रभावित होते हैं, ठीक वैसे ही, जैसे चित्रलिखित तुरग को वास्तविक तुरग में बदले बगैर हम उसे वास्तविक तुरग के रूप में ग्रहण करते हैं। इसी तरह की नवीनता वा आधुनिकता 'राम की शक्ति-पूजा' में है। उसमें न पौराणिकता पर आधुनिकता आरोपित है, न आधुनिकता पर पौराणिकता। इसका प्रमाण यह है कि इस कविता का प्रत्येक अवयव–ध्वनि से लेकर प्रतिध्वनि तक–इसके परिवेश का अभिन्न अंग है।

"विद्धांग–बद्ध-कोदंड-मुष्टि–खर-रुधिर-स्राव" यह राम की तस्वीर भी है, क्षत-विक्षत निराला की भी और जीवन-संघर्ष में लहूलुहान एक सामान्य मध्यवर्गीय व्यक्ति की भी। राम का संशय भी प्राचीन होते हुए नवीन है। कविता के केंद्र में सीता के प्रति राम के प्रेम और उनकी मुक्ति का होना भी कविता के संदर्भ में प्रासंगिक बनकर ही आधुनिक जनतांत्रिक चेतना को प्रतिच्छायित करता है। राम के आंसू निराला के आंसू की झलक देते हैं और उनके आंसू आधुनिक निराश और पराजित मन की अभिव्यक्ति का आभास देने लगते हैं। विभीषण का कूटनीतिक संवाद प्राचीन के साथ नवीन वाक्‌चातुरी की याद दिलाता है और राम का यह कथन कि "मित्रवर, विजय होगी न समर" आज के घिरे हुए मनुष्य की सुनिश्चित प्रतिकूल स्थिति की। "देखा, हैं महाशक्ति रावण को लिए अंक, / लांछन को ले जैसे शशांक नभ में अशंक" यह दृश्य कविता में मौजूं होने के साथ आज के जीवन में भी बहुत मौजूं है। इसी तरह "निष्फल होते लक्ष्य पर क्षिप्र वार पर वार" भी और "मुक्त ज्यों बंधा मैं हुआ त्रस्त" भी। शक्ति की मौलिक कल्पना भी विद्वान् मानेंगे कि इतनी मौलिक नहीं कि वह कविता के अपने स्वरूप से मेल न खाए। शक्ति की मन के उच्चभाव या आत्मशक्ति के रूप में कल्पना निराला के नितांत आधुनिक मानस की देन नहीं, लेकिन उन्होंने आधुनिक संदर्भ में उसे नई सार्थकता अवश्य दी है। डॉ. शर्मा लंका में स्थित

पर्वत की शक्ति के रूप में की गई कल्पना की व्याख्या सीधे भारत के रूप में करते हैं। वह व्याख्या कविता के अपने ढांचे में जरूर ऊटपटांग लगती है। अंत में अंतिम नीलकमल के गायब कर दिए जाने के बाद जब राम निराश होकर आत्मभर्त्सना करने लगते हैं और उनका दबा हुआ चीत्कार इस रूप में सुनाई पड़ता है कि "जानकी ! हाय, उद्धार प्रिया का न हो सका", तो वे निराला की निराशा को व्यक्त करते हुए मध्यवर्गीय पाठकों से गहरी आत्मीयता स्थापित कर लेते हैं। आंख निकालकर चढ़ाने के लिए राम के उद्यत होनेवाला दृश्य निराला की संकल्प-शक्ति के साथ मध्यवर्गीय युवा मानसिकता की दृढ़ उत्सर्ग-भावना का भी मूर्तीकरण है। मध्यवर्गीय मानसिकता एक बदनाम चीज हो गई है, लेकिन जनतांत्रिक चेतना से लैस होकर आजादी की लड़ाई के दौरान समाज और देश की बलि-वेदी पर जिन युवकों ने अपने को न्योछावर कर दिया, वे मध्यवर्ग से नहीं, तो और किस वर्ग से आए थे ? यह दुहराने की आवश्यकता नहीं होनी चाहिए कि यह सबकुछ भी 'शक्ति-पूजा' के पौराणिक वातावरण के बिलकुल मेल में है और ऊपर से आरोपित नहीं है।

राम को शक्ति द्वारा 'पुरुषोत्तम नवीन' कहलवाकर जैसे निराला ने यह भी संकेत दे दिया है कि इस कविता के राम एक तरफ प्राचीन—पुरुषोत्तम—हैं, तो दूसरी तरफ नवीन भी। प्राचीनता और नवीनता का यह संयोग अत्यंत सृजनात्मक है, क्योंकि इसमें प्राचीन कथा के माध्यम से नवीन व्यंजित हुआ है और नवीन मानसिकता के साथ प्राचीन कथा कही गई है, इस तरह कि उसका अपना रूप कहीं क्षतिग्रस्त न हो। यदि इस कविता में ऐसी सृजनात्मकता न होती, तो यह सिर्फ एक प्राचीन आख्यान का छंदोबद्ध रूप बनकर रह जाती, गति और शक्ति से रहित। आधुनिकता के कारण भी यह कविता 'सरोज-स्मृति' के साथ रखकर देखी गई है।

'राम की शक्ति-पूजा' की अन्यतम विशेषता उसमें पाई जानेवाली उदात्तता है। उदात्तता शैली का गुण है या भाव का ? यह वस्तुतः रचना का गुण है, जिसमें शैली और भाव परस्पर अपृथक् होते हैं और एक-दूसरे को प्रभावित करते रहते हैं। उदात्त-तत्त्व का निरूपण सर्वप्रथम लोंगिनुस ने किया था। उसका कहना था कि उदात्तता का पहला स्रोत है महान् धारणाओं की क्षमता। 'शक्ति-पूजा' पत्नी-प्रेम की कविता है, जिसका एक अत्यंत व्यापक संदर्भ है—आधुनिक युग में उत्पन्न जनतांत्रिक चेतना और नारी-मुक्ति का आंदोलन। इसी ने इस कविता को वह सुविस्तृत भाव-भूमि प्रदान की है, जिससे यह अत्यंत उदात्त हो गई है। यह भाव-भूमि वैचारिकता से दृढ़ है, इसलिए इस कविता में बहुत सशक्त होने पर भी आवेग कहीं अनियंत्रित रूप में नहीं दिखलाई पड़ता। राम पराजित अनुभव कर रहे हों या उत्साहित, वे प्रेम के क्षणों में हों या युद्ध के क्षणों में, वे चिंतित हों या आनंद-पुलकित, सर्वत्र संयत हैं। युद्ध में जब वे अपने बाणों को निष्फल होते देखते हैं, तो कुछ करते नहीं, सिर्फ उस

दृश्य को एकटक देखते रह जाते हैं। निराला ने यहां उनके लिए सिर्फ यह लिखा है–'अनिमेष-राम।' इसी तरह जब उन्हें सीता की स्मृति आती है, तो उनका पूरा अस्तित्व आंदोलित हो उठता है, लेकिन प्रकट रूप में कोई विस्फोटक प्रतिक्रिया नहीं होती। सिर्फ "फूटी स्मिति सीता-ध्यान-लीन राम के अधर।" उनका अश्रुपात भी ऐसा ही है, जिसमें कोई हाहाकार नहीं। अंत में जब उन्हें अंतिम नीलकमल नहीं मिलता तो सिर्फ "भर गए नयनद्वय"। उपाय सूझने पर भी सिर्फ "हुए सजग पा भाव प्रमन।" जो स्थिति 'सरोज-स्मृति' में निराला के शोक की है, वही 'शक्ति-पूजा' में राम के संशय और निराशा की। इससे इस कविता के आवेग में गहराई आई है और वह भावात्मक विस्फोट बनने से बच गई है। भावात्मक विस्फोटवाली बात किसी मात्रा में कृत्तिवास में दिखलाई पड़ती है।

'शक्ति-पूजा' का आरंभ बहुत ही उदात्त ढंग से होता है। निराला ने संक्षेप में युद्ध-वर्णन प्रस्तुत करने के लिए जिस संस्कृतनिष्ठ और समस्त पदावली का प्रयोग किया है, वह अत्यंत ओजपूर्ण है। उसके बाद कविता जैसे समतल पर आ जाती है, लेकिन तुरत "उतरा ज्यों दुर्गम पर्वत पर नैशांधकार" वाला राम का चित्र मिलता है, जो अपनी विराटता से कविता को पुनः ऊपर उठा देता है। "है अमानिशा" वाला परिवेश-वर्णन भी उदात्त है। उसके बाद हनुमानरूपी शक्ति-खेल-सागर को आलोड़ित होने का जो चित्र खींचा गया है, वह उदात्तता में युद्ध-वर्णन से होड़ करता है, यद्यपि उसमें वैसी प्रगाढ़ता नहीं। पर्वत में शक्ति की कल्पना का चित्र उक्त "उतरा ज्यों दुर्गम पर्वत पर" वाले चित्र से तुलनीय है, लेकिन इसमें विराटता अधिक है। खास बात यह है कि दोनों ही चित्र वातावरण का अंग हैं। "ले लिया हस्त, लक-लक करता वह महाफलक" वाला चित्र छोटा है, लेकिन उदात्त भाव की सृष्टि के विचार से बहुत कामयाब। अंतिम विराट् चित्र दुर्गा का है, जो 'ज्योतिर्म्मय' होने के कारण पहले आनेवाले 'भीम मूर्ति' वाले ही नहीं, "लांछन को ले जैसे शंशाक नभ में अशंक" वाले चित्र से भी अधिक भव्य है।

उदात्तता के अनुरूप ही इस कविता का ढांचा है, जो ऊपर से सरल, लेकिन भीतर से जटिल है। एक बार दृष्टि डालने पर ही इसकी सरलता में निहित जटिलता स्पष्ट हो जाती है–युद्ध की समाप्ति, दोनों सेनाओं का लौटना, राम के शिविर में योद्धाओं की सभा, राम का संशय और सीता के साथ प्रथम मिलन की स्मृति, हनुमान का मानसिक ऊर्ध्वगमन, विभीषण का संवाद, राम का उत्तर, पुनः उनका युद्ध की स्थिति पर विस्तार से प्रकाश डालना, जांबवान का परामर्श, राम द्वारा पर्वत में शक्ति की कल्पना की व्याख्या, फिर योग-साधना की पद्धति से शक्ति-पूजन, उसमें स्वयं शक्ति द्वारा उपस्थित किया गया विघ्न, राम की आत्मभर्त्सना, उनके दूसरे मन की सक्रियता और उनका अपनी एक आंख निकालकर अर्पित करने का संकल्प, शक्ति का प्रकट होना, राम का उनके चरणों में झुकना और उनका उनके मुख में लीन हो

जाना। सरल कथा में जटिलता एक तो इस कारण उत्पन्न हुई है कि उसमें फ्लैशबैक भी है और हनुमान के ऊर्ध्वगमन की प्रासंगिक कथा भी, दूसरे, इस कारण भी कि सरल प्रसंगों को भी निराला ने काफी गहराई से चित्रित किया है, उनके पीछे स्थित पात्रों के मनोविज्ञान का चित्रण करते हुए, जैसे विभीषण का घबड़ाहट और बेचैनी से भरा हुआ संवाद, राम द्वारा युद्ध में अपनी विवशता का वर्णन, शक्ति की मौलिक कल्पना और राम की आत्मभर्त्सना तथा नेत्रार्पण के लिए किया गया उनका दृढ़ निश्चय। एक और बात जो इस कविता के ढांचे को जटिल बनाती है, वह है इसमें पराजय-भाव या अपराजेयता-भाव के एकरस वर्णन की जगह यथावसर अनेक भावों की अभिव्यक्ति। उदाहरण के लिए संशय और निराशा की स्थिति में राम को जो सीता के साथ प्रथम मिलन की स्मृति आती है, उससे कई प्रकार के भाव उत्पन्न होते हैं–प्रेम, उत्साह आदि, लेकिन शक्ति की भीम मूर्ति की स्मृति के साथ वे सारे भाव करुणा में पर्यवसित हो जाते हैं। फिर हनुमान के आंदोलित होने के साथ वीर भाव मूर्त हो उठता है, जिसकी परिणति उनके पूर्ववर्णित दैन्यभाव में होती है। विभीषण की चिंता राम से भिन्न स्तर पर है, फिर इसमें राम के त्रास का भी वर्णन है। कविता अंत की ओर शक्ति के प्रति राम की भक्ति-भावना के साथ बढ़ती है, लक्ष्यप्राप्ति के पहले के उनके उत्साह के साथ वह ऊपर उठती है और अंतिम नीलकमल के गायब होने के साथ पुनः निराशा के गर्त में गिर जाती है। कविता का समापन किंचित् चक्करदार ढंग से, किंतु तीव्र गति से होता है। राम उत्सर्ग-भाव से भर उठते हैं, शक्ति प्रकट होकर उन्हें रोकती हैं और उन्हें वरदान देती हैं, जिससे एक तरफ वे अपनी विजय के प्रति आश्वस्त होकर अप्रकट रूप से उल्लसित होते हैं और दूसरी तरफ उनके चरणों में भक्ति-भाव से प्रणत। इतने प्रकार के भावों का सामंजस्य होने से भी यह कविता अपने ढांचे के भीतर जटिल हो उठी है।

'राम की शक्ति-पूजा' आज खड़ीबोली की सर्वोत्कृष्ट काव्य-कृति ही नहीं, सर्वाधिक उदात्त काव्य-कृति के रूप में भी मान्य है। उदात्त कृति की पहचान यह भी है कि भिन्न रुचि और संस्कार के व्यक्तियों के भीतर भी वह प्रखर सौंदर्यानुभूति उत्पन्न करने में समर्थ होती है। निराला अज्ञेय की काव्य-रुचि और काव्य-संस्कारों के कभी अनुकूल नहीं रहे। 1937-38 में अज्ञेय यह घोषित भी कर चुके थे कि "साहित्यिक शक्ति के रूप में निराला मर चुके हैं।" लेकिन यह 'राम की शक्ति-पूजा' की उदात्तता का ही प्रमाण है कि उन्होंने स्वीकार किया कि, " 'राम की शक्ति-पूजा' जैसी रचनाएं हिंदी में नहीं हैं। निष्कंप संतुलन के साथ आवेगों की ऐसी तीव्रता और भाषा का तदनुकूल प्रवाह दुर्लभ है।" (*हिंदी साहित्य : एक आधुनिक परिदृश्य*, पृ. 63)

ब्रह्मराक्षस

'ब्रह्मराक्षस' मुक्तिबोध की एक प्रसिद्ध कविता है। सर्वप्रथम यह बनारस से निकलने वाली छोटी पत्रिका 'कवि' के अप्रैल, 1957 के अंक में प्रकाशित हुई थी। उस समय हिंदी में किसी का ध्यान उसकी तरफ नहीं गया। बाद में 1964 में जब वह मुक्तिबोध के प्रथम कविता-संग्रह 'चांद का मुंह टेढ़ा है' में संकलित की गई, किंचित् संशोधित रूप में, तो उसे लेकर चर्चा शुरू हुई और वह 'अंधेरे में' के बाद उनकी दूसरी महत्त्वपूर्ण कविता मानी गई। आकार में यह कविता अपेक्षाकृत छोटी है, लेकिन अपने स्वरूप से यह भी एक लंबी कविता ही है।

शास्त्रों के अनुसार पापकर्म करनेवाले ब्राह्मण को मरने के बाद प्रेत-योनि प्राप्त होती है और वही ब्रह्मराक्षस होता है। मुक्तिबोध ने कविता में इसी मान्यता का इस्तेमाल किया है और उससे एक फैंटेसी निर्मित की है। ब्रह्मराक्षस एक प्रगतिशील मध्यवर्गीय बुद्धिजीवी का प्रेत है। यह इससे भी सिद्ध है कि वह काफी पढ़ा-लिखा है, न केवल संस्कृतज्ञ है, बल्कि अनेक विद्याओं का जानकार है। ऐसे बुद्धिजीवी या ब्राह्मण को प्रेत-योनि क्यों मिली ? उसने कौन-सा पाप किया था ? इस कविता में मुक्तिबोध ने यही बतलाया है।

ब्रह्मराक्षस जब मनुष्य योनि में था, तो एक शोधक था, सत्य का खोजी। अपनी खोज को लेकर वह बहुत परेशान था, जैसे गणित की विकट समस्याओं में उलझा हुआ हो। वह उन समस्याओं का निदान नहीं ढूंढ़ सका और अंततः उन्हीं में घुटकर मर गया। उसकी समस्त चिंताओं के साथ मुक्तिबोध ने उसकी मृत्यु का वर्णन इस प्रकार किया है :

> सितारे आसमानी छोर पर फैले हुए
> अनगिन दशमलव-से,

दशमलव-बिंदुओं के सर्वतः
फैले हुए उलझे गणित मैदान में
मारा गया, वह काम आया,
और वह पसरा पड़ा है···
वक्ष-बांहें खुली फैलीं
एक शोधक की।

शोधक का मस्तिष्क आसमान की तरह था, जिसमें चारों ओर तारे बिखरे हुए थे। वे वस्तुतः दशमलव-बिंदु थे। वह उनमें इस कदर उलझा कि उनसे निकल नहीं सका। अब वह उन्हीं के बीच मृत पड़ा हुआ है। 'अंधेरे में' कविता में भी मुक्तिबोध ने काव्य-नायक की मानसिक परेशानी का वर्णन बहुत कुछ इसी रूप में किया है : "चिंता के गणित अंक / आसमानी सलेट-पट्टी पर चमकते / खिड़की से दीखते।" यह जो भीतर अमूर्त है, उसे बाहर लाकर मूर्त बनाना है।

शोधक की समस्या यह थी कि वह पूंजीवाद और समाजवाद में से समाजवाद को अंगीकार कर उसके अनुरूप अपने 'आदर्श' व्यक्तित्व का निर्माण करना चाहता था। सामंती मूल्यों के विरुद्ध पूंजीवादी मूल्यों को स्वीकार करना अपेक्षाकृत सरल है। कठिन है पूंजीवादी व्यक्तित्व को छोड़कर समाजवादी व्यक्तित्व की उपलब्धि, क्योंकि समाजवाद के आदर्श पूंजीवाद की तुलना में बहुत ऊंचे हैं। इसके अलावा वह कार्य जटिल भी है, क्योंकि 'व्यक्तित्व' को, जो सामंत-विरोधी पूंजीवाद की देन है, पूरा नहीं छोड़ा जा सकता। वह न संभव है, न अपेक्षित। स्वभावतः इस प्रयास में सफलता कम मिलती है, यद्यपि महान् उद्देश्य से प्रेरित प्रयास का फल होने के कारण वह आंशिक सफलता भी महत्त्वपूर्ण होती है, और असफलता अधिक। यही बात मुक्तिबोध ने निम्नलिखित पंक्तियों में कही है :

बुरे-अच्छे-बीच के संघर्ष
से भी उग्रतर
अच्छे व उससे अधिक अच्छे बीच का संगर
गहन किंचित् सफलता,
अति भव्य असफलता !!

यह वस्तुतः किंचित् भिन्न रूप में व्यक्तित्व-निर्माण अथवा व्यक्तित्वांतरण की समस्या है, जो 'अंधेरे में' कविता की भी महत्त्वपूर्ण समस्या है।

मुक्तिबोध ने यहां स्पष्ट शब्दों में सामंतवाद, पूंजीवाद और समाजवाद का उल्लेख नहीं किया, लेकिन उनका आशय स्पष्ट है। उसे समझने में उनके निबंधों में व्यक्त किए गए विचारों से मदद मिलती है। एक निबंध में वे निम्नमध्यवर्ग के

बारे में कहते हैं, "इस श्रेणी के व्यक्ति की दो प्रतिक्रियाएं परिलक्षित होती हैं। एक, सामंती प्रभावों और प्रतिच्छायाओं के विरुद्ध व्यक्ति-स्वातंत्र्य भावना से संचालित प्रतिक्रियाएं, दूसरी, आर्थिक-सामाजिक व्यक्तिवाद के विरुद्ध, यानी तदनुषंगी समस्त विकृतियों के विरुद्ध, (चाहे वे समाज-रचना से संबंधित हों या व्यक्ति से) मानव-मुक्ति और मानव-गरिमा की भावना से संचालित प्रतिक्रियाएं।" (*मुक्तिबोध रचनावली*, 5/307) शोधक की प्रतिक्रिया 'आर्थिक-सामाजिक व्यक्तिवाद' यानी पूंजीवाद के विरुद्ध 'मानव-मुक्ति और मानव-गरिमा की भावना' यानी समाजवाद से संचालित थी। उसी के अनुरूप वह अपने व्यक्तित्व को बदलना चाहता था और उसी के लिए अपने भीतर संघर्ष कर रहा था।

उस संघर्ष में शोधक को सफलता नहीं मिली। उसने बहुत प्रयास किया कि उसके भाव और व्यवहार तथा विचार और कार्य के बीच सामंजस्य स्थापित हो जाए, उसका स्वप्न साकार हो, उसकी आकांक्षा फलीभूत हो, लेकिन वह न हुआ। मुक्तिबोध ने उसके व्यक्तित्व की कल्पना कोमल स्फटिकों से निर्मित एक प्रासाद के रूप में की है, जिसमें ऊंची, सुनसान और खतरनाक सीढ़ियां थीं। उसका आत्मसंघर्ष उन सीढ़ियों पर चढ़ने-उतरने की तरह था, जो कि एक मुश्किल काम था, लेकिन जिसे करने के लिए वह अभिशप्त था। वह चाहता था कि अपने चिंतन और कर्म के बीच गणित-जैसा समीकरण स्थापित करे, लेकिन वह अपने उद्देश्य को न प्राप्त कर सका। मार्ग-निर्देश के लिए उसने गुरु की भी तलाश की, अनेक पंडितों और चिंतकों के पास भी मारा-मारा फिरा, लेकिन उसे अभीष्ट की प्राप्ति न हुई :

> उस भाव-तर्क व कार्य-सामंजस्य-योजन-
> शोध में
> सब पंडितों, सब चिंतकों के पास
> वह गुरु प्राप्त करने के लिए
> भटका !!

शोधक को कोई गुरु अथवा मार्ग-निर्देशक इसलिए नहीं मिला कि अब पहलेवाला युग नहीं रह गया था। मुक्तिबोध ने पूंजीवाद के विकास के साथ ज्ञान को पण्यवस्तु बनते हुए स्वयं देखा था। अब गुरु लोग ज्ञान दान नहीं करते थे, अपनी कीर्ति का व्यवसाय करते थे। अब समाज में लाभ-लोभ की सत्ता स्थापित हो गई थी, जिससे धन की वृद्धि हुई थी और उस धन ने हृदय, मन और अंतःकरण सबको अभिभूत कर लिया था। धन से अभिभूत अंतःकरण पैसे की ही महिमा बखानता था, कहता था, वही सत्य है, लेकिन वह सत्य की 'झाईं' यानी धोखा था। धन की चमक सत्य नहीं, उसकी मरीचिका है। ये पंक्तियां बहुत ही गूढ़ हैं और मुक्तिबोध की ग्रंथिल अभिव्यक्ति का उदाहरण उपस्थित करती हैं :

किंतु युग बदला व आया कीर्ति-व्यवसायी
···लाभकारी कार्य में से धन,
व धन में से हृदय-मन,
और, धन-अभिभूत-अंतःकरण में से
सत्य की झाईं
निरंतर चिलचिलाती थी।

'जिंदगी का रास्ता' शीर्षक अपनी कविता में भी उन्होंने पूंजीपतियों की आंखों के बारे में कहा है कि "कौड़ी की आंखें हैं कि जिनमें रेगिस्तान की / सफेदी चिलचिलाती है··· जिसके कि बीचोबीच / घनीभूत रात की सियाही का घेरा है।" यहां भी 'सफेदी' धोखा है, वह वस्तुतः रात का अंधेरा है!

नए व्यक्तित्व के निर्माण में शोधक की असफलता का कारण उसकी गलत समझ थी। उसके भीतर अपने व्यक्तित्व का जो बोध था, उसे पूर्णतः छोड़कर वह हर तरह से सार्वजनीन व्यक्तित्व प्राप्त करना चाहता था। व्यक्तित्वांतरण का मतलब व्यक्तित्व का विकास है, उसका परित्याग नहीं, लेकिन उसकी कोशिश आत्मचेतना को बिलकुल झाड़कर विश्वचेतना से युक्त होने की थी। वह अपनी 'लघुता' को 'महता' के चरणों में एकदम से न्योछावर कर देना चाहता था! स्वभावतः वह एक गलत किस्म के द्वंद्व में पड़ा रहा :

आत्मचेतस् किंतु इस
व्यक्तित्व में थी प्राणमय अनबन···
विश्वचेतस् बे-बनाव !!
महत्ता के चरण में था
विषादाकुल मन!

'प्राणमय अनबन' यानी तीखा द्वंद्व! इसी तरह 'बे-बनाव' का मतलब है बिगाड़ यानी युद्ध! शोधक का अपनी आत्मचेतना से जो युद्ध चल रहा था, वह विश्वचेतस् होने की आकांक्षा के कारण। मुक्तिबोध सही मार्क्सवादी होने के कारण यह जानते थे कि कम्युनिज्म व्यक्तित्व का निषेध नहीं करता, बल्कि उसे और उत्कर्ष प्रदान करने के पक्ष में है। स्वभावतः हिंदी में प्रगतिशील आंदोलन के दौर में जहां व्यक्तित्व को व्यक्तिवाद का पर्याय मानकर उस पर आक्रमण किया जा रहा था, वे साहित्य में व्यक्तित्व की स्थापना के लिए प्रयत्नशील थे। मार्क्स और एंगेल्स ने कहा था कि कम्युनिज्म में समाज की स्वतंत्र प्रगति का प्रतिमान होगा व्यक्ति की स्वतंत्र प्रगति। मुक्तिबोध इस सत्य से अच्छी तरह परिचित थे कि व्यक्तित्वविहीन व्यक्ति सत्त्वहीन होगा। वह नेता क्या, एक अच्छा कार्यकर्ता भी न हो सकेगा। इसीलिए शोधक के

द्वंद्व को गलत ठहराते हुए वे कहते हैं :

मेरा उसी से उन दिनों होता मिलन यदि
तो व्यथा उसकी स्वयं जीकर
बताता मैं उसे उसका *स्वयं* का मूल्य
उसकी महत्ता !
व उस महत्ता का
हम सरीखों के लिए उपयोग,
उस *आंतरिकता* का बताता मैं महत्त्व !!

उक्त पंक्तियां प्रगतिशील हिंदी कविता के इतिहास में स्वर्णाक्षरों में अंकित करने योग्य हैं। इनमें 'महत्ता' शब्द का प्रयोग भी ध्यातव्य है। शोधक विश्व की ही 'महत्ता' मानता है, जबकि मुक्तिबोध व्यक्ति की 'महत्ता' का प्रतिपादन करते हैं। व्यक्तित्व का प्रत्येक व्यक्ति के लिए महत्त्व है, एक अच्छे समाजवादी के लिए शायद और अधिक, क्योंकि उसके अभाव में वह दुनिया को बदलने का काम नहीं कर सकता। जैसाकि संकेत किया जा चुका है, व्यक्तित्व का, निजस्वता का और आंतरिकता का आग्रह व्यक्तिवाद का आग्रह नहीं है। मुक्तिबोध के व्यक्तित्ववाद को समाजवाद-विरोधी कवियों का व्यक्तिवाद समझना गलत है। संकीर्णतावादी प्रगतिशील दौर में व्यक्तित्व को समाज के विरोध में खड़ा कर दिया गया था। मुक्तिबोध दोनों में न केवल अनिवार्य विरोध नहीं मानते, बल्कि दोनों को एक-दूसरे का सहायक मानते हैं। शोधक की 'ट्रैजेडी' यही थी कि वह भीतर और बाहर के, आत्म और विश्व के, संबंध को न समझकर उनके बीच के गलत संघर्ष में पिसता रहा :

पिस गया वह भीतरी
औ' बाहरी दो कठिन पाटों बीच,
ऐसी ट्रैजेडी है नीच !!

एक बात की तरफ और मुक्तिबोध ने संकेत किया है। व्यक्तित्व के नवनिर्माण के लिए, सोचे हुए को कार्यरूप में परिणत करने के लिए, व्यवहार-क्षेत्र में उतरना, जन-संघर्षों में हिस्सा लेना, जरूरी है। तब शायद गलत किस्म के द्वंद्वों से भी छुटकारा मिल जाए। व्यवहार-क्षेत्र में ही चिंतन की सीमाएं प्रकट होती हैं और उसमें कर्मजनित अनुभव के नए आयाम जुड़ते हैं, साथ ही चिंतन से कर्म को गति और दिशा मिलती है। चिंतन और कार्य के बीच समीकरण स्थापित करने का यही मार्ग है, कोई अन्य नहीं। इसी तरह व्यवहार-क्षेत्र में उतरने पर ही पता चलता है कि एक समुदाय द्वारा जिस व्यक्तित्व को समाज का विरोधी माना जाता है, उसके बिना सामाजिक परिवर्तन की दिशा में सुचारु ढंग से एक पग भी नहीं बढ़ाया जा सकता। व्यक्तित्वविहीन व्यक्ति

यंत्र की तरह होगा, जो न परिस्थितियों से प्रभावित हो सकेगा, न नई-नई परिस्थितियों में खुद रास्ता निकालकर उन्हें मनोनुकूल दिशा में निर्दिष्ट कर सकेगा। सबसे ऊपर यह कि वह मानवीय संवेदना से शून्य होगा, जिससे उसका कोई कार्य उचित न होगा। शोधक की 'ट्रैजेडी' का एक बड़ा कारण यह था कि "वह कोठरी में··· / अपना गणित करता रहा / औ' मर गया", यानी वह नए व्यक्तित्व की आकांक्षा रखते हुए भी हमेशा जन-संघर्षों से दूर रहा। मुक्तिबोध में 'कर्मण्यता' या 'सकर्मकता' पर बहुत जोर है ! 'गुंथे तुमसे, बिंधे तुमसे' शीर्षक कविता में वे श्रमिक वर्ग से कहते हैं : "वेदना में हम विचारों की / गुंथे तुमसे, / बिंधे तुमसे, / व आवेष्टित परस्पर हो गए / *कर्मण्य* -क्षिप्रा-तीर पर !" 'अंधेरे में' . पुरुष भी 'सकर्मक प्रेम की अतिशयता' है। 'ओ काव्यात्मन् फणिधर' कविता में एक दार्शनिक आत्मा है, जो ब्रह्मराक्षस से पूरी समानता रखती है :

> उन अंधकार-शाखाओं के पत्राच्छद में
> छिपकर कोई
> स्वर दबा सिसकती है
> दार्शनिक एक आत्मा···
> जब जीवित थी,
> आचरणरहित सोचती रही
> *अकर्मक* विवेक-*धी*,
> औ' उदरंभरि पल-क्षण-प्रसार में अटक गई
> सारे अन्वय-व्यतिरेक प्रमा-उपपत्ति सहित !!

यह दार्शनिक आत्मा 'अंधेरे में' के कलाकार से भी मिलती है, जो "कार्य-क्षमता से वंचित व्यक्तित्व / चलाता था अपना असंग अस्तित्व।"

2

'ब्रह्मराक्षस' कविता दो खंडों में बंटी हुई है। पहले खंड में कवि ने ब्रह्मराक्षस के प्रेतोचित व्यवहार का चित्रण किया है और दूसरे खंड में अपने पाठकों को उसकी 'ट्रैजेडी' से परिचित कराया है।

भूत-प्रेत के बारे में यह प्रसिद्ध है कि वे वीरान जगहों में रहते हैं, किसी पुराने वृक्ष पर, या फिर किसी परित्यक्त तालाब या मकान में। ब्रह्मराक्षस का निवास-स्थल शहर के बाहर के खंडहर की तरफ स्थित एक परित्यक्त तालाब है, जिसकी मुंडेर बंधी हुई है, यद्यपि वह एकाध जगह टूटी हुई है। उसी तालाब के वर्णन के साथ

कविता शुरू होती है। तालाब बहुत गहरा है। उसकी अनेक सीढ़ियां ठहरे हुए जल में डूबी हुई हैं। जल की थाह नहीं ली गई, लेकिन उसे देखकर ऐसा लगता है कि वह अथाह है। कभी-कभी कोई बात समझ में नहीं आती, लेकिन इसका आभास मिल जाता है कि वह बहुत गहरी है। तालाब के जल के साथ भी कुछ ऐसा ही है। तालाब के चारों ओर गूलर के पेड़ हैं, चुपचाप खड़े। उनकी डालों से उल्लुओं के भूरे रंग के और गोलाकार घोंसले लटक रहे हैं। जैसे तालाब परित्यक्त है, वैसे ही ये घोंसले भी। इस तरह वहां का वातावरण बहुत भयावना है। मुक्तिबोध की कविताओं में ऐसे भयावने वातावरण का वर्णन प्रायः मिलता है। उदाहरण के लिए 'अंधेरे में' के वातावरण को ही देखा जा सकता है। रात का समय है, शहर में मार्शल लॉ लगा हुआ है और उसी में बैंडबाजे के साथ नीली रोशनी में फासिस्ट हुकूमत के समर्थकों का जुलूस बढ़ रहा है। इसके अलावा, काव्य-नायक भाग रहा है और उसे मारने के लिए सैनिक उसका पीछा कर रहे हैं ! भय का यह वातावरण आधुनिक समाज में व्याप्त भय को व्यंजित करता है, जिसके कई कारण हैं। बावड़ी या वापी का वर्णन अज्ञेय में भी है, लेकिन वहां भय नहीं, आनंद है, क्योंकि वे यथार्थवादी नहीं, रहस्यवादी कवि थे। यहां उनके संग्रह 'आंगन के पार द्वार' की एक कविता की ये पंक्तियां देखी जा सकती हैं : "कितनी गहरी वापिका तुम्हारी, / कितनी लघु अंजली हमारी।" ताज्जुब नहीं कि हिंदी में मुक्तिबोध को अज्ञेय का 'एंटी-थीसिस' माना जाता है।

उस तालाब के इर्द-गिर्द एक बहुत अच्छी गंध आ रही है, जंगली, हरी और कच्ची, पिछले सौ पुण्यों के आभास की तरह। उससे यह संदेह होता है कि वह कोई अज्ञात श्रेष्ठता न हो, जो अतीत की वस्तु बन चुकी है, लेकिन जिसे दिल भुला नहीं पाता, उसमें वह हमेशा एक खटके की तरह लगी रहती है। मुक्तिबोध की विशेषता है कि संघर्ष और तनाव से भरी हुई उनकी कविता के बीच-बीच में सुंदर और मधुर स्थल भी मिलते हैं, जो उसका आकर्षण बहुत बढ़ा देते हैं। स्वतंत्र रूप से उन्होंने प्रकृति-वर्णन प्रायः नहीं किया, लेकिन यहां प्रकृति का एक बहुत ही सुंदर चित्र है :

> बावड़ी की इन मुंडेरों पर
> मनोहर हरी कुहनी टेक
> बैठी है टगर
> ले पुष्प-तारे श्वेत।

सफेद फूलों और हरी टहनियोंवाले टगर का युवती के रूप में यह एक संश्लिष्ट चित्र है। लेकिन यह दृश्य तालाब की भयोत्पादक निर्जनता को बढ़ाता ही है, कम नहीं करता। टगर के पास ही कनेर के लाल फूलों का एक लहकता हुआ गुच्छा लटक

रहा है। वह भी मन को बहुत आकर्षित करता है, लेकिन उधर खतरा है, मुंड़ेर टूटी हुई है। उससे तालाब का मुंह खुल गया है, वह आसमान की तरफ ताक रहा है। इस स्थिति में कनेर के लाल फूलों का गुच्छा खतरे का 'सिग्नल' बन जाता है। यहां भी अज्ञेय का एक चित्र याद आता है–"पार्क के किनारे पुष्पिताग्र कर्णिकार की आलोक-खची तन्वि रूपरेखा।" यह चित्र भी सुंदर है, लेकिन मुक्तिबोध का चित्र एक तरफ सुंदर है, तो दूसरी तरफ भयोत्पादक। यही सब देखकर एक आलोचक ने उनकी कविता को 'भयानक खबर की कविता' कहा है।

तालाब के गहरे जल में पैठकर ब्रह्मराक्षस स्नान करता रहता है। वह डुबकी लगाता है, जिससे भीतर जल गूंज उठता है। बाहर उसकी अनुगूंज सुनाई पड़ती है। उसके साथ बड़बड़ाहट के शब्द, जैसे कोई पागल बोल रहा हो। ब्रह्मराक्षस को भ्रम है कि उसका शरीर गंदा है। उसी को साफ करने के लिए वह लगातार रात-दिन, तालाब में अपनी देह रगड़ता रहता है। उसके हाथ के पंजे पानी में छपाछप करते हुए उसकी बांहों, छाती और मुंह को साफ करने के लिए चलते रहते हैं, लेकिन उसे लगता है, मैल अभी छूटा नहीं। मुक्तिबोध ने यह भी लिखा है कि वह अपनी 'पाप-छाया' दूर करने के लिए स्नान करता है। यह देखकर डॉ. रामविलास शर्मा ने यह घोषित कर दिया है कि उन पर अस्तित्ववाद का प्रभाव था। कहते हैं, "शहर से दूर खंडहर की तरफ परित्यक्त सूनी बावड़ी में एक ब्रह्मराक्षस रहता है। भीतर पागल की-सी बड़बड़ाहट गूंजती रहती है। तन की मलिनता और 'पाप-छाया दूर करने के लिए' वह हाथ के पंजे देह पर दिन-रात घिसता है, फिर भी मैल दूर नहीं होता। अस्तित्ववाद के पितामह कीर्केगार्ड ने मनुष्य की भूलों, अपराध-भावना, *पाप-संबंधी चेतना*, आत्म-परिष्कार की तड़प, आत्मसंघर्ष द्वारा मुक्ति और ईश्वर-प्राप्ति की संभावना पर बड़ा बल दिया था।" (*नई कविता और अस्तित्ववाद*, पृ. 125) इस प्रसंग में ज्ञातव्य है कि 'पाप' नैतिक शब्द होते हुए भी मुक्तिबोध के लिए एक सामाजिक अर्थ देनेवाला शब्द है, जिसका प्रयोग उन्होंने अपनी कविताओं में ही नहीं, अपनी कहानियों और लेखों में भी किया है। अपनी एक कविता में तो वे कहते भी हैं, "नैतिक शब्दावलि ? / मंदिर-अंतराल में भी श्वानों का सम्मेलन / तो आत्मा के संगम का प्रश्न नहीं उठता / यह है यथार्थ की चित्रावलि।" मतलब यह कि हालत इतनी खराब हो चुकी है, अब नैतिकता का प्रश्न ही कहां रह गया है, अब नैतिक शब्द भी यथार्थ के वाचक हो गए हैं ! इसके अलावा ब्रह्मराक्षस के प्रसंग में 'पाप' शब्द के प्रयोग की संगति यह है कि ब्रह्मराक्षस एक धार्मिक मान्यता है, जिसके मूल में ब्राह्मण द्वारा किया गया पाप-कर्म है।

कहा जा चुका है कि ब्रह्मराक्षस चूंकि एक बुद्धिजीवी का प्रेत है, इसलिए जब वह स्नान कर रहा होता है, तो विचित्र प्रकार के स्तोत्र का पाठ करता है, क्रुद्ध होकर कोई मंत्र उच्चरित करता है और मुंह से शुद्ध संस्कृत में धाराप्रवाह गालियां बकता

है। उसके ललाट की रेखाओं को देखकर लगता है कि वे आलोचना की चमकती हुई रेखाएं हैं। वह अत्यंत क्षुब्ध जैसे ढेर सारी चीजों की आलोचना करता रहता है। वह चूंकि सामान्य मनुष्य नहीं, इसलिए तालाब से निकलता नहीं, उसमें लगातार नहाता ही रहता है। वह कोई उज्ज्वल भावनाओं और सुंदर संवेदनाओंवाला प्राणी नहीं। उसके 'प्राण में संवेदना है स्याह !!' मृत्यु के बाद प्रेत-योनि प्राप्त होने पर पूर्वोक्त शोधक की यह स्वाभाविक परिणति है। वह असामान्य है, विकृत है, किंबहुना वह प्रेत या पिशाच है। इसी से वह विचित्रतापूर्ण व्यवहार करता है। जब सूर्य की किरण तालाब के जल में डूबी दीवार पर तिरछे गिरती है और उसके तल तक पहुंच जाती है, तो उसे लगता है कि सूर्य ने उसकी श्रेष्ठता स्वीकार कर उसे नमस्कार किया है। इसी तरह कभी चांदनी अपना रास्ता भूलकर तालाब की दीवार से टकराती है, तो वह समझता है कि उसने भी उसे गुरु मानकर उसके आगे सिर झुकाया है। इस सबसे अत्यंत प्रसन्न वह आकाश को भी अपने चरणों पर विनत महसूस करता है। मुक्तिबोध में वस्तुतः स्वतंत्र रूप से प्रकृति के चित्र नहीं आते, लेकिन प्रासंगिक रूप में ही आते हैं, तो अपनी पूरी शक्ति और सुंदरता के साथ। उदाहरणार्थ यहां आया हुआ यह चित्र, जो आंखों के आगे दृश्य को एकदम मूर्त कर देता है :

...गहरी बावड़ी
की भीतरी दीवार पर
तिरछी गिरी रवि-रश्मि
के उड़ते हुए परमाणु, जब
तल तक पहुंचते हैं कभी
तब ब्रह्मराक्षस समझता है, सूर्य ने
झुककर 'नमस्ते' कर दिया।

अपनी महानता के प्रति आश्वस्त हो जाने के बाद ब्रह्मराक्षस और वेग से उस काले और पुराने तालाब के गहरे और एकांत जल में डुबकियां लगाकर स्नान करने लगता है। उस क्रम में वह सुमेरी और बेबिलोनी जन-कथाओं से लेकर वैदिक ऋचाओं तक की, उस समय से लेकर आज तक के सूत्रों, छंदों, मंत्रों और प्रमेयों की तथा मार्क्स, एंगेल्स, रसेल और टॉएन्बी से लेकर हाइडेगर, स्पेंग्लर, सार्त्र और गांधी तक के सिद्धांतों की नई यानी मनमानी व्याख्या करता है। मानना पड़ेगा कि यह प्रेत वाकई ब्रह्मराक्षस है, यानी एक ज्ञानी बुद्धिजीवी का प्रेत, जिसने इतिहास, लोक-साहित्य, वेद-पुराण, शास्त्र, साहित्य, गणित, दर्शन और राजनीतिशास्त्र सबकुछ पढ़ रखा था।

ब्रह्मराक्षस तालाब में उसके जल को भीतर से हिलकोरता जो स्नान कर रहा है, उससे वह बहुत विक्षुब्ध हो उठा है। विक्षुब्ध तालाब का यह बहुत ही सशक्त चित्र मुक्तिबोध ने अंकित किया है, जो किसी हद तक ब्रह्मराक्षस की मानसिक स्थिति का

भी सूचक हो सकता है :

…ये गरजती, गूंजती, आंदोलिता
गहराइयों से उठ रहीं ध्वनियां, अतः
उद्भ्रांत शब्दों के नए आवर्त में
हर शब्द निज प्रति-शब्द को भी काटता,
वह रूप अपने बिंब से ही जूझ
विकृताकार-कृति
है बन रहा,
ध्वनि लड़ रही अपनी प्रतिध्वनि से यहां।

'गरजती', 'गूंजती' और 'आंदोलिता'–जल की गहराइयों के ये विशेषण वर्ण्य वस्तु का बहुत ही सजीव चित्र उपस्थित करते हैं। गहराइयों से उठनेवाले उद्भ्रांत शब्दों के जो आवर्त बनते हैं, वे आपस में टकराते हैं। टकराने से वे और विकृत हो जाते हैं। इस तरह ध्वनि के अपनी ही प्रतिध्वनि से लड़ने से वहां एक विचित्र कोलाहल उत्पन्न हो रहा है।

कविता के पहले खंड के अंत में मुक्तिबोध कहते हैं कि उस कोलाहल को मुंडेर पर अपनी कुहनी टेके टगर के फूल सुन रहे हैं, करौंदी के फूल सुन रहे हैं, पुराना गूलर का पेड़ सुन रहा है। वह कोलाहल, वह ध्वनि-प्रतिध्वनि और उनका आपस में टकराव, वस्तुतः प्रतीकात्मक उपादान हैं, जिनके माध्यम से एक पागल, जिसका संबंध उस पुराने तालाब से है, अपनी 'ट्रैजेडी' बयान कर रहा है ! कविता के दूसरे खंड में भी उन्होंने कहा है कि "बावड़ी में वह स्वयं / पागल प्रतीकों में निरंतर कह रहा…।"

कविता के दूसरे खंड में उक्त 'ट्रैजेडी' का ही वर्णन है। ब्रह्मराक्षस जब मनुष्य-योनि में था, शोधक के रूप में, तो जैसा कि कहा जा चुका है, बहुत परेशान था। सर्वप्रथम यहीं पर कवि ने उसके व्यक्तित्व की कल्पना एक प्रासाद के रूप में की है, जिसमें ऊंची और अंधेरी सीढ़ियां थीं। शोधक उन सीढ़ियों पर चढ़ता था और उतरता था, पुनः चढ़ता था और लुढ़क जाता था, जिससे उसके पैरों में मोच आ जाती थी और छाती पर अनेक घाव बन जाते थे। यह उसके भीतर चलनेवाला तर्क-वितर्क था, जिसमें वह क्षत-विक्षत हो जाता था। मुक्तिबोध ने रूपकात्मक ढंग से इसका बहुत ही जीवंत वर्णन किया है :

खूब ऊंचा एक जीना सांवला
उसकी अंधेरी सीढ़ियां…
वे एक आभ्यंतर निराले लोक की।

एक चढ़ना औ' उतरना,
पुनः चढ़ना औ' लुढ़कना,
मोच पैरों में
व छाती पर अनेकों घाव।

पूंजीवादी व्यक्तित्व को पूर्णतः छोड़कर 'आदर्श' समाजवादी व्यक्तित्व प्राप्त करने के संघर्ष में थोड़ी सफलता और अधिक असफलता मिलना अनिवार्य था, क्योंकि शोधक के आदर्श अतिरेकवादी थे। वह चाहता था कि नैतिकता के भव्य और सूक्ष्म प्रतिमान उतने सुनिश्चित हों, जितनी ज्यामितिशास्त्र की संगतियां और गणित की बातें। यह संभव न था, क्योंकि वे प्रतिमान किसी हद तक आत्मचेतन अर्थात् मनोगत भी होते हैं, जिससे विज्ञान-जैसी वस्तुपरकता उनमें नहीं आ सकती। लेकिन मनुष्य यदि वैसे प्रतिमान प्राप्त करने के लिए अपने भीतर संघर्ष कर रहा है, तो भले उस संघर्ष में सफलता पाना आसान न हो, उसमें मिलनेवाली पीड़ा का निश्चित रूप से महत्त्व है। इस संघर्ष-गाथा को 'मानवी अंतर्कथाएं' कहते हुए मुक्तिबोध ने कहा है :

···अतिरेकवादी पूर्णता
की वे व्यथाएं बहुत प्यारी हैं···
ज्यामितिक संगति-गणित
की दृष्टि से कृत
भव्य नैतिक मान
आत्मचेतन सूक्ष्म नैतिक भान···
···अतिरेकवादी पूर्णता की तुष्टि करना
कब रहा आसान
मानवी अंतर्कथाएं बहुत प्यारी हैं !!

लक्ष्य करने योग्य यह है कि शोधक के संघर्ष को गलत मानते हुए भी मुक्तिबोध उसके उद्देश्य की सराहना करते हैं और कहते हैं कि इसी तरह के संघर्ष करते हुए मानव-संस्कृति आगे बढ़ती रही है। इसीलिए मनुष्य के भीतरी संघर्ष की यह गाथा उन्हें प्रिय प्रतीत होती है : 'मानवी अंतर्कथाएं बहुत प्यारी हैं !!' शोधक का संघर्ष विकट था। उसे एक पल चैन न था। सूर्योदय उसे ऐसा लगता था, जैसे चिंता की रक्त-धारा प्रवाहित हो उठी हो; चंद्रमा उसे राहत देता था, जैसे वह उसके जख्मों पर सफेद पट्टियां बांध देता था।

जैसाकि अभी संकेत किया गया है, शोधक के संघर्ष के प्रति मुक्तिबोध प्रशंसा का भाव रखते हैं और उसके अतिरेकवादी होने, आत्म और विश्व तथा भीतर और बाहर के संबंध की गलत समझ रखने तथा व्यवहार-क्षेत्र से दूर रहने के बावजूद

उसका उपहास नहीं करते, बहुत ममता और पीड़ा के साथ उसकी मृत्यु पर कहते हैं–

वह सघन झाड़ी के कंटीले
तम-विवर में
मरे पक्षी-सा
बिदा ही हो गया
वह ज्योति अनजानी सदा को सो गई

यहां 'तम-विवर' ऊपर आए 'कोठरी' का पर्याय है। शोधक इस दुनिया से चला गया, उसे किसी ने नहीं जाना, उसके संघर्ष से कोई परिचित न हुआ, क्योंकि वह अपने कमरे से कभी बाहर नहीं आया। वह एक 'ज्योति' थी, जो सदा के लिए विलीन हो गई ! लेकिन इससे भी महत्त्वपूर्ण मुक्तिबोध द्वारा उठाया गया यह प्रश्न है, जो वे पाठकों के भीतर उत्पन्न करना चाहते हैं–

यह क्यों हुआ !
क्यों यह हुआ !!

कहने की आवश्यकता नहीं कि कविता के दूसरे खंड में इस प्रश्न का ठिकाने से उत्तर दिया गया है और वही उत्तर इस कविता का संदेश है।

कविता के अंत में मुक्तिबोध ने कुछ लोगों के लिए यह और चौंकानेवाली बात कही है–

मैं ब्रह्मराक्षस का सजल-उर शिष्य
होना चाहता
जिससे कि उसका वह अधूरा कार्य,
उसकी वेदना का स्रोत[,]
संगत, पूर्ण निष्कर्षों तलक
पहुंचा सकूं।

इस उद्धरण का एक-एक शब्द सार्थक है। कवि ब्रह्मराक्षस का शिष्य होना चाहता है, उसी की तरह करुणा से आप्लावित, क्योंकि शोधक का लक्ष्य अपने को समाज के लिए पूर्णतः अर्पित कर देना था, और उसके अधूरे कार्य को युक्तिसंगत परिणति तक ले जाना चाहता है। कहना आवश्यक नहीं है कि उसका वह अधूरा कार्य था समाजवादी आदर्शों के अनुरूप व्यक्तित्व का निर्माण। कवि समझदारी के साथ इस कार्य को पूरा करना चाहता है, अपने व्यक्तित्व को वैसा बनाकर। वह यह भी कहता है कि शोधक को अपनी गलतियों के कारण अपने उद्देश्य में जो सफलता नहीं मिली,

उसका कार्य जो अधूरा रह गया, उसी से वह मरने के बाद ब्रह्मराक्षस हुआ; उसका अधूरा कार्य ही उसकी संपूर्ण वेदना का स्रोत था, जिससे मनुष्य-योनि में वह बेचैन रहा करता था।

'ब्रह्मराक्षस का शिष्य' शीर्षक से मुक्तिबोध की एक कहानी भी है। इसमें ब्रह्मराक्षस का पाप यह है कि जब वह मनुष्य-योनि में था, उसने अपने द्वारा अर्जित ज्ञान को अपने तक ही सीमित रखा। इसी से मरने के बाद वह प्रेत हुआ। अब अपने शिष्य से वह कहता है, "अपने मानव-जीवन में मैंने विश्व की समस्त विद्या को मथ डाला, किंतु दुर्भाग्य से कोई योग्य शिष्य नहीं मिल पाया कि जिसे मैं समस्त ज्ञान दे पाता। इसीलिए मेरी आत्मा इस संसार में अटकी रह गई और मैं ब्रह्मराक्षस के रूप में यहां विराजमान रहा।" पुनः "तुमने मेरा ज्ञान प्राप्त कर मेरी आत्मा को मुक्ति दिला दी। ज्ञान का लाया हुआ उत्तरदायित्व मैंने पूरा किया। अब मेरा यह उत्तरदायित्व तुम पर आ गया। जब तक मेरा दिया हुआ तुम किसी और को न दोगे तब तक तुम्हारी मुक्ति नहीं।" कविता में भी अपने को समाज के लिए उत्सर्ग करने की बात है, यहां भी। वैसा न करना ही पाप है, जो मरने के बाद मनुष्य के ब्रह्मराक्षस होने का कारण है। कविता जटिल है, क्योंकि उसमें नए व्यक्तित्व की उपलब्धि से जुड़ी और भी बातें हैं, कहानी सरल, क्योंकि मुक्तिबोध ने वह किशोरों के लिए लिखी थी और वह सर्वप्रथम एक बालोपयोगी पत्रिका में छपी थी। उनके कहानी-संग्रह 'काठ का सपना' की भूमिका में श्रीकांत वर्मा ने कहा है कि मुक्तिबोध स्वयं ही 'ब्रह्मराक्षस' थे और स्वयं ही 'ब्रह्मराक्षस' का शिष्य भी। अपनी एक अधूरी डायरी में स्वयं मुक्तिबोध ने भी लिखा है कि "मैं ब्रह्मराक्षस हूं। अनादि काल से चला आया वह ब्रह्मराक्षस, जिसने हमेशा सही करने की कोशिश की और गलती करता चला गया।" उनका ब्रह्मराक्षस और उसका शिष्य एक साथ दोनों होना और पूर्णता से उनके तर्क-वितर्क, अंतर्द्वंद्व और आत्मसंघर्ष को सामने लाता है, प्रगतिशील मध्यवर्गीय बुद्धिजीवियों के तर्क-वितर्क, अंतर्द्वंद्व और आत्मसंघर्ष के साथ।

3

जैसाकि आरंभ में ही कहा गया है, 'ब्रह्मराक्षस' एक फैंटेसी है। फैंटेसी का इस्तेमाल पुराकथाओं, लोककथाओं और साहित्य में भी काफी मात्रा में हुआ है। एक विद्वान् के अनुसार तो पूरा धर्म फैंटेसी है। ऐसी स्थिति में मुक्तिबोध ने अपनी कविताओं में धीरे-धीरे फैंटेसी के सहारे लिखना शुरू किया, तो उसमें चौंकने की कोई बात नहीं थी। लेकिन आलोचकों ने उनका विरोध तक किया। कारण यह कि वे घोषित रूप से मार्क्सवादी कवि थे। उस समय आम धारणा यह थी कि साहित्य में मार्क्सवादी होने का मतलब यथार्थवादी होना है और यथार्थवाद की एक ही शैली है—इतिवृत्तात्मक,

यानी दुनिया जिस रूप में है, उसी रूप में उसका चित्रण किया जाए, उसे साहित्य में लाकर बदल न दिया जाए। मुक्तिबोध के पहले प्रगतिशील साहित्य में 'यथार्थवाद' की विजय-पताका फहरा चुकी थी। ऐसी स्थिति में उनसे अपेक्षा यह थी कि वे अपनी कविता में उसी का विकास करते, न कि कल्पना के आकाश में ऐसी ऊंची और तर्कहीन उड़ान भरते! यह बात अब जाकर अच्छी तरह से स्पष्ट हुई है कि यथार्थवाद एक पद्धति है, जैसे क्लासिसिज्म और रोमांटिसिज्म, शैली नहीं, इसलिए उसकी अनेक शैलियां हो सकती हैं–इतिवृत्तात्मक से लेकर पूर्णतः फैंटास्टिक तक।

अपनी कविताओं में मुक्तिबोध ने फैंटेसी का इस्तेमाल कई रूपों में किया है। कहीं उसका स्पर्श हलका है, कहीं बहुत गहरा। कभी कोई कविता पूरी फैंटेसी होती है, कभी सिर्फ उसके अंत में कवि उस पर फैंटेसी की एक कूंची फेर देता है। 'ब्रह्मराक्षस' और 'अंधेरे में' इन दोनों कविताओं में फैंटेसी के दो रूप देखने को मिलते हैं। फैंटेसी वह तर्कहीन कल्पना है, जो सबसे ज्यादा स्वप्न से मिलती है। 'अंधेरे में' की फैंटेसी ऐसी ही है। उसमें कविता की घटनाएं व्यावहारिक तर्क से परे जाकर घटती हैं, जिससे सबकुछ जादुई लगता है, यद्यपि गहराई में उसमें विचार और तर्क की पद्धति बहुत सजग रूप से क्रियाशील रहती है। यह सृजनात्मक फैंटेसी की विशेषता है। 'ब्रह्मराक्षस' की फैंटेसी बहुत कुछ रूपकात्मक है। इसमें एक प्रगतिशील मध्यवर्गीय बुद्धिजीवी को ब्रह्मराक्षस का रूप दिया गया है और अंत तक उसका निर्वाह किया गया है। स्वभावतः इससे इसे समझना सरल हो गया है। इसके पहले खंड में ब्रह्मराक्षस के प्रेतोचित व्यवहार का वर्णन है और दूसरे खंड में उसकी 'ट्रैजेडी' का। इससे कविता में घटनाओं के अप्रत्याशित मोड़ नहीं आते और उसका वातावरण उतना 'स्वप्निल' नहीं बन पाता, जितना स्वप्निल मुक्तिबोध की अन्य लंबी कविताओं, यथा 'भविष्यधारा', 'चंबल की घाटी में' या फिर 'अंधेरे में', का वातावरण है।

जैसाकि कहा जा चुका है, 'ब्रह्मराक्षस' शीर्षक यह कविता आकार में अपेक्षाकृत छोटी होते हुए भी प्रकार में लंबी कविता ही है। मुक्तिबोध ने लिखा है कि जो कविता आवेशमूलक होती है, वह एक बार अपने को प्रकट करके समाप्त हो जाती है, लेकिन जिसमें कवि आवेश के कारण और फिर उस कारण के कारण की तलाश करने लगता है, वह उस तरह से समाप्त नहीं होती, बल्कि उसे समाप्त करना कवि के लिए एक समस्या होती है। मुक्तिबोध की कविताएं इस कारण लंबी हो जाती थीं कि उनमें वे कार्य-कारण की पूरी शृंखला को प्रस्तुत करना चाहते थे। 'ब्रह्मराक्षस' में पहले ब्रह्मराक्षस के व्यवहार का वर्णन है, फिर उसके उस 'पाप' का, जिसके कारण उसे प्रेत-योनि प्राप्त हुई। इस क्रम में उन्होंने यह भी बतलाया है कि पाप का भागी वह किस कारण से बना। फिर उस कारण के कारण और उसके भी कारण की ओर संकेत है। अंत में कवि यह भी बतलाता है कि वह उस ब्रह्मराक्षस का शिष्य क्यों बनना चाहता है। स्पष्टतः इसी कार्य-कारण-संबंध को उपस्थित करने के क्रम में यह

कविता बढ़ती चली गई है। लेकिन यह संबंध तर्कशास्त्र का ठोस हेतुवाद नहीं, क्योंकि अंततः यह बहुत कुछ भावात्मक वा अमूर्त रूप में प्रस्तुत किया गया है। मुक्तिबोध के शब्दों में इस कविता के कथा-तत्त्व को भी 'भाव का इतिहास' कहना ही उपयुक्त होगा।

इस कविता का सौंदर्य इसके विचारप्रधान होने में है। निराला की कविता ज्ञानगर्भित है। 'राम की शक्ति-पूजा' को ही लें, तो उनके पास पुराण, योग और दर्शन का अच्छा ज्ञान था, जिसका वे कविता में यथास्थान उपयोग करते थे। मुक्तिबोध के पास एक विचार या विचार-धारा थी, जिसे वे कविता में रूपांतरित कर देते थे, इस कौशल के साथ कि उसमें कुछ भी आरोपित नहीं प्रतीत होता था, बल्कि घटना से ही विचार या विचार-धारा फूटती हुई लगती थी। उन्होंने लिखा भी है कि बाहरी विचार-धारा कवि के लिए कभी-कभी आत्मविस्तार के रूप में दिखलाई पड़ती है। ऐसी स्थिति में यदि वह विचार को कविता का रूप देता है, तो उसमें सबकुछ आंतरिक होता है, कुछ भी आरोपित नहीं। ब्रह्मराक्षस का प्रेतोचित व्यवहार और शोधक का आत्मसंघर्ष इन दोनों का चित्रण जिस सफलता से किया गया है, उससे इस कविता की घटना कतई गढ़ंत नहीं प्रतीत होती। इसका एक बड़ा कारण यह है कि उक्त आत्मसंघर्ष मुक्तिबोध का अपना आत्मसंघर्ष भी है, जिसने सृजनात्मक क्षणों में अत्यंत स्वाभाविक रूप से एक फैंटेसी का रूप धारण कर लिया। उनकी सफलता अपने आत्मसंघर्ष का उसके द्वारा असामान्यीकरण कर, उसे अजनबी बनाकर, पुनः उसका सामान्यीकरण कर देना है, जिससे वह सामान्य प्रगतिशील मध्यवर्गीय बुद्धिजीवी की गाथा बन जाता है। यथार्थ का फैंटेसी के रूप में और ठीक उसी तरह फैंटेसी का बिलकुल यथार्थ के रूप में चित्रण कर उन्होंने यथार्थ और फैंटेसी दोनों की प्रभावोत्पादकता बहुत बढ़ा दी है।

निराला की कविता भी ग्रंथिल है और मुक्तिबोध की भी। दोनों कवि थोड़े शब्दों में बहुत ज्यादा कहना चाहते हैं, जिससे उनकी अभिव्यक्ति गूढ़ हो जाती है। दोनों की तुलना करने पर यह पता चलता है कि निराला की गूढ़ता प्रायः जहां शब्द-सापेक्ष है, वहां मुक्तिबोध की अर्थ-सापेक्ष। निराला में शब्दों का सही पारस्परिक संबंध स्थापित करने की समस्या है और मुक्तिबोध में प्रायः गहन अर्थ का सूत्र पकड़ने और जोड़ने की। 'बुरे-अच्छे-बीच', 'अच्छे व उससे अधिक अच्छे-बीच', 'अतिरेकवादी पूर्णता', 'ज्यामितिक संगति-गणित की दृष्टि से कृत', 'भाव-संगत तर्क-संगत कार्य-सामंजस्य-योजित समीकरणों का गणित', 'धन-अभिभूत अंतःकरण', 'सत्य की झाईं', 'महत्ता', 'आंतरिकता', 'भीतरी और बाहरी पाट', 'कोठरी' 'तम-विवर', 'सजल-उर', 'अधूरा कार्य' और 'संगत, पूर्ण निष्कर्ष' ये सब शब्द न होकर अवधारणाएं हैं, जिन्हें समझे बगैर मुक्तिबोध की कविता को नहीं समझा जा सकता। इनकी व्याख्या मुक्तिबोध के शेष साहित्य में मिलती है और फिर उसकी भी व्याख्या उस विश्व-दृष्टि में, जिसे

अपने अनुभव के आलोक में उन्होंने अपने ढंग से आत्मसात् किया था।

मुक्तिबोध को आत्मसंघर्ष का कवि कहा जाता है। समग्र रूप में वे आत्मसंघर्ष के कवि नहीं हैं, सामाजिक संघर्ष के कवि हैं और उनका आत्मसंघर्ष मूलतः उसी की छाया है, उनमें व्यक्ति का आत्मसंघर्ष भी उसके वर्ग के आत्मसंघर्ष को अभिव्यक्त करता है, लेकिन यह सही है कि उनकी अनेक कविताओं में आत्मसंघर्ष बहुत उत्कट रूप में दिखलाई पड़ता है। लेकिन प्रत्येक कविता में आत्मसंघर्ष का अलग-अलग पहलू प्रकट हुआ है। 'अंधेरे में' कविता में आत्मसंघर्ष मध्यवर्गीय संस्कारों और श्रमिक वर्ग से तादात्म्य की आकांक्षा को लेकर है, लेकिन 'ब्रह्मराक्षस' में अपने व्यक्तित्व को अतिरेकवादी पूर्णता देने के लिए 'अच्छे व उससे अधिक अच्छे' को लेकर, जिसमें आत्मचेतना और विश्वचेतना, भीतर और बाहर, के बीच का संघर्ष भी शामिल है।

'ब्रह्मराक्षस' रोमांटिक बेचैनी और तड़प से भरी हुई एक विचार-गर्भित कविता है, जो मुक्तिबोध की कविताओं में 'अंधेरे में' की तरह ही 'क्लासिक' बन चुकी है।

अंधेरे में

'अंधेरे में' के रचना-काल को लेकर कई तरह की सूचनाएं मिलती हैं। 'मुक्तिबोध रचनावली' में नेमिचंद्र जैन ने इस कविता का रचना-काल 1957 से 1962 तक संभावित बतलाया है। 'चांद का मुंह टेढ़ा है' की भूमिका में शमशेर ने लिखा है कि इस कविता की रचना मुक्तिबोध ने राजनांदगांव में की थी। राजनांदगांव वे जुलाई, 1958 में पहुंचे थे और 1961 में उन्होंने उन्हें वहां अपनी जो तीन बहुत लंबी और लाजवाब कविताएं सुनाई थीं, उनमें एक कविता 'अंधेरे में' भी थी। इसी भूमिका में उन्होंने यह भी लिखा है कि नागपुर में एंप्रेस मिल के मजदूरों पर जब गोली चली थी, तो रिपोर्टर की हैसियत से मुक्तिबोध घटना-स्थल पर मौजूद थे। उन्होंने सिरों का फूटना और खून का बहना अपनी आंखों से देखा था। उनके अनुसार 'अंधेरे में' शीर्षक उनकी सशक्त और मार्मिक कविता उनके नागपुर-जीवन के बहुत सारे संदर्भ अपने अंदर समेटे हुए है। नागपुर रेडियो में मुक्तिबोध के सहकर्मी अनिलकुमार का भी 'लक्षित मुक्तिबोध' में कहना है कि 'अंधेरे में' कविता की पृष्ठभूमि एंप्रेस मिल गोलीकांड से संबंधित है। विष्णुचंद्र शर्मा ने 'मुक्तिबोध की आत्मकथा' में इस गोलीकांड की जो चर्चा की है, उससे पता चलता है कि मुक्तिबोध घटना-स्थल पर 'नया खून' के रिपोर्टर की हैसियत से मौजूद थे। रेडियो की नौकरी छोड़कर उन्होंने अक्तूबर, 1956 में 'नया खून' का संपादन स्वीकार किया था और प्रायः अप्रैल, 1958 तक वे उसमें रहे थे। एंप्रेस मिल के मजदूरों की हड़ताल और गोलीकांड इसी बीच हुए होंगे। उक्त गोलीकांड के अनुभवों का उपयोग उन्होंने कुछ दिनों के बाद 'अंधेरे में' कविता में किया, जब वे अनुभव परिपक्व हो गए।

हरिशंकर परसाई ने अपने दो संस्मरणों में 'अंधेरे में' की रचना का संबंध एक दूसरी घटना से बतलाया है। वह घटना है मुक्तिबोध द्वारा माध्यमिक विद्यालयों के लिए तैयार की गई पुस्तक 'भारत : इतिहास और संस्कृति' का मध्यप्रदेश सरकार

द्वारा प्रतिबंधित किया जाना। यह घटना 19 सितंबर, 1962 को घटी थी। पहला संस्मरण 'राष्ट्रवाणी' (जनवरी-फरवरी, 1965) में 'वह तेजवती पीड़ा' शीर्षक से प्रकाशित हुआ था। इसमें परसाईजी कहते हैं : "जबलपुर वे (मुक्तिबोध) साल में एक बार जरूर ही आते थे, कभी अधिक भी। 4-5 दिन रुकते थे और उन चार-पांच दिनों में मुश्किल से एक घंटा अपनी समस्याओं के बारे में बात करते। बाकी जाग्रत स्थिति के 17-18 घंटे विभिन्न साहित्यिक, सामाजिक, राजनैतिक समस्याओं पर बातें होतीं। मैं देखता, मुक्तिबोध कुछ चीजों के बारे में बहुत उत्तेजित हो जाते। यों बेचैनी और छटपटाहट उनके भीतर हमेशा ही रहती थी पर जिस चीज ने उन्हें गहरे छू दिया है, उसके बारे में घंटों किसी सार्वजनिक वक्ता की तरह जोर-जोर से बातें करते थे। उनके गले की नसें फूल जातीं और वे हांफने लगते। उनकी एक पुस्तक की जब्ती के लिए एक आंदोलन खड़ा हो गया था। आंदोलन चलानेवाले थे कुछ असंतुष्ट प्रकाशक और एक सांप्रदायिक संगठन के लोग। वे पुस्तक की जब्ती की मांग कर रहे थे और धर्मांधता को उभारकर मुक्तिबोध के खिलाफ जनमत को उत्तेजित कर रहे थे। मुक्तिबोध तब बहुत उत्तेजित थे। *वे बड़े व्यापक संदर्भ में इस चीज को देख रहे थे।* वे कहते, "पार्टनर, यह मेरी या आपकी पुस्तक का मामला नहीं है। मामला यह है कि *देश में फासिस्ट ताकतें बहुत बढ़ गई हैं।* वे आपकी कलम छीन लेंगी, आपके गले को दबाकर आपको बोलने नहीं देंगी। वे स्वतंत्र चिंतन को समाप्त कर देंगी। वे बढ़ीं तो किसी दिन आपकी सारी प्रजातांत्रिक संस्थाओं को नष्ट कर देंगी और देश में फासिस्ट तंत्र को स्थापित कर देंगी।" वे घंटों देश की राजनैतिक, आर्थिक परिस्थितियों का विश्लेषण करते और बताते कि ऐसी स्थितियों में फासिस्ट प्रवृत्ति किस तरह उभर रही है। बोलते-बोलते उनकी दम फूल उठती और वे बिस्तर पर लुढ़ककर थोड़ी देर चुपचाप पड़े रहते। घोर मानसिक त्रास में उनके वे दिन गुजर रहे थे और *उन्हीं दिनों उनकी वह सबसे लंबी और सबसे ताकतवर कविता 'अंधेरे में' पूरी हुई।* एक रात लगभग दो घंटों में उन्होंने उस कविता का पाठ किया। हम सुननेवाले तो उसके बाद बड़ी देर तक सन्नाटे में बैठे रहे—ऐसा प्रभाव उस कविता का था और मुक्तिबोध ने एक के बाद एक बीड़ियां जलाना शुरू कर दिया। उस समय उन्हें देखकर लगता था, इस आदमी ने अपने को निचोड़ दिया, अपना सर्वस्व दे दिया, अपनी सारी प्राणशक्ति इसमें भर दी है और अब यह रिक्त हुआ बैठा है। मुझे लगता है, उस घटना ने मुक्तिबोध को सबसे अधिक आघात पहुंचाया। जिसने उन्हें तब देखा है, वही जान सकता है कि *भारतीय जीवन में जिन काले संकेतों को उन्होंने देखा था* उनसे वे कितने विचलित, उत्तेजित और त्रस्त थे।"

दूसरा संस्मरण 'मुक्तिबोध : एक संस्मरण' शीर्षक से 'आलोचना' (जुलाई-सितंबर, 1968) में प्रकाशित हुआ था। इसमें भी परसाईजी ने किंचित् विस्तार से लगभग वही बातें दुहराई हैं, इस फर्क के साथ कि इसमें उन्होंने उनकी पुस्तक पर

प्रतिबंध लगाने के लिए आंदोलन करनेवाले सांप्रदायिक संगठनों का स्पष्ट शब्दों में नामोल्लेख किया है। इसे भी उन्हीं के शब्दों में देखना ठीक होगा : "उन दिनों उनकी पुस्तक 'भारत : इतिहास और संस्कृति' पर प्रतिबंध लग चुका था। वह पुस्तक कोर्स में लग चुकी थी। उसके खिलाफ आंदोलन करानेवाले मुख्यतः दूसरे प्रकाशक थे। आंदोलन में *जनसंघ* प्रमुख था। इसके साथ ही गैर-सांप्रदायिक पत्रों के भी बिके हुए संपादक थे। जनसंघ उनके पीछे पड़ गया था। राजनांदगांव में *उसके स्वयंसेवक* उन्हें बहुत परेशान करते थे। उस वक्त विद्वान् लेकिन अधिकारहीन राज्यपाल था और भ्रष्ट तथा मूर्ख मुख्यमंत्री। राज्यपाल ने डेढ़ घंटे बात की, बात मानी भी, पर कहा—मैं क्या कर सकता हूं ! मुख्यमंत्री के पोर्टिको के पास मुक्तिबोध घंटे-भर खड़े रहे। वह बंगले से निकला तो ये बात करने बढ़े। बात शुरू ही की थी कि बोला—उसमें अब कुछ नहीं हो सकता। इन्होंने कहा—पर आप मेरी बात तो सुन लीजिए। वह बोला—मेरे पास इतना वक्त नहीं है। मुझे जरूरी काम है। जबलपुर लौटे तो बहुत टूटे हुए और बहुत क्रोधित। वह आदमी चट्टान-जैसा था। लेकिन इस घटना ने उनके भीतर भय और असुरक्षा की भावना पैदा कर दी थी। वे बेहद उत्तेजित थे। इस प्रतिबंध से उनकी अपार क्षति हुई।···व्यक्तिगत क्षति का आघात तो था ही। पर *इस पूरे कांड को व्यापक राजनीतिक संदर्भ में देखकर वे बहुत त्रस्त थे।* कहते थे—यह नंगा फासिज्म है। लेखक को लोग घेरें, शारीरिक क्षति की धमकी दें। इधर सरकार सुनने तक को तैयार नहीं। अभिव्यक्ति की स्वतंत्रता जा रही है। गला दबाकर आवाज घोंटी जा रही है। *'अंधेरे में' कविता का यही रचना-काल है* ···अंतिम बीमारी के महीने-भर पहले वे जबलपुर आए थे।···रात को उन्होंने हम लोगों को 'अंधेरे में' कविता सुनाई थी। डेढ़ घंटे के पाठ के बाद वे शिथिल होकर बिस्तर पर लुढ़क गए थे।" 'लक्षित मुक्तिबोध' में शरद कोठारी ने 'अंधेरे में' कविता का जिक्र तो नहीं किया है, लेकिन पुस्तक के प्रतिबंधित होने की घटना की मुक्तिबोध पर क्या मानसिक प्रतिक्रिया हुई थी, यह अवश्य बतलाया है : "अपनी पुस्तक 'भारत : इतिहास और संस्कृति' के सरकार द्वारा कानूनन जब्त किए जाने से मुक्तिबोध को बहुत गहरा सदमा पहुंचा था। वह कई दिन तक खोए-खोए-से रहे। दरअसल उनका सदमा *राजनीति की भयंकर प्रतिक्रिया* का परिणाम था। अपनी पुस्तक के जब्तीकरण को वह लेखक की विचार-स्वतंत्रता और लेखन-स्वतंत्रता के लिए खौफनाक मानते थे, क्योंकि सरकार ने वह निर्णय सांप्रदायिक दवाव में आकर लिया था। भोपाल में नेहरूजी के देहांत का समाचार सुनकर अचेतन-सी अवस्था में ही मुक्तिबोध शोकाकुल होकर कह उठे थे : *पार्टनर, बस अब फासिज्म आ जाएगा।"*

मुक्तिबोध ने अपने 'समीक्षा की समस्याएं' शीर्षक विस्तृत निबंध में भी 'भारत : इतिहास और संस्कृति' पर प्रतिबंध लगाए जाने का जिक्र किया है और उस घटना से महत्त्वपूर्ण राजनीतिक निष्कर्ष निकाला है : "···भारत में जनतंत्र है,

और आपेक्षिक रूप से तथा विशेष स्तर पर यहां *व्यक्ति-स्वातंत्र्य* अवश्य ही है। और उसकी रक्षा करना तथा उसे दृढ़ करते जाना हमारे लिए जरूरी है। लेकिन *उपेक्षा द्वारा वह स्वातंत्र्य छिन भी सकता है।* यह अंतिम वाक्य कहने का मुझे अधिकार है। मध्यप्रदेश शासन द्वारा मेरी एक पुस्तक *भारत : इतिहास और संस्कृति* गैरकानूनी घोषित कर दी गई, 19 सितंबर, 1962 के दिन।" देश में जो जनतांत्रिक स्वतंत्रता है, वह उपेक्षा के द्वारा छिन भी जा सकती है, यही वह राजनीतिक निष्कर्ष है, जो मुक्तिबोध ने पुस्तक पर प्रतिबंध लगाए जाने की घटना से निकाला था। स्पष्टतः इस घटना ने उन्हें बहुत आंदोलित किया था और ताज्जुब नहीं कि वह 'अंधेरे में' कविता की रचना के लिए सबसे बड़ा प्रेरक तत्त्व सिद्ध हुई हो। 9 दिसंबर, 1963 को उन्होंने अग्न्येश्का सोनी को 'अंधेरे में' कविता भेजने के पूर्व एक पत्र में लिखा था : "मैं अपनी एक कविता आपके पास भेजने को इच्छुक था। उसे मैंने टाइप करा लिया है। बहुत लंबी है। आप ऊब जाएंगी। अप्रकाशित है वह। टाइपिंग में बहुत भूलें हैं। कोई पत्रिका ऐसी नहीं जो उसे छापे। संभव है, वह कविता भी बहुत रद्दी किस्म की और तीसरे दर्जे की है। आपके पास भेजने में मुझे संकोच होता है। उसमें एक आशंका है, अंधेरी आशंका का वातावरण है—कहीं हमारे भारत में ऐसा-वैसा न हो।"

सितंबर, 1964 में जब 'चांद का मुंह टेढ़ा है' छपकर आया, तो उसमें यह कविता संकलित थी। संकलनकर्ता श्रीकांत वर्मा ने अपने वक्तव्य में कहा है : "बीमारी के दौरान मुक्तिबोध ने इच्छा जाहिर की कि इस संकलन में उनकी दो कविताएं—'चंबल की घाटियां' और 'आशंका के द्वीप : अंधेरे में'—जरूर शामिल की जाएं। दोनों एक के बाद दूसरी छापी जाएं और दूसरी का शीर्षक बदल दिया जाए। उन्होंने कहा था कि 'आशंका के द्वीप : अंधेरे में' शीर्षक एक विशेष मनःस्थिति के प्रवाह में मैंने दिया था। उनकी इच्छा के मुताबिक शीर्षक से मैंने 'आशंका के द्वीप' हटा दिया है, हालांकि मुझे लगता है कि यह शीर्षक इस कविता के अर्थ को अधिक अच्छी तरह व्यंजित करता है। ये दोनों ही कविताएं उनकी, बीमार पड़ने के कुछ ही समय पहले की, कविताएं हैं और इस दृष्टि से अब तक की कविताओं में ये उनकी अंतिम कविताएं हैं।" 'चांद का मुंह टेढ़ा है' के प्रकाशन और मुक्तिबोध की मृत्यु (11 सितंबर, 1964) के बाद 'कल्पना' के नवंबर, 1964 के अंक में यह कविता प्रकाशित हुई—'आशंका के द्वीप : अंधेरे में' शीर्षक से, जिसका मतलब यह है कि श्रीकांत वर्मा से इस कविता के शीर्षक में परिवर्तन करने की बात कहने के पहले ही उन्होंने उसे 'कल्पना' में प्रकाशनार्थ भेजा था। 'चांद का मुंह टेढ़ा है' में कविता का जो पाठ है वह अशुद्ध भी है और अधूरा भी, लेकिन कई दृष्टियों से वह 'कल्पना' में प्रकाशित कविता के पाठ से बाद का प्रतीत होता है। एक ही प्रमाण पर्याप्त होगा। 'कल्पना' में प्रकाशित कविता का छठा खंड 'मंजर बदलता है' पंक्ति में शुरू होता है, जबकि 'चांद का

मुंह टेढ़ा है' में दी गई इस पंक्ति में 'मंजर' की जगह 'सीन' शब्द का प्रयोग हुआ है। नेमिजी ने 'रचनावली' में जो पाठ दिया है, उसके संबंध में उनका कहना है कि वह कुछ संशोधनों के साथ 'कल्पना' में प्रकाशित पाठ से मिलता है। यह सही है, लेकिन 'रचनावली' के पाठ में भी 'मंजर' की जगह 'सीन' ही है, जो इस बात का सबूत है कि उसमें 'कल्पना' में प्रकाशित पाठ में किए गए संशोधन भी शामिल हैं।

ऊपर की बातों से हम इस नतीजे पर पहुंचते हैं कि 'अंधेरे में' में मुक्तिबोध ने एंप्रेस मिल के मजदूरों की हड़ताल और गोलीकांड के अनुभवों का उपयोग किया हो, लेकिन इस कविता का रचना-काल वह है, जिसमें उनकी पुस्तक प्रतिबंधित हुई और वे जोरों से इस आशंका से पीड़ित हो उठे कि चौकसी न बरती गई, तो अपने देश में भी फासिज्म आ सकता है। ऐसी स्थिति में जब शमशेर कहते हैं कि उन्होंने 1961 में मुक्तिबोध के मुंह से यह कविता सुनी थी, तो उसका मतलब यह होता है कि फासिज्म की आशंका से वे काफी पहले से पीड़ित थे और अपनी पुस्तक के प्रतिबंधित होने की घटना से उनकी उस आशंका की पुष्टि हुई थी, जिससे वे विचलित हो उठे थे। इस तरह वह कविता उक्त घटना से पहले की भी रचना हो सकती है। यह जानी हुई बात है कि वे अपनी कविताओं पर वर्षों श्रम करते थे और उनमें संशोधन-संपादन करते रहते थे। इस क्रम में कविताओं का रूप भी बदल जाता था और वे लंबी भी हो जाती थीं। अनिलकुमार ने अपने साक्षात्कार में एंप्रेस मिल गोलीकांड का जिक्र करने के बाद आगे यह भी कहा है : "शैलेन्द्रकुमार भी तब वहीं थे। मुक्तिबोध से उन्होंने कहा था : महागुरु, कविता लिखोगे ? वह बोले–नहीं, थोड़ा पकने दो। कुछ दिन बाद पता चला, कविता अंडररिपेयर पड़ी है। एक टीन की पेटी थी उनके पास। कहते थे : फर्स्ट राइटिंग में क्या होता है अनिलकुमार, कि जो हम कहना चाहते हैं न, वह पहले झटके में छूट जाता है। रिपेयर के लिए जब उठाते हैं तो रूप ही बदल जाता है। संश्लिष्टता के कारण लंबाई आ जाती है, गहराई भी।" आज 'अंधेरे में' का प्रथम प्रारूप सुलभ नहीं है। यदि वह सुलभ होता तो मालूम किया जा सकता था कि वह कौन-सी चीज थी, जो उसमें पहले झटके में छूट गई थी और जिसे बाद में उन्होंने उस कविता में उभारकर रखा। हमारा खयाल है, वह चीज रही होगी–फासिज्म की आशंका। अपने विचार-स्वातंत्र्य पर किए गए हमले और उसके आगे कांग्रेसी सरकार के घुटने टेकने की घटना से प्रेरित होकर उन्होंने अपनी कविता को अंतिम रूप प्रदान किया और उसकी अंतर्वस्तु को धारदार बनाकर पेश किया। यहां परसाईजी का यह वाक्य ध्यातव्य है : "उन्हीं दिनों उनकी वह सबसे लंबी और सबसे ताकतवर कविता 'अंधेरे में' पूरी हुई।" मतलब यह कि यह कविता मूल रूप में पहले ही रची जा चुकी थी, उसे अंतिम रूप मिला, या वह पूरी हुई, उनकी पुस्तक के प्रतिबंधित होने के दौर में।

फासिज्म की बर्बरता और मानव-शत्रुता से मुक्तिबोध अच्छी तरह परिचित थे।

द्वितीय विश्वयुद्ध उनकी आंखों के सामने घटित हुआ था और सोवियत संघ पर फासिस्ट जर्मनी के हमले को विषय बनाकर उन्होंने 'जमाने का चेहरा' शीर्षक अपनी एक लंबी और महत्त्वपूर्ण कविता लिखी थी। उसके पहले युद्ध के ही दौरान 'एक नीली आग' शीर्षक से वे एक छोटी कविता लिख चुके थे, जिसमें उन्होंने जर्मनी की फासिस्ट सेना और लाल सेना के युद्ध का वर्णन किया है। उसकी कुछ पंक्तियां द्रष्टव्य हैं, जिनमें उन्होंने फासिस्ट ताकतों का भी वर्णन किया है और लाल सेना के हाथों उनकी पराजय के प्रति अपना विश्वास भी व्यक्त किया है :

क्षितिज-भौंहों पर घिरे घन
छा रहे हैं व्योम-विस्तृत-भाल,
मानो विश्व के युग से जमे
वे पाप-निश्चय के विचार कराल;
जमकर सघन इस बेचैन पृथ्वी पर
करेंगे लालसा की पूर्ति,
जाने किस अजानी कालिमा के सिंधु से
वे खींच लाए स्फूर्ति।
उनके सघन काले दैत्य-वक्षस्थल अबल हैं किन्तु,
जिनमें वासना औ' रिक्तता के तैरते हैं जंतु।
जलती नोक की असि-धाररूपी लेखनी से लेख
उनकी मृत्यु के, भयभीत उनके वक्ष पर तू देख,
सत्वर लिख गए हैं नव-सृजन की शक्तियों के दूत
यह जलती हुई लावण्य की असि-धार यों उत्स्फूर्त।

'जमाने का चेहरा' में स्तालिनग्राद के युद्ध के वर्णन के साथ और भी बहुत सारी बातें हैं। उदाहरण के लिए उसका यह अंश देखा जा सकता है, जिसमें यूरोप के उस हिस्से पर ढाए जानेवाले जुल्मों का वर्णन है, जिसे हिटलर ने जीत लिया था :

पराजित यूरोप के भाग में
सरदी के जंगलों का कुहरीला अंधकार
जिंदगी में मृत्यु की पीड़ा-सा भयानक
सुनसान जंगल खड़ा था निराकार
बर्फीले गुमसुम मैदानों के सुनसान
झरनों के तटों पर
तरुओं की हिम-स्नात

डालों पर झूलते
फांसी के फंदों में झूलते थे गुरिल्ला जन।
शहीदों की छाया में
मानवता चुपचाप
लड़ती थी जूझती थी। रक्त-स्नात
सूरज निकलता था, फैलाता खून था,
डूबता था खून में।
मृत्यु की बावड़ी में लाशों के ढेर पर
बियावान-गिद्धों की आंखों के तीर
गड़े खड़े थे।
नात्सी ने निर्दोष जनों के खात्मे के लिए अब
जिंदा-भून-मार
कारखाने खोल रखे थे।
श्मशान के मौन में
दानवी व्यभिचार
ओरांग-उटांग का
धरती के वक्ष पर जांघ फैला चुका था।
उदासीन स्त्रियों की
जिंदगी की ढिबरी में
जलता था प्रतिक्षण
घृणा का कड़ुआ तेल
धुआं उठाता हुआ।
जर्मन की स्टेन-गन
पराजित ललाट से चांदमारी करती थी...

द्वितीय विश्वयुद्ध में सोवियत संघ के हाथों फासिज्म की पराजय हुई, लेकिन इसका यह मतलब नहीं है कि यह विचार-धारा हमेशा के लिए दुनिया से खत्म हो गई। इसका जीता-जागता प्रमाण पश्चिम जर्मनी की नियो-फासिस्ट नेशनल डेमोक्रैटिक पार्टी और चिली की फासिस्ट हुकूमत है। मुक्तिबोध इस बात को भी अच्छी तरह से जानते थे कि अपने देश में सबसे खतरनाक और संगठित फासिस्ट शक्ति कौन-सी है। उन्हें इस बात को लेकर कोई दुविधा नहीं थी कि वह शक्ति राष्ट्रीय स्वयंसेवक संघ और उसका राजनीतिक मंच भारतीय जनसंघ है, जो अब भारतीय जनता पार्टी के नाम से जाना जाता है। फासिस्ट प्रणालियों और राष्ट्रीय स्वयंसेवक संघ में अनेक समानताएं हैं, जिन्हें संक्षेप में जान लेना जरूरी है।

हिटलर ने अपनी पुस्तक 'माइन कांफ' में आर्यों और आर्य संस्कृति की प्रशंसा करते हुए लिखा था : "मानव-संस्कृति की हर अभिव्यक्ति, हर कलाकृति, विज्ञान और तकनीकी कौशल की हर चीज, जिसे हम आज अपनी आंखों के सामने देख रहे हैं, लगभग ऐकांतिक रूप से आर्यों की सृजनात्मक शक्ति की देन है। अकेला यह तथ्य ही पूर्णतया इस निष्कर्ष को उचित ठहरा देता है कि आर्यों और मात्र आर्यों ने ही उच्चतर श्रेणी की मानवता की स्थापना की थी; फलतः वे ही उस आदर्श का प्रतिनिधित्व करते हैं जिसे हम 'मानव' नाम से जानते हैं।" राष्ट्रीय स्वयंसेवक संघ के सिद्धांतकार गुरु गोलवलकर ने अपनी पुस्तक 'बंच ऑफ थॉट्स' में लिखा है : "अत्यंत पुरातन काल से 'हिंदू' नाम की एक महान् और सुसंस्कृत मानव-जाति इस पावन मातृभूमि में उसकी संतानवत् रहती है···। मात्र इस भूमि के महान् पुत्रों को ही परमात्मा के पूर्ण प्रकाश के दर्शन और उसकी अनुभूति का सौभाग्य प्राप्त था। उस समय जब अन्य मानव नस्लें गुफाओं और जंगलों से बाहर नहीं निकली थीं, वैदिक ऋषियों ने मानव को अक्षय आनंद का शिशु कहकर संबोधित किया था।" 1939 में, जबकि हिटलर ने समूची दुनिया को विनाशकारी द्वितीय विश्वयुद्ध में झोंक दिया था, उन्होंने 'हम : हमारी राष्ट्रीयता परिभाषित' नामक अपनी पुस्तक में फासिस्ट नस्लवादी सिद्धांत की प्रशंसा इन शब्दों में की : "जर्मनी का अपनी नस्ल पर अभिमान आज सबकी जबान पर है। अपनी नस्ल और उसकी संस्कृति की पवित्रता को बचाए रखने के लिए जर्मनी ने सेमिटिक नस्लों—यहूदियों—का जर्मनी में सफाया करके विश्व को हिला दिया है। अपनी नस्ल के प्रति अभिमान यहां सर्वोच्च रूप में अभिव्यक्त हुआ है। जर्मनी ने यह भी दिखा दिया है कि मौलिक अंतरवाली नस्लों और संस्कृतियों का घुल-मिलकर एक एकताबद्ध समूह बन पाना कितना असंभव है और *यह एक ऐसा अच्छा सबक है जिससे हिन्दुस्तान में भी हमें सीखना और लाभान्वित होना चाहिए।*" इसी का परिणाम थी उनकी हिंदू राष्ट्रवाद की अवधारणा। राष्ट्रीय एकता के सभी विचारों का विरोध करते हुए उन्होंने 'बंच ऑफ थॉट्स' मे ही लिखा है : "यह एक 'वाहियात' किस्म की राष्ट्रीयता है जिसे जीवित करने का प्रयास चल रहा है। यह एक ऐसे अजीब नए पशु को जन्म देने की बात है जिसका सिर गधे का हो, पैर बैल के हों और धड़ हाथी का। ऐसे तो बीभत्स शव ही बन सकता है। यह सप्राण शरीर कभी नहीं हो सकता। अगर उसमें कुछ सुगबुगाहट दीखती है तो वह सड़ रहे शव में पनप रहे जीवाणुओं और कीटाणुओं के कारण होगी। और इसीलिए आज हम देखते हैं कि भ्रष्टाचार, विघटन और नाश के कीटाणु हमारे राष्ट्र की जड़ों को खोखली बना रहे हैं क्योंकि हमने एक अस्वाभाविक, अवैज्ञानिक और क्षेत्रीय राष्ट्रवाद के निष्प्राण दोगले विचार के पीछे चलते हुए स्वाभाविक जीवंत राष्ट्रवाद का परित्याग कर दिया है।"

गोलवलकर का जनतंत्र में विश्वास नहीं था, इसलिए राष्ट्रीय स्वयंसेवक संघ

अधिनायकवाद की अवधारणा पर खड़ा किया गया है। यदि हिटलर नाजियों का 'फ्यूहरर' था, तो गोलवलकर राष्ट्रीय स्वयंसेवक संघ के सरसंघचालक थे। राष्ट्रीय स्वयंसेवक संघ के नेता कभी चुने नहीं जाते, उनकी नियुक्ति उनके नेता की इच्छानुसार होती है। हिटलर ने 'माइन कांफ' में जनतंत्र के संबंध में कहा था : "एक सत्य जिसे हमेशा दिमाग में रखना चाहिए यह है कि बहुमत कभी भी आदमी की जगह नहीं ले सकता। बहुमत न सिर्फ अज्ञान का प्रतिनिधि है, बल्कि भीरुता का भी। और जिस प्रकार सौ मूर्ख मिलकर भी एक विवेकशील व्यक्ति के बराबर नहीं होते, उसी प्रकार सौ बुजदिल मिलकर भी कार्रवाई की कोई ऐसी राजनीतिक लाइन नहीं अपना सकते जिसके लिए नैतिक बल और साहस की आवश्यकता हो।" अपनी उपर्युक्त पुस्तक में ही गोलवलकर भी कहते हैं : "जनतंत्र की धारणा का, जिसमें कहा गया है 'जनता के द्वारा' और 'जनता की', यह अर्थ है कि राजनीतिक प्रशासन में सबका बराबर हिस्सा है, लेकिन यह बात व्यवहार में बहुत हद तक मनगढ़ंत मात्र है।" नवंबर, 1947 में संविधान सभा के प्रति विरोध प्रकट करते हुए अपने एक भाषण में उन्होंने कहा कि वयस्क मताधिकार 'कुत्ते-बिल्लियों' को अधिकार देने से अधिक और कुछ नहीं है। उन्होंने भारतीय संविधान में व्यक्त समानता की धारणा का भी विरोध किया। अपनी पुस्तक 'हिंदू राष्ट्र क्यों ?' में उन्होंने कहा : "दुर्भाग्यवश हमारे देश में संविधान ने इस भूमि के पुत्रों को तथा आक्रामकों को एक बराबर का दर्जा दिया है और सबको समान अधिकार प्रदान किए हैं।...यही अब हमारे देश में हुआ है। जो अधिकार आक्रामकों को, वे ही अधिकार इस भूमि के पुत्रों को भी !" 'आक्रामकों' से उनका मतलब था मुसलमानों से। गैर-हिंदुओं के संबंध में उनके विचार बड़े भयानक थे। 'हम : हमारी राष्ट्रीयता परिभाषित' में उनका यह कथन द्रष्टव्य है : "हिंदुस्तान के गैर-हिंदू लोगों को हिंदू संस्कृति और भाषा अपनानी होगी, उन्हें हिंदू धर्म का सम्मान और आदर करना सीखना होगा, उन्हें हिंदू नस्ल और संस्कृति के गौरव-गीत गाने के अतिरिक्त दूसरा कोई विचार मन में नहीं लाना होगा, अर्थात् उन्हें न सिर्फ इस भूमि और इसकी प्राचीन परंपरा के प्रति असहिष्णुता और कृतघ्नता के नजरिए का परित्याग करना होगा, बल्कि उसके बदले इसके प्रति प्रेम और भक्ति की सकारात्मक भावना भी अपनानी होगी—एक शब्द में उन्हें विदेशी बनकर रहना छोड़ना होगा, **अथवा** हिंदू राष्ट्र के पूर्णरूपेण अधीन बनकर रहना होगा और वे किन्हीं भी सुविधाओं के दावेदार या हकदार नहीं होंगे, किसी किस्म के अधिमान्यतायुक्त व्यवहार के हकदार होने की तो बात ही क्या, वे नागरिकता के अधिकार तक के हकदार नहीं होंगे।"

हिटलर ने नारा दिया था—एक जनता, एक सरकार और एक नेता। गोलवलकर ने 'बंच ऑफ थॉट्स' में लिखा—"एक देश, एक राज्य, एक विधायिका, एक कार्यपालिका।" फिर उन्होंने आगे कहा : "इस संविधान की पुनः परीक्षा की जाए

और इसे फिर से लिखा जाए, ताकि इस किस्म की एकात्मक सरकार की स्थापना हो सके··· । उनके लिए देशभक्ति का अर्थ मुसलमान-विरोध था, ब्रिटिश-विरोध नहीं। इसका प्रमाण उक्त पुस्तक से ही उद्धृत उनका यह कथन है : "ब्रिटिश-विरोध को देशभक्ति और राष्ट्रवाद का पर्याय बना दिया गया। इस प्रतिक्रियावादी दृष्टिकोण का हमारे स्वाधीनता-संग्राम की समग्र धारा, उसके नेताओं और आम जनता पर दुष्प्रभाव पड़ा।" अस्वाभाविक नहीं कि गोलवलकर ने साम्राज्यवाद का विरोध करने की जगह हमेशा उसका समर्थन किया और जब उनके विश्वासपात्र शिष्य एवं जनसंघ के एक शीर्षस्थ नेता अटलविहारी वाजपेयी अमरीका गए, तो जैसा कि हर्षदेव मालवीय ने अपनी पुस्तक 'दि डेंजर ऑफ राइट रिएक्शन' (पृ. 46) में सूचित किया है, उन्होंने उनकी मार्फत अमरीकी राष्ट्रपति को यह संदेश भेजा : "ईश्वर की कृपा से अमरीका आजाद विश्व का नेता है। आज विश्वव्यापी स्तर पर धर्म और अधर्म के बीच युद्ध छिड़ा हुआ है। इस युद्ध में अमरीका धर्म के पक्ष का नेता है। इसमें अमरीका को भारत की मित्रता का समर्थन प्राप्त करना चाहिए।" हिटलर की नाजी पार्टी की तरह राष्ट्रीय स्वयंसेवक संघ भी अपने कार्य को युवकों के बीच केंद्रित करता है, जोकि सबसे आसानी से प्रभावित हो जानेवाले होते हैं। उसी की तरह यह खेल-कूद, व्यायाम, स्वास्थ्य, संस्कृति आदि के नाम पर युवकों के बीच पहुंचता है। राष्ट्रीय स्वयंसेवक संघ में निर्देश हमेशा ऊपर से जारी किए जाते हैं और स्वयंसेवकों का काम होता है विश्वासपूर्वक केवल उनका पालन करना। ज्ञातव्य है कि केवल हिंदू ही इस संगठन के सदस्य हो सकते हैं।

मुक्तिबोध ने 'भारत : इतिहास और संस्कृति' पर जनसंघ और राष्ट्रीय स्वयंसेवक संघ के लोगों द्वारा लगाए गए आरोपों का उत्तर देने के लिए 'मैं शुद्ध आर्य रक्त !' शीर्षक से एक लेख तैयार किया था, जो अब 'दस्तावेज' के रूप में 'हंस' के जनवरी, 1988 के अंक में प्रकाशित है। इस लेख को देखने से यह स्पष्ट हो जाता है कि उनकी असली चिंता अपनी पुस्तक को प्रतिबंध-मुक्त कराने की नहीं, बल्कि अपने देश को नस्लवादी फासिस्ट विचारधारा से बचाने की थी, जो मानव-विरोधी उद्देश्यों से देश के इतिहास को विकृत बनाकर पेश करती है। लेख के आरंभ में ही वे कहते हैं : "मुझे यह गहरी शंका है कि आंदोलनकर्ता भारतीय इतिहास-क्रम को सांप्रदायिक दृष्टिकोण से पुनर्रचित करना चाहते हैं। वे उसके स्वाभाविक विकास के स्वरूप को, *फासिस्ट* शुद्धरक्तवादी आर्यवादी दृष्टिकोण से झुठलाना चाहते हैं। वे हमारी कार्यव्यस्त जनता की धर्म-भावना को उभाड़कर, उसके अज्ञान और पिछड़ेपन का फायदा उठाते हुए, देश में अपना वर्चस्व स्थापित करने के लिए, इतिहास को वैज्ञानिक क्षेत्र में सांप्रदायिक दृष्टि के हस्तक्षेप को मूर्तिमान करना चाहते हैं। संक्षेप में, वे इतिहास की ऐसी पुनर्रचना चाहते हैं जिसमें उनके शुद्धरक्तवादी, आर्यवादी, जातिवादी सांप्रदायिक सांस्कृतिक दृष्टि को समर्थन मिल

सके। यह एक भयानक प्रवृत्ति है, जिससे हर बुद्धिजीवी को, धर्मनिरपेक्ष राज्य को, वैज्ञानिक दृष्टि के अभ्युदय को, लोकतंत्रवादी विचारधारा को, मानव-समानता के सिद्धांत और आदर्श को, तथा भारतीय संस्कृति के वास्तविक स्वरूप को बहुत बड़ा खतरा है।" आगे उन्होंने 'शुद्धरक्तवाद' या 'आर्यवाद' की विचारधारा के प्रचार का संबंध आधुनिक काल के जर्मन विद्वानों से जोड़ा और अपने समर्थन में दो मान्य भारतीय विद्वानों सरदार के. एम. पणिक्कर और डॉ. सुनीतिकुमार चाटुर्ज्या को उद्धृत किया। सरदार पणिक्कर का कहना है कि "भारतीय सभ्यता के जन्मदाता आर्य थे, इस सिद्धांत के प्रणेता 'भारतीय विषयों के समालोचक वे जर्मन विद्वान्" हैं, जो संसार की प्रत्येक श्रेष्ठ वस्तु का मूल स्रोत आर्यों को ही मानते थे। किंतु भारतीय उनकी इस धारणा का अनुसमर्थन नहीं करता।" ऐसा ही विचार डॉ. चाटुर्ज्या का भी है : "योरोप से सन् 1850 के बाद जो आर्यनिज्मरंजित या आर्यश्रेष्ठता का कल्पनारंजित मतवाद प्रतिष्ठित हुआ (और जो मतवाद अब ऐतिहासिकता के शुभ आलोक के सामने धीरे-धीरे विलीन होता जा रहा है) वह भारतवर्ष पर भी आया और उसके असर ने भारतीय जाति-भेद पर भी छापा मारा।"

लेख के अंत में मुक्तिबोध ने जनसंघ-राष्ट्रीय स्वयंसेवक संघ की विचारधारा से उत्पन्न तीन सबसे बड़े खतरों का जिक्र किया है—लेखक के विचार-स्वातंत्र्य और लेखन-स्वातंत्र्य के लिए खतरा, इतिहास के क्षेत्र में सांप्रदायिक और अवैज्ञानिक दृष्टि के हस्तक्षेप का खतरा और 'उग्र दक्षिणपंथी शक्तियों' के बढ़ते हुए कदमों से खतरा। अंतिम खतरे के बारे में उन्होंने कहा : "आर्यवाद न्यस्त स्वार्थों का यह एक तेज किया हुआ हथियार है, सरकार उसके नीचे दब जाती है। सांप्रदायिक शक्तियां उद्दंड होकर सामने आती हैं। शुद्धरक्तवाद और आर्यश्रेष्ठता का नस्लवादी सिद्धांत इनका एक अच्छा अस्त्र है। इसलिए, उसने भारतीय इतिहास के स्वरूप पर कुठाराघात करना चाहा है। मेरे लेखे, भारत के निकट भविष्य में सबसे बड़ा खतरा इन्हीं से है।" इस लेख में पं. जवाहरलाल नेहरू को भी मुक्तिबोध ने उद्धृत किया है, क्योंकि उनकी इतिहास-दृष्टि भी वैज्ञानिक और प्रगतिशील थी। साप्ताहिक 'मेनस्ट्रीम' (9 जनवरी, 1988) में प्रकाशित एक संस्मरणांश के अनुसार नेहरू के अंतिम शब्द, जो उन्होंने दिसंबर, 1963 में अफसरों की एक बैठक में कहे थे, ये थे : "भारत के लिए खतरा कम्युनिज्म नहीं है। वह है हिंदू दक्षिणपंथी सांप्रदायिकतावाद।" ताज्जुब नहीं कि बीमारी की हालत में जब मुक्तिबोध को नेहरू की मृत्यु का समाचार मिला, तो उनके मुंह से निकलनेवाले शब्द ये थे : "पार्टनर, बस अब फासिज्म आ जाएगा !"

'भारत : इतिहास और संस्कृति' पर प्रतिबंध लगाने के लिए जनसंघियों के नेतृत्व में जो आंदोलन शुरू हुआ, उसका संक्षिप्त विवरण 'हंस' के उक्त अंक में ही डॉ. मैनेजर पांडेय ने दिया है : "पुस्तक के विरुद्ध आंदोलन की शुरुआत जबलपुर

में हुई। 31 अगस्त 1962 को जबलपुर में एक सभा हुई जिसके अध्यक्ष थे व्यौहार राजेंद्र सिंह। सभा में मुक्तिबोध की पुस्तक के साथ-साथ पाठ्यक्रम के लिए स्वीकृत दो और पुस्तकों पर पाबंदी लगाने की मांग की गई। जबलपुर में उन पुस्तकों पर प्रतिबंध लगाने के लिए जुलूस निकले, पर्चे बांटे गए। सेठ गोविंददास ने एक बयान में कहा कि पुस्तकें जला दी जाएं। आरंभ में आंदोलन तीन पुस्तकों के खिलाफ था, लेकिन बाद में यह मुक्तिबोध की पुस्तक पर केंद्रित हो गया। भोपाल में मुक्तिबोध की पुस्तक की प्रतियाँ जलाई गईं, उत्तेजनापूर्ण भाषण हुए। रायपुर में जनसंघ ने मुक्तिबोध के विरुद्ध प्रस्ताव पास किया और उन पर तरह-तरह के आरोप लगाए। 10 सितंबर 1962 से भोपाल में मध्यप्रदेश जनसंघ की कार्यकारिणी की बैठक में एक प्रस्ताव पास करके मुक्तिबोध की पुस्तक को तुरत पाठ्यक्रम से हटाने की मांग की गई। उसी समय भारतीय जनसंघ के महामंत्री श्री दीनदयाल उपाध्याय ने मुक्तिबोध और उनकी पुस्तक के विरुद्ध एक बयान जारी किया जिसमें कहा गया था कि "यह पुस्तक लेखक के विकृत मस्तिष्क की उपज है।" पुस्तक पढ़ने के बाद छात्रों में 'भारतीय जीवन के श्रेष्ठतम मूल्यों के प्रति निष्ठा के स्थान पर अनास्था ही उत्पन्न होगी" और यह भी कि "पुस्तक विभिन्न मतावलंबियों की धार्मिक भावना को ठेस पहुंचानेवाली है।" परसाईजी ने अपने संस्मरण में ठीक लिखा है कि मुक्तिबोध ने इस घटना को एक व्यापक राजनीतिक संदर्भ में देखा था और उससे त्रस्त हो उठे थे। उनका चित्त आशंकाग्रस्त पहले से था। अब जैसे उनका दुःस्वप्न उनके सामने आकर खड़ा हो गया। इसी दुःस्वप्न की महान् काव्यात्मक परिणति है 'अंधेरे में' शीर्षक उनकी कविता।

2

पिछले दिनों 'अंधेरे में' पर हिंदी में जो आलोचनात्मक चर्चा हुई है, उसमें उसकी मुख्य वस्तु पर ध्यान केंद्रित नहीं किया गया। इसके कई कारण हैं। एक तो यह कि इस कविता की रचना के परिप्रेक्ष्य को आलोचकों ने महत्त्व नहीं दिया, जिससे चर्चा व्यक्ति यानी कवि-केंद्रित हो गई। दूसरे, कविता के शीर्षक-परिवर्तन ने भी किसी हद तक आलोचकों को भ्रमित किया। यह कविता व्यक्ति से जरूर शुरू होती है, लेकिन व्यक्ति के आत्मसंघर्ष का एक बहुत ही सुदृढ़ सामाजिक संदर्भ है, जो थोड़ा आगे बढ़ने पर ही सामने आ जाता है। वह संदर्भ है नगर में लगा हुआ मार्शल लॉ। जुलूस से लेकर जनक्रांति तक का वर्णन इसी से संबंधित है। बीच में काव्य-नायक की आत्मभर्त्सना और आत्मसंघर्ष का वर्णन आता है। जनक्रांति के वर्णन के बाद कविता फिर व्यक्ति-केंद्रित हो जाती है, लेकिन यह प्रसंग ज्यादा देर तक नहीं चलता और कविता के साथ जल्दी ही समाप्त हो जाता है। यह मुक्तिबोध की सबसे लंबी कविता है,

करीब चालीस पृष्ठों की, जिसमें अधिक विस्तार से मार्शल लॉ का ही वर्णन है। यह ठीक है कि इस आधार पर किसी कविता की मुख्य वस्तु का निश्चय नहीं किया जा सकता, लेकिन उसमें कविता की संरचना का महत्त्व असंदिग्ध रूप से होता है। इस दृष्टि से 'अंधेरे में' की मुख्य वस्तु है देश में कायम फासिस्ट हुकूमत और उससे लगा हुआ है उस परिस्थिति में एक सचेत और प्रगतिशील मध्यवर्गीय बुद्धिजीवी का आत्मसंघर्ष। व्यक्ति चूंकि प्रगतिशील कविता के लिए नई चीज थी, इसलिए भी हिंदी के मार्क्सवादी आलोचक उसी को लेकर उलझ पड़े और डॉ. रामविलास शर्मा ने 'अंधेरे में' को विभाजित व्यक्तित्व की कविता कहा, तो डॉ. नामवर सिंह ने अस्मिता की खोज की कविता। स्पष्टतः कविता में जो चीज गौण थी, उसे प्रधान बना दिया गया और जो चीज प्रधान थी, उसे गौण बनाकर पेश किया गया, या उसे एकदम भुला दिया गया ! मुक्तिबोध ने आरंभ में इस कविता का ठीक शीर्षक दिया था—"आशंका के द्वीप : अंधेरे में।' कवि को एक रात अंधेरे में आशंका के द्वीप दिखलाई पड़ते हैं। वह आशंका देश में फासिस्ट हुकूमत कायम होने की है। इस तरह यह शीर्षक कविता की मुख्य वस्तु की तरफ बहुत स्पष्ट ढंग से संकेत करता था, लेकिन बाद में मुक्तिबोध ने श्रीकांत वर्मा को शीर्षक से 'आशंका के द्वीप' को हटा देने की बात कहकर आलोचकों के लिए भ्रम की गुंजायश पैदा कर दी। स्वयं कवि की दृष्टि में इस कविता की मुख्य वस्तु क्या है, यह अग्न्येश्का सोनी को लिखे गए उसके पत्र से मालूम होता है। उसे पुनः उद्धृत करने की जरूरत है : *"उसमें एक आशंका है, अंधेरी आशंका का वातावरण है—कहीं हमारे भारत में ऐसा-वैसा न हो।"*

किसी भी देश में फासिस्ट हुकूमत तब कायम होती है, जब पूंजीवाद का आर्थिक संकट इतना गहरा हो जाता है कि उसे अपने अस्तित्व पर खतरा नजर आने लगता है। उस हालत में पूंजीपति-वर्ग अपने को पुराने तरीके से देश पर शासन चलाने में असमर्थ पाकर जनतांत्रिक संस्थाओं को खत्म कर देता है और जनता के नागरिक अधिकारों को समाप्त कर अपनी निरंकुश और बर्बर सत्ता कायम करता है। पूंजीवाद के संकट के गहराने के साथ संगठित जनता का संघर्ष उत्कर्ष पर पहुंचता है, जिससे पूंजीपति-वर्ग और भयभीत हो उठता है। फासिस्ट हुकूमत कायम करने के बाद वह क्रांति को दबाने का भरपूर प्रयास करता है, लेकिन फासिस्ट दमन की प्रतिक्रिया में वह और भड़क उठती है। फिर तो सैनिक शासन और मार्शल लॉ का दौर शुरू होता है।

'अंधेरे में' में मुक्तिबोध देश में फासिस्ट हुकूमत कायम होने के बाद लगाए जानेवाले मार्शल लॉ के बारे में कहते हैं : "किसी जन-क्रांति के दमन निमित्त यह / मार्शल लॉ है !!" नगर में सैनिक प्रशासन लागू है। काव्य-नायक, जोकि एक रात अपने कमरे में सोच-विचार में पड़ा हुआ है, शोर-गुल सुनकर यह अनुमान लगाता

है कि कोई जुलूस आ रहा है और निश्चित होने के लिए गैलरी में जाकर देखता है। वातावरण बहुत ही भयावना है। शहर की कोलतार की सड़क किसी बाहर खिंची हुई मृत काली जिह्वा की तरह प्रतीत होती है और बिजली के बल्ब ऐसे मालूम पड़ते हैं, जैसे किसी मुर्दे के चमकदार दांत हों ! इसी वातावरण में उसे जुलूस क्रमशः निकट आता दिखलाई पड़ता है। उसमें पंक्तिबद्ध गैसलाइट हैं, बैंड पार्टी है, पैदल और घुड़सवार सैनिक और सैनिक अधिकारी हैं तथा टैंक, मोर्टार और आर्टिलरी हैं। वह जुलूस जितना भयानक है, उतना ही रहस्यमय भी। उसकी भयावहता का पता उसकी बैंड पार्टी के बाजों के वर्णन से चलता है :

> कलाबत्तूवाली काली जरीदार ड्रैस पहने
> चमकदार बैंड-दल–
> अस्थिरूप यकृत-स्वरूप, उदर-आकृति
> आंतों के जालों से उलझे हुए, बाजे वे दमकते हैं भयंकर
> गंभीर गीत-स्वन-तरंगें
> ध्वनियों के आवर्त मंडराते पथ पर।

जुलूस की रहस्यमयता इस बात में है कि वह कोई सैनिक जुलूस नहीं है। उसकी फैंटास्टिक कल्पना मुक्तिबोध ने इस कविता में इसलिए की है कि उसके माध्यम से उन लोगों पर से पर्दा उठाया जा सके, जो छिपे तौर पर फासिस्ट हुकूमत का समर्थन ही नहीं करते हैं, उसकी रक्षा में भी तैनात हैं। इसीलिए–

> बैंड के लोगों के चेहरे
> मिलते हैं मेरे देखे हुओं से,
> लगता है उनमें कई प्रतिष्ठित पत्रकार
> इसी नगर के !!
> बड़े-बड़े नाम अरे, कैसे शामिल हो गए इस बैंड-दल में !!

काव्य-नायक को आश्चर्य होता है कि उस बैंड पार्टी में बड़े-बड़े पत्रकार कैसे शामिल हैं, लेकिन यह आश्चर्य की कोई बात नहीं। पूंजीवादी पत्रकार पूंजीवाद के संकटकाल में पूरी निष्ठा और शक्ति से पूंजीवाद द्वारा लाए गए फासिज्म का यशोगान करते हैं। जुलूस में जो सैनिक चल रहे हैं, वे भी फासिज्म-समर्थक असैनिक लोग ही हैं :

> सैनिकों के पथराए चेहरे
> चिढ़े हुए, झुलसे हुए, बिगड़े हुए गहरे।
> शायद, मैंने उन्हें पहले कहीं तो भी देखा था।
> शायद, उनमें मेरे कई परिचित !!

इस जुलूस में चलनेवाले सैनिक अधिकारी कौन हैं ?–

कर्नल, ब्रिगेडियर, जनरल, मार्शल
कई और सेनापति सेनाध्यक्ष
चेहरे वे मेरे जाने-बूझे-से लगते,
उनके चित्र समाचार-पत्रों में छपे थे,
उनके लेख देखे थे,
यहां तक कि कविताएं पढ़ी थीं
भई वाह !
उनमें कई प्रकांड आलोचक, विचारक, जगमगाते कविगण
मंत्री भी, उद्योगपति और विद्वान्
यहां तक कि शहर का हत्यारा कुख्यात
डोमाजी उस्ताद
बनता है बलवन
हाय, हाय !!
यहां ये दीखते हैं भूत-पिशाच-काय।

पूंजीवाद के पक्षधर आलोचक, विचारक, कवि-गण, मंत्री, उद्योगपति, विद्वान् और अपराध-कर्मी–यह है फासिज्म की वैचारिक, राजनीतिक और आर्थिक आधारभूमि ! पूंजीवाद-समर्थक लोग दिन में विभिन्न दफ्तरों-कार्यालयों, केंद्रों और घरों में मिलकर षड्यंत्र करते हैं। मुक्तिबोध ने जुलूस में उनका असली चेहरा दिखलाकर उन्हें नंगा कर दिया है। दिन में तो वे अच्छे-भले दिखलाई पड़ते हैं, पर रात में जुलूस में वे भूत-पिशाच-काय प्रतीत होते हैं। क्यों ? इसलिए कि "भीतर का राक्षसी स्वार्थ अब / साफ उभर आया है, / छुपे हुए उद्देश्य / यहां निखर आए हैं।" मुक्तिबोध साफ शब्दों में कहते हैं कि "यह शोभा-यात्रा है किसी मृत्यु-दल की।" फासिज्म को विभिन्न आधार प्रदान करनेवाले लोग जनता के हत्यारे हैं। स्वभावतः जब कोई उन्हें असली रूप में जान लेता है, तो उन्हें इतना गुस्सा आता है कि वे उसे जान से मार डालने पर उतारू हो जाते हैं :

मारो गोली, दागो स्साले को एकदम
दुनिया की नजरों से हटकर
छुपे तरीके से
हम जा रहे थे कि
आधी रात अंधेरे में उसने
देख लिया हमको

व जान गया वह सब
मार डालो, उसको खतम करो एकदम।

काव्य-नायक भी कहता है : "हाय, हाय ! मैंने उन्हें देख लिया नंगा, / इसकी मुझे और सजा मिलेगी।"

मुक्तिबोध की कविता 'एक स्वप्न-कथा' में भी एक जुलूस है :

स्तब्ध हूं,
विचित्र दृश्य !
फुसफुसे पहाड़ों-सी पुरुषों की आकृतियां
भुसभुसे टीलों-सी नारी प्रकृतियां
ऊंचा उठाए सिर गरबीली चाल से
सरकती जाती हैं।
चेहरों के चौखटे
अलग-अलग तरह के, अजीब हैं,
मुश्किल है जानना,
पर, कई
निज के स्वयं के ही
पहचानवालों का भान हो आता है।

....

जुलूस में अनेक मुख
(नेता और विक्रेता, अफसर और कलाकार)
अनगिन चरित्र
पर, चरितव्य कहीं नहीं
अनगिनत श्रेष्ठों की अनेक रूप-आकृतियां
रिक्त प्रकृतियां।
मात्र महत्ता की निराकार केवलता।

दोनों जुलूसों में एक ही तरह के असैनिक लोग शामिल हैं, जिनके चौंका देनेवाले चेहरे सुपरिचित हैं, तथापि 'एक स्वप्न-कथा' का जुलूस 'अंधेरे में' के जुलूस का पूर्वाभ्यास-भर है। कारण स्पष्ट है। वह यह कि पहली कविता का जुलूस जहां पूंजीवादी है, बावजूद इसके कि वह विराट् है, क्योंकि उसमें 'फुसफुसे पहाड़ों-सी पुरुषों की आकृतियां' और 'भुसभुसे टीलों-सी नारी प्रकृतियां' शामिल हैं, वहां दूसरी कविता का जुलूस फासिस्ट।

सैनिकों को अपनी ओर बढ़ते देखकर 'अंधेरे में' का काव्य-नायक भागता है। शहर में भयानक आतंक छाया हुआ है। "पत्ते न खड़कें / सेना ने घेर ली हैं सड़कें।"

भागता हुआ वह इतना भयभीत है कि एक बरगद के पेड़ के नीचे उसके कंधे पर उसका एक पत्ता टूटकर गिरता है, तो वह चौंक उठता है और उसके पांव से सिर तक एक थरथरी रेंग जाती है। धायं-धायं बंदूक छूट रही है और मकानों के ऊपर गेरुआ प्रकाश-सा छा रहा है। कई गलियों को पार करता हुआ वह एक चौराहे पर पहुंचता है, जहां--

संगीन नोकों पर टिका हुआ
सांवला बंदूक-जत्था
गोल त्रिकोण एक बनाए खड़ा जो
चौक के बीच में !!
एक ओर टैंकों का दस्ता भी खड़े-खड़े ऊंघता,
परंतु अड़ा है !!

वह फिर भागता है और भागते हुए एक सड़क पर स्थित तिलक की प्रस्तर-मूर्ति के निकट पहुंचता है। तत्पश्चात् उसकी मुलाकात महात्मा गांधी से होती है। ये दोनों ही नेता भारतीय स्वाधीनता-आंदोलन की दो मंजिलों के महान् नेता रहे हैं। स्वाधीनता-प्राप्ति में इनका योगदान ऐतिहासिक महत्त्व रखता है। महात्मा गांधी ने दूसरे पराधीन देशों में चल रहे स्वाधीनता-आंदोलनों को भी अपना दृढ़ समर्थन दिया था और फासिज्म के विरोध में बहुत ही जोरदार आवाज उठाई थी। मुक्तिबोध बहुत संकट की घड़ी में इन दोनों नेताओं को याद करते हैं। उनके देश में जब फासिस्ट हुकूमत कायम है, तब स्वाधीनता-संग्राम के इन दो महान् योद्धाओं के दिल पर क्या गुजर रही है ?

तिलक की मूर्ति के बारे में मुक्तिबोध कहते हैं :

भव्य ललाट की नासिका में से
बह रहा खून न जाने कबसे
लाल-लाल गरमीला रक्त टपकता
(खून के धब्बों से भरा अंगरखा)
मानो कि अतिशय चिंता के कारण
मस्तक-कोष ही फूट पड़े सहसा
मस्तक-रक्त ही बह उठा नासिका में से।

महात्मा गांधी की हालत यह है कि वे एक बोरा ओढ़े हुए अपने हाथ-पांव समेटे सर्दी में कांप रहे हैं। उन्हें तिलक की तुलना में जनता की शक्ति का एहसास ज्यादा था, इसलिए वे काव्य-नायक को बतलाते हैं कि शक्ति नेता में नहीं, जनता में होती है :

मिट्टी के लोंदे में किरणीले कण-कण
गुण हैं,
जनता के गुणों से ही संभव
भावी का उद्‌भव

वे राष्ट्रपिता थे। उन्हें फासिस्ट हुकूमत में राष्ट्र-शिशु–भारतीय जनता–की सुरक्षा की चिंता है। उसे वे काव्य-नायक को सौंपकर गायब हो जाते हैं।

काव्य-नायक आगे बढ़ता है, तो एक गली में उसे एक खुला हुआ दरवाजा दिखलाई पड़ता है। अंदर कमरे में एक व्यक्ति की हत्या कर दी गई है। वह व्यक्ति कलाकार था। उसे सच्चाई का ज्ञान था, उसके मन में साधारण जनों के लिए गहरी सहानुभूति थी और उसके पास बेहतर दुनिया के स्वप्न भी थे, लेकिन वह निष्क्रिय था। ऐसी स्थिति में काव्य-नायक को उसकी हत्या का कोई कारण नजर नहीं आता, इसीलिए वह सोचता है कि "न जाने किस झोंक में क्या कर गुजरा कि / संदेहास्पद समझा गया और / मारा गया वह वधिकों के हाथों।" ये हत्यारे फासिस्ट थे और उन्होंने उस कलाकार की हत्या इसलिए कर दी कि वह भी उनकी दृष्टि में संदिग्ध हो उठा था। संभव है, उसने फासिस्ट हुकूमत का पोशीदे तौर पर ही विरोध किया हो, या अपने विचार-स्वातंत्र्य के अनुरूप आचरण ही किया हो, जो उन्हें सहन नहीं हुआ हो। काव्य-नायक उस कमरे से जैसे ही बाहर आता है, सैनिकों द्वारा गिरफ्तार कर लिया जाता है। अब वह 'आततायी सत्ता के सम्मुख' खड़ा है ! सैनिक उसकी पिटाई करते हैं और पूछताछ के लिए उसे जबर्दस्ती एक तहखाने में ले जाते हैं। वहां उसकी 'स्क्रीनिंग' होती है और बेरहमी से उसकी पीठ पर चाबुक बरसाए जाते हैं, जिससे उस पर "उखड़े चर्म की कत्थई-रक्तिम रेखाएं उभर आती हैं।" सैनिक समझते हैं कि वह क्रांतिकारी है और वे उसे यातना देकर उससे गुप्त रहस्य मालूम करना चाहते हैं। अंततः वह रिहा कर दिया जाता है, लेकिन फासिस्ट गुप्तचर उसके पीछे लगे रहते हैं और उस पर कड़ी नजर रखी जाती है। कवि के शब्दों में :

अब छाया-मुख करते हैं पीछा,
श्यामाकार न छोड़ते हैं मुझको,
जहां गया, जहां रुका, जहां चला, वहां पर
भौंहों के नीचे के रहस्यमय छेद
मारते हैं संगीन–
दृष्टि की पत्थरी चमक है पैनी।

फासिस्ट हुकूमत ने जन-क्रांति को दबाने के लिए मार्शल लॉ लागू किया था, लेकिन क्रांति अंततः दबती नहीं है और वह फूट पड़ती है। "कहीं आग लग गई,

कहीं गोली चल गई।" यह क्रांति स्वतःस्फूर्त नहीं है। गलियों के अंधेरे में भागते हुए काव्य-नायक को जब कोई आदमी चुपचाप एक क्रांति से संबंधित पर्चा थमा जाता है, तो वह महसूस करता है कि–

पर्चा पढ़ते हुए उड़ता हूं हवा में,
चक्रवात-गतियों से घूमता हूं नभ पर,
जमीन पर एक साथ
सर्वत्र सचेत उपस्थित।
प्रत्येक स्थान पर लगा हूं मैं काम में,
प्रत्येक चौराहे, दुराहे व राहों के मोड़ पर
सड़क पर खड़ा हूं,
मनाता हूं, मानता हूं, मनवाता अड़ा हूं !!

यह शहर की सड़कों पर छोटी-छोटी सभाएं करके जनतांत्रिक तरीके से जनता को क्रांति के लिए तैयार करने का दृश्य है ! क्रांति की इस घड़ी में जनता में जो अद्भुत एकता स्थापित हो गई है, उसका वर्णन भी मुक्तिबोध ने किया है : "साथ-साथ घूमते हैं, साथ-साथ रहते हैं, / साथ-साथ सोते हैं, खाते हैं, पीते हैं / जन-मन उद्देश्य ! !" जनता की आत्मा के चक्के पर संकल्प-शक्ति के लोहे का मजबूत ज्वलंत टायर चढ़ाया जा रहा है। जन-जीवन के जंगलों से सदियों से प्रवाहित वेदना-नदियों का जल पीकर युवकों में व्यक्तित्वांतर हो रहा है : "विभिन्न क्षेत्रों में कई तरह से करते हैं संगर, / मानो कि ज्वाला-पंखुरी-दल में घिरे हुए वे सब / अग्नि-कमल के केंद्र में बैठे।" जन-क्रांति का मुक्तिबोधकृत विस्तृत वर्णन यह है :

राह के पत्थर-ढोकों के अंदर
पहाड़ों के झरने
तड़पने लग गए।
मिट्टी के लोंदे के भीतर
भक्ति की अग्नि का उद्रेक
भड़कने लग गया।
धूल के कण में
अनहद नाद का कंपन
खतरनाक !!
मकानों की छत से
गाडर कूद पड़े
धम से।
घूम उठे खंभे

भयानक वेग से चल पड़े हवा में।
दादा का सोंटा भी करता है दांव-पेंच,
गगन में नाच रही कक्का की लाठी।
यहां तक कि बच्चे की पेमें भी उड़तीं
तेजी से लहराती घूमती
मुन्ने की सलेट-पट्टी।
एक-एक वस्तु या एक-एक प्राणाग्नि बम है,
ये परमास्त्र हैं, प्रक्षेपास्त्र हैं, यम हैं।
शून्याकाश में से होते हुए वे
अरे, अरि पर ही टूट पड़े अनिवार।
यह कथा नहीं है, यह सब सच है, हां भई !!
कहीं आग लग गई, कहीं गोली चल गई !!

इस वर्णन में लाठी-सोंटा देखकर मुक्तिबोध के 'पुनर्मूल्यांकन' में डॉ. रामविलास शर्मा इस निष्कर्ष पर पहुंचे हैं कि मुक्तिबोध की जन-क्रांति 'सशस्त्र' है। वे 'बम' और 'प्रक्षेपास्त्र' का उल्लेख करके अपने निष्कर्ष को पुष्ट कर सकते थे, क्योंकि रूपकात्मक और अभिधेयात्मक वर्णन में वे फर्क करें ही, यह उनके लिए आवश्यक नहीं है। यदि उनके लिए इन दोनों के बीच का फर्क कोई महत्त्व रखता, तो 'भूल-गलती' शीर्षक मुक्तिबोध की कविता की "महसूस होता है कि वह, बेनाम / बेमालूम दर्रों के इलाके में / (सचाई के सुनहले तेज अक्सों के धुंधलके में) / मुहैया कर रहा लश्कर" पंक्तियां उद्धृत कर वे यह न लिखते कि "स्पष्ट ही यहां छापेमार दस्तों के संगठन का चित्र खींचा गया है।" (नई कविता और अस्तित्ववाद, पृ. 213) ज्ञातव्य है कि इस कविता में सुलतान से लेकर लश्कर मुहैया करनेवाला बागी तक एक रूपक है। मुक्तिबोध ने कविता के आरंभ में ही बतला दिया है कि "भूल-गलती / आज बैठी है जिरहबख्तर पहनकर / तख्त पर दिल के"। ऐसा जो सुलतान है, अपनी ही समझौतापरस्ती और व्यक्तिगत लाभ-लोभ का, उसे परास्त करने के लिए क्या छापामार दस्तों का संगठन जरूरी है ? 'अंधेरे में' कविता में जिस क्रांति का वर्णन है, उसे डॉ. शर्मा ने इस भाव से 'सशस्त्र' घोषित किया है, जैसे मुक्तिबोध का विश्वास क्रांति के शांतिपूर्ण तरीके में बिलकुल न था। यहां इस बात को उन्होंने बिलकुल भुला दिया है कि यह क्रांति फासिस्ट हिंसात्मक दमन की प्रतिक्रिया में जोर पकड़ती है। हिंसात्मक दमन की प्रतिक्रिया में सशस्त्र क्रांति ही हो सकती है और फासिस्ट हुकूमत को सशस्त्र संघर्ष के द्वारा ही समाप्त किया जा सकता है। मार्क्स का यह कथन प्रसिद्ध है कि "आलोचना का हथियार हथियारों द्वारा की जानेवाली आलोचना की जगह कतई नहीं ले सकता; भौतिक शक्ति निश्चय ही भौतिक शक्ति के द्वारा ही परास्त की जानी चाहिए।"

वैसे यह स्पष्ट है कि 'अंधेरे में' की क्रांति 'जन-क्रांति' ही है, विधिवत् प्रशिक्षित और सुसंगठित क्रांतिकारी सेना द्वारा की जानेवाली क्रांति नहीं। डॉ. शर्मा ने यह भी लिखा है कि "शहर में लाठी और सलेट-पट्टी से हथियारबंद दमनकारियों का मुकाबला नहीं किया जा सकता। इस तरह क्रांति की विजय हो नहीं सकती।" (उप., पृ. 133) लेकिन मुक्तिबोध ने जिस व्यापक जन-उभार का वर्णन किया है, उसे दबा सकना किसी भी दमनकारी सत्ता के लिए मुश्किल होगा। जन-प्रतिरोध के आगे कैसी भी दमनकारी सत्ता को झुकना होगा, इस क्रांति-वर्णन का सार-तत्त्व यह है।

डॉ. शर्मा का मुक्तिबोध की कविताओं के प्रसंग में अंतिम कथन यह है कि "हर जगह क्रांति करनेवाला, क्रांति की प्रेरणा देनेवाला, क्रांति का संगठन करनेवाला एक ही व्यक्ति है, वह है कविताओं का नायक। उसे आप मुक्तिबोध मानें चाहे उससे भिन्न कोई और व्यक्ति। यह क्रांति किसी पार्टी-संगठन के बिना स्वतःस्फूर्त ढंग से होती है और कविता का नायक उसका स्रष्टा या द्रष्टा होता है।" (उप,. पृ. 214) 'अंधेरे में' में क्रांति जनता करती है, काव्य-नायक नहीं। वह तो उसमें शामिल-भर होता है। इसी तरह वह उसका प्रेरक नहीं है, बल्कि वही क्रांति से प्रेरित होता है, बावजूद इसके कि "मेरे ही विक्षोभ-मणियों को लिए वे / मेरे ही विवेक-रत्नों को लेकर, / बढ़ रहे लोग अंधेरे में सोत्साह।" इन पंक्तियों का अर्थ यह है कि काव्य-नायक क्रांतिकारी लोगों में अपनी ही भावनाओं और विचारों को व्यावहारिक रूप लेते देखता है। वह जहां अभी 'बौद्धिक जुगाली' में ही पड़ा है, वहां लोग क्रांति-पथ पर आगे बढ़ गए हैं। जहां तक पार्टी के नेतृत्व की बात है, उसका उल्लेख कविता में आवश्यक नहीं है। यदि कविता में जनता के एकताबद्ध होने का जिक्र है (और क्रांति की तैयारी का संकेत भी), लेकिन पार्टी का नहीं, तो उससे यह निष्कर्ष निकालना कि क्रांति स्वतःस्फूर्त ढंग से हो रही है, कविता पर यांत्रिक ढंग से विचार करना है। मुक्तिबोध को क्रांति में संगठन अथवा पार्टी का महत्त्व मालूम था। 'एक स्वप्न-कथा' शीर्षक कविता में एक हाथ जिस जहाज से निकलकर कवि को व्यक्तिवाद से उबारता है, वह "क्षोभ-विद्रोह भरे संगठित विरोध का / साहसी समाज है !!" आगे की पंक्तियों में वे अपना यह विश्वास व्यक्त करते हैं कि संगठित विरोध का यह साहसी समाज, जो भीतर और बाहर के संपूर्ण दारिद्र्य से मुक्ति की खोज में लगा है, भविष्य की कल्पना नहीं, बल्कि ठोस वर्तमान है : "भीतर व बाहर के पूरे दलिद्दर से / मुक्ति की तलाश में / आगामी कल नहीं, आगत वह आज है !!"

क्रांति के समय पूंजीवादी चिंतकों, कवियों और कलाकारों के आचरण का मुक्तिबोध ने खासतौर से उल्लेख किया है। ये सब चुप हैं और क्रांति को खामखयाली मान रहे हैं। रक्तपायी वर्ग से नाभि-नालबद्ध ये लोग अपनी सुविधाओं का उपभोग करते हैं और समस्या को गहराई से नहीं समझते। क्रांति का विरोध करने में पूंजीवादी पत्रकारों की विशेष भूमिका होती है। ये जन-विरोधी संवाद और टिप्पणियां गढ़ने

में लगे रहते हैं। लेकिन उनके रोके क्रांति रुकती नहीं है और बड़े-बड़े चेहरों पर स्याही पुत जाती है ! इस तरह फासिज्म की आशंका को लेकर लिखी गई कविता उसे उखाड़ फेंकनेवाली क्रांति के वर्णन के साथ समाप्त होती है।

3

अन्य प्रगतिशील कवियों की तुलना में मुक्तिबोध की विशेषता यह है कि वे सामाजिक-राजनीतिक घटनाओं का वर्णन भी व्यक्ति को छोड़कर नहीं करते। उनकी मान्यता थी कि समाज के साथ व्यक्ति को महत्त्व नहीं दिया गया, तो चित्रण सामान्यीकृत होकर प्रभावहीन हो जाएगा। यही कारण है कि 'अंधेरे में' में केवल फासिज्म की आशंका और उसे खत्म करने के लिए होनेवाली जन-क्रांति का ही वर्णन है, उसमें एक व्यक्ति भी है, जिसकी ऊपर काव्य-नायक के रूप में चर्चा की गई है। यह पूरी कविता उस व्यक्ति के माध्यम से ही आगे बढ़ती है, इसलिए उसे काव्य-नायक कहना उचित है। यह काव्य-नायक एक संघर्ष में पड़ा हुआ है। चूंकि वह सचेत मध्यवर्गीय बुद्धिजीवी है, इसलिए देश में जो राजनीतिक दुर्घटना हुई है, उससे वह न केवल परिचित है, बल्कि आंदोलित भी है। उसके आंदोलित होने का कारण उसका कर्तव्य अथवा दायित्व-बोध है। देश में जो फासिस्ट हुकूमत कायम हो गई है और जो मार्शल लॉ लगा हुआ है, उसके लिए वह कहीं अपने को भी, अपनी निष्क्रियता के कारण, जिम्मेवार मानता है। कविता में वह एक स्थान पर कहता है : "मानो मेरे कारण ही लग गया / मार्शल लॉ वह, / मानो मेरी निष्क्रिय संज्ञा ने संकट बुलाया, / मानो मेरे कारण ही दुर्घट / हुई वह घटना।" स्वभावतः वह बेचैन हो उठता है। मुक्तिबोध ने उसकी बेचैनी का इजहार इन शब्दों में किया है :

> मेरा सिर गरम है,
> इसीलिए भरम है
> सपनों में चलता है आलोचन,
> विचारों के चित्रों की अवलि में चिंतन।
> निजत्व-भाफ है बेचैन,
> क्या करूं, किससे कहूं,
> कहां जाऊं, दिल्ली या उज्जैन ?

ये पंक्तियां कई बातों का पता देती हैं। कविता में जो 'भरम' यानी फैंटेसी है, वह कवि की विशेष मानसिक दशा की देन है। दूसरे, वह फैंटेसी केवल भावावेशमूलक नहीं है, बल्कि वह वैचारिकता से युक्त है। तीसरी बात यह कि कवि का निजत्व यानी उसकी अंतरात्मा चलने के पहले के रेलवे इंजन की बेचैन भाप

की तरह है। उसे पता नहीं चलता कि वह क्या करे और कहां जाए। वह एक द्वंद्व में पड़ा हुआ है। उसके मध्यवर्गीय जीवन की परिस्थितियां उसे इसके लिए इजाजत नहीं देतीं कि वह बाहर आकर फासिस्ट हुकूमत के प्रतिरोध में शामिल हो। वह अपनी सीमाओं में, जो कि परिस्थितिगत भी हैं और संस्कारगत भी, कैद है। वह उन्हें तोड़ना चाहता है, लेकिन जैसे इसके लिए उसके पास शक्ति नहीं है। फासिस्ट हुकूमत से टकराना हद दर्जे तक खतरनाक भी है। लेकिन उसका दायित्व-बोध है, जो उसे चैन नहीं लेने देता। वह उसकी पुकार को भी अनसुना नहीं कर सकता। उसकी आत्मा में भीषण सत्-चित्-वेदना यानी 'सत्य की महान् व्यथा' भड़क उठती है। वह रात में अपने कमरे में पड़ा हुआ है। "चिंता के गणित-अंक / आसमानी सलेट-पट्टी पर चमकते / खिड़की से दीखते।" कुछ ऐसी ही गहन चिंता में 'ब्रह्मराक्षस' कविता का ब्रह्मराक्षस भी पड़ा था : "सितारे आसमानी छोर पर फैले हुए अनगिन दशमलव-से / दशमलव-बिंदुओं के सर्वतः / पसरे हुए उलझे गणित-मैदान में / मारा गया, वह काम आया··· ।"

काव्य-नायक को तारों में टहलते और वहीं से पृथ्वी को देखते तोलस्तोय दीख जाते हैं। तोलस्तोय मुक्तिबोध के लिए मानववाद के सर्वश्रेष्ठ प्रतीक थे। आगे वे तोलस्तोयनुमा व्यक्ति के लिए कहते हैं : "मेरे किसी भीतरी धागे का आखिरी छोर वह, / अनलिखे मेरे उपन्यास का / केन्द्रीय संवेदन।" इस प्रसंग को समझने के लिए 'तार-सप्तक' में मुक्तिबोध के वक्तव्य का एक अंश देखना चाहिए। अपने आरंभिक कवि-जीवन के बारे में वे बतलाते हैं : "उन दिनों भी एक मानसिक संघर्ष था। एक ओर हिंदी का यह नवीन सौन्दर्य-काव्य था, तो दूसरी ओर, मेरे बाल-मन पर मराठी साहित्य के अधिक मानवतामय उपन्यास-लोक का भी सुकुमार परंतु तीव्र प्रभाव था। तॉल्स्तॉय के मानवीय समस्या-संबंधी उपन्यास या महादेवी वर्मा ? समय का प्रभाव कहिए या वय की मांग, या दोनों, मैंने हिन्दी के सौन्दर्य-लोक को ही अपना क्षेत्र चुना; और मन की दूसरी मांग वैसे ही पीछे रह गई जैसे अपने आत्मीय राह में पीछे रहकर भी साथ चले चलते हैं।" देश में जनसाधारण पर कहर बरपा करनेवाली फासिस्ट हुकूमत के काल में मुक्तिबोध के काव्य-नायक को तोलस्तोय की याद आना स्वाभाविक था। वह याद उसे और बेचैन बना देती है; उसके आत्मसंघर्ष को और तीखा कर देती है।

काव्य-नायक जब अपने बिस्तर से उठकर गैलरी में जाता है, क्रमशः नजदीक आते हुए जुलूस को देखने, तो कुछ सैनिक उसे देख लेते हैं और उसे गोली मार देने के लिए उसकी तरफ दौड़ते हैं। त्रस्त होकर वह भागता है और भागता हुआ एक बरगद के पास जाकर खड़ा होता है। इस बरगद के नीचे एक व्यक्ति रहा करता था, जिसे लोग पागल समझते थे। रात में इस वक्त वह एक 'आत्मोद्बोधमय' गान गा रहा है। गान की अंतर्वस्तु मध्यवर्ग के बुद्धिजीवियों की

जीवन-स्थिति से संबंधित है :

…ओ मेरे आदर्शवादी मन,
ओ मेरे सिद्धांतवादी मन,
अब तक क्या किया ?
जीवन क्या जिया !!
उदरंभरि बन अनात्म बन गए,
भूतों की शादी में कनात-से तन गए,
किसी व्यभिचारी के बन गए बिस्तर,

दुःखों के दागों को तमगों-सा पहना,
अपने ही खयालों में दिन-रात रहना,
असंग बुद्धि व अकेले में सहना,
जिंदगी निष्क्रिय बन गई तलघर,

अब तक क्या किया,
जीवन क्या जिया !!

बताओ तो किस-किसके लिए तुम दौड़ गए,
करुणा के दृश्यों से हाय ! मुंह मोड़ गए,
बन गए पत्थर;

बहुत-बहुत ज्यादा लिया,
दिया बहुत-बहुत कम;
मर गया देश, अरे, जीवित रह गए तुम !!

यह आत्मभर्त्सना काव्य-नायक की आत्मभर्त्सना बन जाती है, क्योंकि वह भी अपनी परिस्थितियों के दबाव में अपने सारे आदर्शों और सिद्धांतों को छोड़कर पेट के लिए अपनी आत्मा को बेचता रहा है, अपने सुख-दुख को ही महत्त्व देता हुआ, शेष विश्व से अलग, आत्मकेंद्रित बना रहा है और गलत कामों में तो सक्रिय रहा है, लेकिन जनता की करुणाजनक स्थिति ने उसके भीतर संवेदना का संचार नहीं किया ! 'मर गया देश' का मतलब है, देश में फासिस्ट हुकूमत का कायम होना। उक्त गान उसे जैसे अपने सामने नंगा कर देता है। वह गहन आत्मालोचना में डूब जाता है। उसके भीतर जोरों से तर्क-वितर्क चलने लगता है। 'होने लगी बहस और / लगने लगे परस्पर तमाचे।"

भागता हुआ जब वह एक बंद घर की सीढ़ी पर अपना सिर पकड़कर बैठ जाता है, तो स्वप्न के भीतर उसे एक और स्वप्न दिखलाई पड़ता है :

पाता हूं निज को खोह के भीतर,
विलुब्ध नेत्रों से देखता हूं द्युतियां,
मणि तेजस्क्रिय हाथों में लेकर
विभोर आंखों से देखता हूं उनको···
पाता हूं अकस्मात्
दीप्ति में वलयित रत्न वे नहीं हैं
अनुभव, वेदना, विवेक-निष्कर्ष
मेरे ही अपने यहां पड़े हुए हैं···

हाय, हाय ! मैंने उन्हें गुहा-वास दे दिया
लोक-हित क्षेत्र से कर दिया वंचित
जनोपयोग से वर्जित किया, और
निषिद्ध कर दिया
खोह में डाल दिया !!

वे खतरनाक थे,
(बच्चे भीख मांगते) खैर···
यह न समय है,
जूझना ही तय है।

इन स्थितियों का वर्णन मुक्तिबोध की कई कविताओं में है। 'भविष्य-धारा' में भी "जीवन की श्यामल खानों से / मणि-रत्न निकाले, पर ज्यों ही वे प्राप्त हुए / क्षण-भर चमके / मानो कि चंद्र-मणि प्रद्योतित / पर जाने तुमने कहां अटाले में डाला।" 'ओ काव्यात्मन् फणिधर' कविता में भी "चुपचाप धंसाए गए, छिपाए गए रत्न मन के, जन के, / जो मूल्य सत्य हैं इस जग के परिवर्तन के।" 'भविष्य-धारा' में यह उक्ति भी है : "और तुम्हारे बच्चे भूखे रह मांगेंगे भीख।" लेकिन 'अंधेरे में' कविता में भय का जितना गहन वातावरण है, उतना किसी कविता में नहीं। इसका कारण यही है कि फासिस्ट हुकूमत में क्रांतिकारी विचारों का प्रचार और उनके अनुसार आचरण करना सबसे कठिन है।

अंततः काव्य-नायक फासिज्म के विरुद्ध संघर्ष करने का निश्चय कर आगे बढ़ता है। तिलक की दशा उसके संकल्प को और दृढ़ कर देती है। वह अपने मध्यवर्गीय 'निजत्व' से छुटकारा पाने का हठ ठान लेता है। उसके बाद उसकी मुलाकात महात्मा गांधी से होती है, तो वे उसे यह सूत्र देते हैं कि आसमान से टपके हुए नेता नहीं, जनता ही भविष्य-निर्मात्री है। वह काफी डरा हुआ है, इसलिए उसने अपने कंधे से जिस भारतीय जन-शिशु को चिपका रखा है, वह सहसा रो उठता है,

तो उसे डर होता है कि कहीं कोई वह आवाज सुन न ले। उस शिशु के रुदन में विस्फोटक क्षोभ, गहरी शिकायत और भयंकर क्रोध है। वह उसे जितना ही चुप कराने का प्रयास करता है, वह उतने ही क्रोध से और चीखता जाता है। लेकिन वह प्रसन्न भी है कि जो वह अपने पूरे जीवन में न कर सका, वह शिशु कर रहा है! संकल्पयुक्त होकर वह आगे बढ़ता है कि अचानक उसके कंधे पर से वह शिशु गायब हो जाता है और वहां सिर्फ प्रकाश बिखराते सूरजमुखी के पुष्प-गुच्छ रह जाते हैं। बाद में वे पुष्प-गुच्छ भी गायब हो जाते हैं और उनकी जगह बंदूक और रायफल ले लेते हैं। यह इस बात का सूचक है कि जनता फूल भी है और जरूरत पड़ने पर बंदूक तथा रायफल भी।

जब काव्य-नायक गिरफ्तार हो जाता है और उसकी पिटाई होती है, तो उससे उसका संकल्प शिथिल नहीं पड़ता, बल्कि वह दृढ़तर हो जाता है। पिटाई के समय उसे क्रांति के दृश्य दिखलाई पड़ते हैं और "अंतर्तत्त्वों का पुनर्प्रबंध और पुनर्व्यवस्था / पुनर्गठन-सा होता जा रहा।" उसे शारीरिक यातना दी जाती है, लेकिन उसे वह महसूस नहीं करता। उसका मन देह की सीमा का अतिक्रमण कर जाता है और वह सिर्फ एक 'संदेश' रह जाता है, दूर-स्थित उदासीन जन के मन को प्रेरित करनेवाला! रिहाई के बाद वह क्रांति में योगदान करने का निश्चय करता है। जब क्रांति शुरू होती है, तो उसकी रही-सही दुविधा भी खत्म हो जाती है और अपनी सभी कमजोरियों से मुक्त होकर वह जैसे क्रांतिकारी कार्यवाहियों में लग जाता है। उसके भीतर आशा और विश्वास हिलोरें लेने लगते हैं। उसे लगता है कि दिशा और काल दोनों अब अपनी पहुंच में हैं, स्वप्न कर्म के सहारे मूर्तिमान् हो रहे हैं और जीवन विकास की उच्चतम मंजिल प्राप्त करने को उद्यत है। मुक्तिबोध की तेजस्क्रिय और चित्रात्मक भाषा में यह वर्णन देखने ही लायक है :

> और तब दिक्काल-दूरियां
> अपने ही देश के नक्शे-सी टंगी हुई
> रंगी हुई लगतीं !!
> स्वप्नों की कोमल किरनों का पानी
> घनीभूत संघनित द्युतिमान
> शिलाओं में परिणत,
> ये सब दृढ़ीभूत कर्म-शिलाएं हैं
> जिनसे कि स्वप्नों की मूर्ति बनेगी
> सस्मित सुखकर
> जिसमें से उद्‌गत क्रियाशील किरनें
> ब्रह्मांड-भर में नापेंगी सबकुछ !

सचमुच, मुझको तो जिन्दगी-सरहद
सूर्यों के प्रांगण पार भी जाती-सी दीखती !!

अंत में जब काव्य-नायक का स्वप्न भंग होता है, तो वह अपने को फिर अकेला तो महसूस करता है, लेकिन उसका मन स्फूर्ति से भरा हुआ है : "मानो कि कल रात किसी अनपेक्षित क्षण में ही सहसा / प्रेम कर लिया हो मनोहर मुख से / जीवन भर के लिए !!" वह जानना चाहता है कि उसने जो स्वप्न देखा है, आखिर उसका अर्थ क्या है ?

यह काव्य-नायक कौन है ? इसे लेकर मुक्तिबोध-संबंधी हिंदी आलोचना में एक विवाद चलता रहा है। डॉ. रामविलास शर्मा का कहना है कि वह स्वयं मुक्तिबोध हैं। उनके शब्द हैं : "मुक्तिबोध को 'अंधेरे में' कविता के नायक से अलग करके देखना असंभव है।" ('अस्तित्ववाद', पृ. 202) वे इसके साथ यह भी कहते हैं कि मुक्तिबोध सिजोफ्रेनिया नामक एक मानसिक रोग से ग्रस्त थे, जिसका एक लक्षण विभाजित व्यक्तित्व है। उनके अनुसार 'अंधेरे में' के काव्य-नायक का आत्मसंघर्ष इस विभाजित व्यक्तित्व का ही परिणाम है। वस्तुस्थिति यह है कि न 'अंधेरे में' का काव्य-नायक पूर्णतः मुक्तिबोध से अभिन्न है, न मुक्तिबोध विभाजित व्यक्तित्व के शिकार थे। किसी मानसिक रोगी में कवि के बौद्धिक अनुशासन के निर्वाह की क्षमता नहीं हो सकती, न वह आत्मसंघर्ष द्वारा किसी समस्या को हल करने की स्थिति में होता है। रेडेलिख और फ्रीडमान नामक असामान्य मनोविज्ञान के विशेषज्ञों का कहना है कि सिजोफ्रेनिया के रोगी का व्यक्तित्व इस कदर विभाजित हो जाता है कि उसके दो हिस्सों में कोई तालमेल नहीं रह जाता। 'अंधेरे में' का काव्य-नायक एक बड़ी हद तक उन मध्यवर्गीय बुद्धिजीवियों का प्रतिनिधि है, जिन्हें देश-दशा का पता है और जो अपने दायित्व से परिचित हैं, लेकिन जो अपनी परिस्थितियों और संस्कारों की घेराबंदी तोड़कर संघर्ष के मार्ग पर कदम बढ़ाने में अपने को असमर्थ पाते हैं। उनका आत्मसंघर्ष उनकी इसी स्थिति की देन होता है, विभाजित व्यक्तित्व-जैसे सिजोफ्रेनिया के रोग-लक्षण की नहीं। जैसे-जैसे समाज में वर्ग-संघर्ष बढ़ता जाता है, सचेत मध्यवर्गीय बुद्धिजीवी का आत्मसंघर्ष भी बढ़ता है, क्योंकि उसी अनुपात में उसका दायित्व-बोध गहन होता जाता है। 'अंधेरे में' का काव्य-नायक स्वयं कहता है : "जितना ही तीव्र है द्वंद्व क्रियाओं घटनाओं का / बाहरी दुनिया में, / उतनी ही तेजी से भीतरी दुनिया में / चलता है कि द्वंद्व कि / फिक्र से फिक्र लगी हुई है।" 'एक टीले और डाकू की कहानी' में भी हवा टीले से कहती है : "तुममें जो द्वंद्व है / वह द्वंद्व बाहरी स्थिति ही का बिम्ब !!" इससे काफी पहले 'प्रथम छंद' शीर्षक कविता में भी मुक्तिबोध ने कहा था : "आज भविष्यत् सिंह-द्वार के प्रवेश पथ पर / एक भयंकर तुमुल नाद है / आत्मद्वंद्व का, जन-संगर का। / व्यक्ति जूझता, समाज लड़ता, / काल कांपता।"

इसमें भी 'आत्मद्वंद्व' तथा 'जन-संगर' और व्यक्ति तथा समाज के संघर्ष का आपसी संबंध ध्यातव्य है। टीले और डाकूवाली कविता में हवा टीले से यह भी कहती है कि "अपना वह मूल द्वंद्व पहचानो। / द्वंद्वशील तथ्यों को तत्त्वों को जान लो / तीव्र करो द्वन्द्व को / अग्रगति सत्यों की विजयों का करो साफ रास्ता / जीवन-स्थिति बदल दो / ध्यान रखो / इस महान कार्य में / तुम न अकेले हो।"

डॉ. शर्मा ने 'अंधेरे में' के 'पागल' को भी, जो कि एक गान गाकर आत्मभर्त्सना करता है, काव्य-नायक से और उसके माध्यम से मुक्तिबोध से प्रायः अभिन्न मान लिया है। कहते हैं, "इसे सिरफिरा विक्षिप्त मस्तिष्क ठीक कहा गया है। कविता का नायक इससे भिन्न व्यक्ति है यद्यपि दोनों में बहुत बड़ा अंतर नहीं है। उस पागल का गीत सुनकर काव्य-नायक का व्यक्तित्व लगभग उसी का-सा हो जाता है।" (उप., पृ. 210) और फिर, "जो 'पागल' अपना खोया हुआ व्यक्तित्व रात में पा जाता है, वह भीतर से पूरी तरह विभाजित हो चुका है। विभाजित व्यक्तित्व का लक्षण मानसिक असंतुलन का सूचक है। विक्षेप की अनेक प्रक्रियाओं के समान यथार्थ से आत्मरक्षा का यह भी एक रूप है।" (उप.) मुक्तिबोध की कविता पर लिखे गए अपने पहले निबंध में डॉ. शर्मा ने इस 'पागल' की आत्मभर्त्सना की बड़ी तारीफ की थी। लिखा था, "आत्मभर्त्सना का ऐसा प्रखर स्वर हिंदी के किसी दूसरे कवि की रचनाओं में नहीं सुनाई देता। उसकी प्रखरता उत्पन्न होती है मुक्तिबोध के विवेक से।" (उप., पृ. 131) उनकी बात मानें, तो मानना पड़ेगा कि विभाजित व्यक्तित्व बहुत सृजनात्मक होता है और उसमें विवेक भी बहुत प्रखर होता है ! डॉ. शर्मा ने इस प्रसंग में जो छोटी-सी बात भुला दी है, वह यह कि मुक्तिबोध ने जिसे 'सिरफिरा पागल' कहा है, वजह सचमुच में पागल नहीं है, लोग उसे पागल समझते हैं : "पागल था दिन में / सिरफिरा विक्षिप्त मस्तिष्क।" उनकी प्रसिद्ध कहानी 'क्लॉड ईथरली' का एक पात्र कहानी के वाचक पात्र से कहता है : "जो आदमी आत्मा की आवाज जरूरत से ज्यादा सुन करके हमेशा बेचैन रहा करता है और इस बेचैनी में भीतर के हुक्म का पालन करता है, वह निहायत पागल है। पुराने जमाने में संत हो सकता था। आजकल पागलखाने में डाल दिया जाता है।" उक्त 'पागल' ऐसा ही पागल है। डॉ. शर्मा को चूंकि मुक्तिबोध को मानसिक रोगी सिद्ध करना था, इसलिए उन्होंने 'विक्षिप्त' शब्द को पकड़ लिया और 'पागल' से उन्हें अभिन्न सिद्ध कर दिया। जहां तक आत्मभर्त्सना अथवा आत्मालोचना की बात है, उसका मानसिक रोग से कोई अनिवार्य संबंध नहीं। 1952 में ही 'नया खून' की एक टिप्पणी में मुक्तिबोध ने लिखा था कि "आत्म-आलोचना का मार्ग इसलिए अपनाया जाता है कि भुजाओं में ताकत पैदा हो, मस्तिष्क में अधिक तेज उत्पन्न हो, जिससे कि जनता के प्रति अपने अनिवार्य उत्तरदायित्वों की राह में आनेवाले रोड़ों की मार की वेदना हमारे हृदय और मस्तिष्क पर हावी न हो।" 'अंधेरे में' के 'पागल' की आत्मभर्त्सना, जोकि काव्य-नायक की

आत्मभर्त्सना बन जाती है, ऐसी ही आत्मालोचना है।

डॉ. शर्मा ने 'अंधेरे में' के काव्य-नायक के दायित्व-बोध को अस्तित्ववादी बतलाया है। वे सार्त्र की पुस्तक 'अस्तित्ववाद और मानवतावाद' का हवाला देते हुए कहते हैं, "सार्त्र अपनी उक्त पुस्तक में कहते हैं कि अस्तित्ववाद का पहला सिद्धांत यह है कि मनुष्य स्वयं को जो कुछ बनाता है, उसके सिवा वह कुछ नहीं है। मनुष्य जो कुछ है, उसके लिए वह स्वयं उत्तरदायी है किंतु मनुष्य जब अपने लिए एक रास्ता चुनता है, तब वह सभी मनुष्यों के लिए भी चुनाव करता है।···मैं मनुष्य की ऐसी मूर्ति गढ़ रहा हूं, जैसी कि मैं चाहता हूं कि मनुष्य की हो। स्वयं को गढ़ने में मैं मनुष्य को गढ़ता हूं।'···इसी दायित्व-बोध से गहरी वेदना और निराशा का जन्म होता है। मनुष्य जो रास्ता चुनता है, वह सारी मानव-जाति के लिए होता है। इससे जो दायित्व-बोध उत्पन्न होता है, उसी से गहरी बेचैनी पैदा होती है।···कोई आश्चर्य नहीं कि 'अंधेरे में' कविता का नायक अपनी कायरता के लिए न केवल स्वयं को धिक्कारता है वरन् शहर में मार्शल लॉ लगने के लिए स्वयं को जिम्मेदार ठहराता है; सोचता है– 'मानो मेरे कारण ही लग गया / मार्शल लॉ वह, / मानो मेरी निष्क्रिय संज्ञा ने संकट बुलाया / मानो मेरे कारण ही दुर्घट / हुई यह घटना।' अतिशय दायित्व-बोध का ही यह दूसरा पहलू है अतिशय अपराध-बोध।" (उप., पृ. 180-81) यहां भी डॉ. शर्मा ने काव्य-नायक के तीन वाक्यों में तीन बार प्रयुक्त 'मानो' शब्द को भुला दिया है, जो इस बात का सूचक है कि मार्शल लॉ के लिए वह सिर्फ अपने को जिम्मेवार नहीं मानता और वह ऐसा अपने दायित्व-बोध के तीव्र अहसास के कारण सोचता है। मुक्तिबोध को अच्छी तरह से पता था कि एक व्यक्ति न ऐसी घटना के लिए जिम्मेवार हो सकता है, न अपनी क्षमता से फासिस्ट हुकूमत को खत्म कर सकता है। 'चंबल की घाटी में' कविता में हवा टीले से कहती है :

दस्यु-पराक्रम
शोषण पाप का परंपरा-क्रम
वक्षासीन है,
जिसके कि होने में गहन अंशदान
स्वयं तुम्हारा !!
इसीलिए जब तक उसकी स्थिति है,
मुक्ति न तुमको।
याद रखो,
कभी अकेले में मुक्ति न मिलती,
यदि वह है तो सबके ही साथ है।

ये पंक्तियां उनके विचार को अधिक स्पष्टता और पूर्णता के साथ हमारे सामने

रखती हैं।

मुक्तिबोध की विकृत तसवीर पेश करने के क्रम में डॉ. शर्मा ने 'अंधेरे में' के काव्य-नायक के इस कथन का भी गलत अर्थ लगाया है कि "मानो कि कल रात किसी अनपेक्षित क्षण में ही सहसा / प्रेम कर लिया हो मनोहर मुखसे / जीवन भर के लिए !!" कहा जा चुका है कि इसका संबंध काव्य-नायक के उस स्वप्न से है, जिसमें वह जन-क्रांति को घटित होता हुआ देखता है। इस स्वप्न के सुख को वह प्रेम-सुख जैसा महसूस करता है और आगे कहता है : "क्या कोई प्रेमिका सचमुच मिलेगी ? / हाय ! यह वेदना स्नेह की गहरी / जाग गई क्योंकर ?" स्नेह की गहरी वेदना इसलिए जग जाती है कि स्वप्न भंग हो चुका है। डॉ. शर्मा काव्य-नायक के इस कथन पर मुक्तिबोध का मनोविश्लेषण करते हुए यह टिप्पणी करते हैं कि "मुक्तिबोध को एक प्रेमिका की सख्त जरूरत थी।" (उप., पृ. 221)

मुक्तिबोध संघर्ष और क्रांति के प्रसंगों का वर्णन प्रेम-प्रसंगों के रूप में बहुत पहले से करते आ रहे थे। 1944 में रचित 'लाल सलाम' शीर्षक कविता में जर्मनी की फासिस्ट सेना को चीरते हुए आगे बढ़नेवाली लाल सेना के बारे में वे कहते हैं : "अरे, आज काले सागर के, वोल्गा के उस पार / जो प्रकाश के दरिया का लहरा उट्ठा है ज्वार / उसमें नए सत्य का यौवन, प्रात पवन-सा मुक्त / एक चुनौती निर्भय, *चुंबन एक हृदय-संयुक्त* ।" इसी तरह अनुमानतः 1941 में लिखी गई 'दमकती दामिनी' शीर्षक कविता में वे क्रांति की कल्पना एक युवती के रूप में करते हैं ("ओ मेघमाला के घने घनघोर जंगल में / सदा तुम डोलतीं। उद्दीप्त यौवन-स्वर्णिमे, / उन्मुक्त चंचल बाल, / यह निर्भय विहरती चाल, / यह कमनीय चिर दुर्धर्ष-गति / जलती सचाई-सी चली, / जो मेघ-गिरि-विस्तार को देती चुनौती क्रुद्ध / स्वर्णिम देह-मन विक्षुब्ध") और उसके बाद कहते हैं, "मैं हूं क्रांति-युग का एक छोटा कवि, तुम्हारा लोभ।" तात्पर्य यह कि उन्हें उस 'उन्मुक्त चंचल बाल' का लोभ है !

'अंधेरे में' में भी कविता के आरंभ में ही जब दरवाजे पर 'रक्तालोकस्नात पुरुष' सांकल बजाता है, तो उस समय की बेचैनी का वर्णन वे एक प्रेम-प्रसंग के उल्लेख के द्वारा ही करते हैं : "अरे, हां, सांकल ही रह-रह / बजती है द्वार पर। / कोई मेरी बात मुझे बताने के लिए ही / बुलाता है, बुलाता है (हृदय को सहला / मानो किसी जटिल प्रसंग में सहसा / होंठों पर होंठ रख कोई सच-सच बात / सीधे-सीधे कहने को तड़प जाय, और फिर / वही बात सुनकर धंस जाय मेरा जी··· / इस तरह सांकल ही रह-रह, बजती है द्वार पर)।" मायकोव्स्की ने भी, जिनकी क्रांतिकारिता में किसी आलोचक को संदेह न होना चाहिए, कहा है कि "क्रांति को उसी तरह पुकारना चाहिए, जिस तरह प्रेमी-प्रेमिका पहले दिन के साथ में एक-दूसरे को पुकारते हैं !" इस तरह क्रांति के प्रति गहन भावनात्मक लगाव के कारण उसे प्रेमिका के रूप में

देखना अप्रत्याशित नहीं है, लेकिन डॉ. शर्मा को चूंकि मुक्तिबोध को मानसिक रोगी सिद्ध करना है, इसलिए उन्होंने उनकी उक्तियों को हद दर्जे तक तोड़-मरोड़कर उनसे मनोवांछित अर्थ निकाला है। मुक्तिबोध की कविता "कल जो हमने चर्चा की थी" ('हंस', अक्तूबर, 1957) की प्रेमिका नातालिया है, अग्न्येश्का नहीं, क्योंकि अग्न्येश्का के भारत आने (1960-61) के पहले वह कविता लिखी ही नहीं जा चुकी थी, प्रकाशित भी हो चुकी थी, लेकिन डॉ. शर्मा उसे अग्न्येश्का ही मानते हुए 'अंधेरे में' की 'प्रेमिका' के प्रसंग में कहते हैं : "यह संभव है कि 'कल जो हमने चर्चा की थी' का सुख-स्वप्न उन्हें 'अंधेरे में' कविता के दुःस्वप्न के अंत में याद आ रहा हो।" (उप.) अग्न्येश्का से मुक्तिबोध का किस प्रकार का संबंध था, यह 'लक्षित मुक्तिबोध' में उनके मित्र शरद कोठारी ने बतलाया है : "आग्न्येष्काजी का हिंदू रीति से विवाह-संस्कार भी हमीदिया अस्पताल (जहां मुक्तिबोध बीमार होकर भर्ती थे।–ले.) में ही संपन्न हुआ था···। मुक्तिबोध ने कन्यादान दिया, मुझे भाई बनाया गया। आग्न्येष्काजी मुक्तिबोध को पिता की तरह मानती थीं। राजनांदगांव में वह चार-पांच दिन मुक्तिबोध के यहां रही थीं और उसी संगति के परिणामस्वरूप उनमें यह पूज्य भाव पैदा हुआ था।" अब आसानी से समझा जा सकता है कि विकृति कहां है–कवि की संवेदना में, या आलोचक की दृष्टि में।

डॉ. नामवरसिंह ने, डॉ. शर्मा के विपरीत, 'अंधेरे में' के काव्य-नायक को मुक्तिबोध से बिलकुल भिन्न बतलाया है। 'कविता के नए प्रतिमान' में इस कविता पर विचार करते हुए उनकी कविताओं में काव्य-नायक के रूप में उपस्थित होनेवाले चरित्र के बारे में वे कहते हैं, "निश्चय ही यह काव्य-नायक मुक्तिबोध का प्रतिरूप नहीं है और न इसे मुक्तिबोध समझने का भ्रम ही होना चाहिए। यह कवि की काव्य-सृष्टि है–बल्कि काव्य-सृष्टियों में से एक, ठीक उसी तरह जैसे 'एक साहित्यिक की डायरी' का 'मैं' और 'क्लॉड ईथरली', 'पक्षी और दीपक', 'विपात्र' आदि कहानियों का 'मैं'।" (पृ. 223) अगले वाक्य में उन्होंने यह भी बतला दिया है कि "इस चरित्र को प्रबुद्ध, प्रेरित और सक्रिय करके उसकी आस्था को दृढ़ करने के लिए ही मुक्तिबोध ने यह आत्मपरक ढंग अपनाया है।" (उप.) डॉ. शर्मा ने 'अंधेरे में' में 'पागल' की आत्मभर्त्सना को जो कवि की आत्मभर्त्सना मान लिया है, उसकी ओर संकेत करते हुए नामवरजी यह कहते हैं कि "मुक्तिबोध की रचनाओं में आत्मभर्त्सना का स्वर असंदिग्ध है लेकिन इस आत्मभर्त्सना को स्वयं मुक्तिबोध की आत्मभर्त्सना कहना भारी भ्रम है। वस्तुतः मुक्तिबोध ने अपनी रचनाओं में 'मैं' के द्वारा अपने पूरे वर्ग–मध्यवर्ग की–आत्मभर्त्सना को अभिव्यक्त किया है।" (उप., 231) इस स्थापना को भी पूर्णतः स्वीकार करने में बाधा यह है कि स्वयं कविता में ऐसे संकेत हैं, जिनसे इसका नायक किसी हद तक कवि का प्रतिरूप मालूम पड़ता है।

रिहाई के बाद जब काव्य-नायक क्रांतिकारी सक्रियतावाले स्थलों को देखता

है, तो स्वयं फासिस्ट-विरोधी कविता लिखकर क्रांति में योग देना चाहता है, लेकिन वैसी कविता लिखने में वह अपने को असमर्थ पाता है। यहां वह कहता है : "काव्य-चमत्कार उतना ही रंगीन / परंतु, ठंडा !! / मेरे भी फूल हैं तेजस्क्रिय, पर / अतिशय शीतल।" इसी के बाद वह कहता है कि "अरे, इन रंगीन पत्थर-फूलों से मेरा / काम नहीं चलेगा !!" और वह संकल्प करता है कि "अब अभिव्यक्ति के सारे खतरे उठाने ही होंगे। / तोड़ने होंगे ही मठ और गढ़ सब। / पहुंचना होगा दुर्गम पहाड़ों के उस पार / तब कहीं देखने मिलेंगी हमको / नीली झील की लहरीली थाहें / जिसमें कि प्रतिपल कांपता रहता / अरुण कमल एक··· ।" कहने की आवश्यकता न होनी चाहिए कि 'अभिव्यक्ति' का संबंध यहां काव्याभिव्यक्ति से है और 'अरुण कमल' का मतलब है क्रांतिकारी कविता। 'मठ' और 'गढ़' पुरानी और प्रचलित काव्य-रूढ़ियों के लिए प्रयुक्त हुए हैं। यदि काव्य-नायक कवि नहीं, तो आगे वह यह क्यों कहता है कि "कविता में कहने की आदत नहीं, पर कह दूं / वर्तमान समाज चल नहीं सकता" ? ये मुक्तिबोध ही हैं, जो कविता में प्रायः फैंटास्टिक रूपकों के माध्यम से अपनी बात कहते हैं, 'वर्तमान समाज चल नहीं सकता'-जैसी सपाटबयानी का इस्तेमाल नहीं करते। नामवरजी भी जब यह कहते हैं कि "कवि मुक्तिबोध के लिए अस्मिता की खोज व्यक्ति की खोज नहीं, बल्कि अभिव्यक्ति की खोज है" और "एक कवि के नाते उनके लिए परम अभिव्यक्ति ही अस्मिता है" (उप., पृ. 217-18), तो थोड़ी देर के लिए वे भी यह मान लेते हैं कि 'अंधेरे में' का काव्य-नायक मुक्तिबोध का ही प्रतिरूप है। यदि वह ऐसा नहीं, तो वह 'अभिव्यक्ति' की खोज क्यों करता है और उसके लिए 'परम अभिव्यक्ति' ही अस्मिता क्यों है ? तात्पर्य यह कि इस काव्य-नायक को किसी हद तक मुक्तिबोध से अभिन्न मानने में कठिनाई न होनी चाहिए।

मुक्तिबोध ने अपने वक्तव्यों और अपनी कविताओं में बार-बार अपने लेखन की 'आत्मपरकता' की पुष्टि की है। 'तार सप्तक' के द्वितीय संस्करण के आत्म-वक्तव्य में वे कहते हैं : "जीवन और परिवेश की विषमता की यह स्थिति आभ्यंतर लोक में भी दुःस्थिति उत्पन्न करती है, यह एक दारुण सत्य है। *मैं कहूं कि यह मेरा अपना भी सत्य है।*" इसी तरह 'भविष्य-धारा' शीर्षक कविता में वे कहते हैं : "ये काव्यात्मक पंक्तियां अंक के जंगल में / कैसे सुलगीं ? / यह क्या है कुछ *आत्मचरित्रात्मक* गहरा, / अंकों पर भी मन के डंकों का पहरा है !!" निश्चय ही मुक्तिबोध का समग्र लेखन एक बहुत ही गहरे अर्थ में आत्मचरित्रात्मक है। उन्होंने गणित की तरह वस्तुगत यथार्थ का जो चित्रण किया है, वह भी उनकी निजी पीड़ा से युक्त है। इसके बाद भी यदि 'अंधेरे में' के काव्य-नायक को किसी हद तक मुक्तिबोध का प्रतिरूप मानने में कठिनाई होती है, तो इसलिए कि कवि की जिस रचना-प्रक्रिया को समझने पर उन्होंने अत्यधिक बल दिया था, उनकी कविताओं का विश्लेषण करने

के क्रम में उसी की उपेक्षा की जाती है। उनके रचना-प्रक्रिया-संबंधी लेखों में इसके भरपूर संकेत हैं कि उनकी अपनी रचना-प्रक्रिया में कैसे वैयक्तिकता और निर्वैयक्तिकता एक दूसरे के गुण प्राप्त कर लेती हैं, जिससे दोनों की शक्ति बढ़ जाती है। निष्कर्ष यह कि उक्त काव्य-नायक न पूर्णतः विशिष्ट चरित्र है, जैसा उसे डॉ. शर्मा सिद्ध करना चाहते हैं, न पूर्णतः सामान्य चरित्र, जैसा उसे नामवरजी बतलाते हैं। उसके चरित्र में विशिष्ट और सामान्य दोनों घुल-मिलकर एक हो गए हैं। उसके चरित्र की यह द्वंद्वात्मक एकता उसकी प्रभावोत्पादकता का कारण है।

4

'अंधेरे में' में काव्य-नायक के अलावा एक चरित्र और है–'रक्तालोकस्नात पुरुष'। कविता की शुरुआत ही उसके वर्णन से होती है। वह लगातार काव्य-नायक की जिंदगी के अंधेरे कमरों में चक्कर लगाता रहता है, जैसे किसी तिलिस्मी खोह में गिरफ्तार हो। काव्य-नायक को कभी उसके पैरों की आवाज सुनाई देती है, दीवार के पार से आती हुई, और कभी उसका पलस्तर उखड़ जाने से उसमें बनी उसकी आकृति दिखलाई पड़ती है, लेकिन वह जान नहीं पाता है कि वह कौन है। जब आवाज सुनाई देती है, तो वह दिखलाई नहीं पड़ता और जब दीवार पर उसकी आकृति, जोकि भव्य है, उभर आती है, तो वह पहचान में नहीं आता। काव्य-नायक काफी परेशान है और जानना चाहता है कि वह पुरुष कौन है ? उसकी परेशानी का अंदाजा इससे लगाया जा सकता है कि वह उसकी उपस्थिति अपनी जिंदगी के अंधेरे कमरों में ही नहीं महसूस करता, बाहर भी करता है। शहर के बाहर पहाड़ी के उस पार जो एक अंधेरा और शांत तालाब है, उसके काले जल के भीतर से भी उसे उसकी आकृति उभरती दिखलाई पड़ती है। वह श्वेत आकृति मुस्कुराकर काव्य-नायक को अपना परिचय देती है, लेकिन वह उसे समझ नहीं पाता। स्वभावतः वह हतप्रभ रह जाता है। तत्पश्चात् बिजलियां कौंध उठती हैं और जोरों की हवा चलने लगती है, जिससे तालाब के निकट स्थित पेड़ों की डालियां चीखती हुई आपस में टकराने लगती हैं। अचानक पेड़ों के अंधेरे में छिपी हुई किसी एक तिलिस्मी खोह का शिला-द्वार धड़-से खुलता है और उसमें लाल कुहरे में नहाया हुआ एक पुरुष बैठा दीख पड़ता है। इस रक्तालोकस्नात पुरुष की भव्यता को देखकर काव्य-नायक को घबड़ाहट भी होती है और मन में गहन संदेह भी पैदा होती है। इसका रूप उसे 'संभावित स्नेह-सा प्रिय' भी प्रतीत होता है, इसलिए एक विलक्षण शंका उसे घेर लेती है कि आखिर वह कौन है ?–

> तेजोप्रभावमय उसका ललाट देख,
> मेरे अंग-अंग में अजीब एक थर-थर।

गौरवर्ण, दीप्त-दृग, सौम्यमुख
संभावित स्नेह-सा प्रिय रूप देखकर
विलक्षण शंका,
भव्य आजानुभुज देखते ही साक्षात्
गहन एक संदेह।

इस पुरुष को लेकर उसके मन में जो प्रश्न उठते हैं, वे उसे खतरे में डालनेवाले प्रतीत होते हैं। देश में जब फासिस्ट हुकूमत कायम है और शहर में मार्शल लॉ लगा हुआ है, तब ऐसी-वैसी जिज्ञासा करना ठीक नहीं है। काव्य-नायक के भीतर का भय, जो उसकी आत्मगत और वस्तुगत परिस्थितियों की देन है, उसे अंधेरे में पटक देता है :

प्रश्न थे गंभीर, शायद खतरनाक भी,
इसीलिए बाहर के गुंजान
जंगलों से आती हुई हवा ने
फूंक मार एकाएक मशाल ही बुझा दी···
कि मुझको यों अंधेरे में पकड़कर
मौत की सजा दी !
किसी काले 'डैश' की घनी काली पट्टी ही
आंखों पर बंध गई,
किसी खड़ी पाई की सूली पर मैं टांग दिया गया,
किसी शून्य बिंदु के अंधियारे खड्डे में
गिरा दिया गया मैं
अचेतन स्थिति में।

आंखों के आगे अंधेरा छा गया, तो ऐसा लगा कि उन पर किसी ने घनी काली पट्टी बांध दी। पट्टी का आकार 'डैश'-जैसा होता है। जब कविता में यह 'डैश' आ गया, तो मुक्तिबोध की कल्पना स्वाभाविक रूप से 'खड़ी पाई' यानी हिंदी के पूर्ण विराम के साथ 'शून्य बिंदु' को भी ले आई !

काव्य-नायक अपने कमरे में लेटा हुआ है। सहसा उसे लगता है कि कोई उसके दरवाजे की सांकल बजा रहा है। "कोई मेरी बात मुझे बताने के लिए ही / बुलाता है, बुलाता है।" उसके मन में प्रश्न उठता है कि इस आधी रात अंधेरे में उससे कौन मिलने आया है ? फिर वह कहता है : "पहचानता हूं बाहर जो खड़ा है !! / यह वही व्यक्ति है, जी हां ! / जो मुझे तिलिस्मी खोह में दिखा था।" वह दरवाजा खोलकर उससे लिपट जाना चाहता है, "परंतु, भयानक खड्डे के अंधेरे में आहत / और

क्षत-विक्षत, मैं पड़ा हुआ हूं; / शक्ति ही नहीं है कि उठ सकूं, जरा भी / (यह भी तो सही है कि / कमजोरियों से ही मोह है मुझको) / इसीलिए, टालता हूं उस मेरे प्रिय को / कतराता रहता, / डरता हूं उससे।" वह निश्चय करता है कि "वह जन···वैसे ही / आप चला जाएगा आया था जैसे। / खड्डे के अंधेरे में मैं पड़ा रहूंगा / पीड़ाएं समेटे !!" लेकिन उसका निश्चय अंततः डिग जाता है और वह बेचैन होकर दरवाजा खोलने के लिए बढ़ता है। लेकिन अब तक देर हो चुकी है। रात का पक्षी बोलकर उसे बतलाता है कि "वह चला गया है, / वह नहीं आएगा, आएगा ही नहीं / अब तेरे द्वार पर। / वह निकल गया है गांव में शहर में ! / उसको तू खोज अब / उसका तू शोध कर !" इसके बाद रक्तालोकस्नात पुरुष काव्य-नायक को फिर कविता के अंत में दिखलाई पड़ता है, जब वह एक स्वप्न से जागकर दूसरे स्वप्न में प्रवेश करता है :

उठता हूं, जाता हूं, गैलरी में खड़ा हूं।
एकाएक वह व्यक्ति···
सामने गलियों में, सड़कों पर, लोगों की भीड़ में
चला जा रहा है।
वही जन जिसे मैंने देखा था गुहा में।
धड़कता है दिल
कि पुकारने को खुलता है मुंह
कि अकस्मात्···
वह दिखा, वह दिखा
वह फिर खो गया किसी जन-यूथ में···
उठी हुई बांह यह उठी हुई रह गई !!

'अंधेरे में' की व्याख्या के क्रम में जैसे यह प्रश्न उठा है कि उसका काव्य-नायक कौन है, वैसे ही यह प्रश्न भी कि यह रक्तालोकस्नात पुरुष कौन है ? डॉ. रामविलास शर्मा के अनुसार वह रहस्यात्मक सत्ता है। उनका कथन है : " 'अंधेरे में' कविता में जिस रहस्यमय व्यक्ति को मुक्तिबोध खोज रहे हैं, वह उनकी संभावनाओं, निहित प्रभावों, प्रतिमाओं की 'पूर्ण अवस्था' है; 'मेरे परिपूर्ण का आविर्भाव' है। रात का पक्षी उन्हें बताता है, 'वह तेरी पूर्णतम अभिव्यक्ति' है। इसीलिए कविता के अंत में यह अभिव्यक्ति प्राप्त नहीं होती। यदि केवल सर्वहारा वर्ग से तदाकार होने का प्रश्न होता तो मजदूरों के जलूस और संघर्ष में साथ रहने पर वह प्रक्रिया पूरी हो जाती।" ('अस्तित्ववाद', पृ. 187) डॉ. नामवर सिंह का मत इससे भिन्न है। उनके अनुसार 'अंधेरे में' का काव्य-नायक आत्मनिर्वासन का शिकार है और रक्तालोकस्नात पुरुष उसकी खोई हुई अस्मिता है, जिसकी खोज में वह लगा है। इस तरह दोनों वस्तुतः

अभिन्न हैं। उनका कहना है : "नाटकीय कौशल के लिए कविता का 'मैं' दो व्यक्ति-चरित्रों में विभक्त कर दिया गया है : एक है काव्य-नायक 'मैं' और दूसरा है उसका प्रतिरूप 'वह'। यह विभाजन वस्तुतः एक नाटकीय कौशल मात्र नहीं, बल्कि इसका आधार 'आत्म-निर्वासन' (सेल्फ-एलिएनेशन) है। 'अंधेरे में' का काव्य-नायक एक आत्मनिर्वासित व्यक्ति है, जिसके आत्म-निर्वासन का प्रतीक है उसका गुहावास।" ('कविता के नए प्रतिमान,' पृ. 211-12)।

वस्तुस्थिति यह है कि रक्तालोकस्नात पुरुष न कोई रहस्यात्मक सत्ता है, न वह काव्य-नायक की अस्मिता है। कविता में इस बात के स्पष्ट संकेत हैं कि वह मजदूर है और मजदूरों की संगठित शक्ति तथा सर्वहारा-चेतना का प्रतीक है। फासिस्ट हुकूमत में उसे गोलियों से जख्मी ही नहीं किया गया है, बल्कि जेल में भी डाल दिया गया है। जिस 'गुहा' में वह बंद है, वह वस्तुतः जेल है। लेकिन चूंकि फासिस्ट हुकूमत के लिए भी मजदूर-वर्ग को खत्म करना असंभव है, वह जेल के बाहर भी दिखलाई पड़ता है। यहां प्रश्न उठ सकता है कि मुक्तिबोध ने रक्तालोकस्नात पुरुष का दर्जा 'मजदूर' को क्यों दिया और उसी को उतने बुरे हाल में क्यों दिखलाया ? इसका उत्तर यह है कि मजदूर-वर्ग ही पूंजीवाद का सबसे प्रबल शत्रु होता है और इसी कारण वह फासिस्ट हुकूमत का पहला निशाना होता है। मुक्तिबोध ने अपनी आंखों से देखा था कि द्वितीय विश्वयुद्ध में फासिस्ट जर्मनी ने सोवियत संघ पर, जहां मजदूरों का राज था, उसे दुनिया के नक्शे से मिटा देने के लिए आक्रमण किया था और लाल सेना ने उसे परास्त किया था। 'लाल सलाम' शीर्षक कविता में उन्होंने सोवियत संघ के बारे में कहा था : "मानव-समता की संस्कृति की बजी नफीरी आज / अरे वहां से जिसको कहते मजदूरों का राज।" फिर कविता के अंत में उन्होंने लाल सेना का अभिनंदन इन शब्दों में किया था :

> लाल क्रांति की लड़नेवाली मजूर-सेना आम,
> उनको, उनके स्त्री-पुरुषों को मेरा लाल सलाम।

ऐसी स्थिति में यह बिलकुल स्वाभाविक था कि उनकी कविता का नायक, जोकि मध्यवर्गीय सचेत बुद्धिजीवी है, फासिस्ट हुकूमत के काल में उसकी सबसे प्रबल विरोधी शक्ति मजूदर-वर्ग को पहचानकर उससे एकता स्थापित करने के लिए बेचैन हो उठे और सर्वहारा-चेतना को आत्मसात् कर अपने व्यक्तित्व को बदल डालना चाहे। ताज्जुब नहीं कि वह उसका जीवनादर्श हो जाए, जिसे पाने के लिए एक तीखे आत्मसंघर्ष से गुजरना लाजिमी हो, क्योंकि यह मार्ग खतरों से भरा और बलिदान का मार्ग होता है।

1954 के शुरू में मुक्तिबोध ने नेमिचंद्र जैन को एक पत्र में लिखा था : "मैं अभी तक ईमानदारी से जन-जीवन का पक्ष लेकर नहीं लिखता रहा हूं। मेरे साहित्य

में जनता का चेहरा अपने कठोर और भव्य रंगों में प्रकट नहीं होता। मैं इस बात के प्रति सजग हूं। मैं अपनी इस कमी को जीतकर रहूंगा और पहले की तुलना में ज्यादा लिखूंगा, क्योंकि मैं महसूस करता हूं कि मैं उससे भावनात्मक रूप से जुड़ा हुआ हूं।...जनता के प्रति यह गहरा भावनात्मक लगाव ही हमारे लेखन का स्रोत होना चाहिए और वही हमारी जमा-पूंजी होनी चाहिए। उसके बिना जीवन संभव नहीं है, वह बेमानी है।" उनकी कविताओं में जनता के भव्य चित्र पहले भी मिलते हैं। उदाहरण के लिए 'मुझे याद आते हैं' कविता में 'मजूर लोहार' का यह चित्र देखा जा सकता है : "निहाई से उठती हुई लाल-लाल / अंगारी तारिकाएं बरसती हैं जिसके उजाले में कि / एक अति-भव्य-देह, / प्रचंड पुरुष श्याम / मुझे दीख पड़ता है / क्षोभ में, शक्ति में मुसकराता खड़ा-सा !" लेकिन जो भव्यता और आंतरिक लगाव, जिसका पता 'संभावित स्नेह-सा प्रिय रूप' से चलता है, 'अंधेरे में' के रक्तालोकस्नात पुरुष के चित्रण में दिखलाई पड़ता है, वह पहले उनकी कविताओं में देखने को नहीं मिला था। निश्चय ही यह पुरुष मजदूर है, कोई रहस्यात्मक सत्ता नहीं, बावजूद इसके कि मुक्तिबोध स्वयं उसे 'रहस्य साक्षात्' कहते हैं। काव्य-नायक इन शब्दों में उसे अपने आदर्शों का मूर्तिमान् रूप बतलाता है :

> वह रहस्यमय व्यक्ति
> अब तक न पाई गई मेरी अभिव्यक्ति है,
> पूर्ण अवस्था वह
> निज-संभावनाओं, निहित प्रभाओं, प्रतिभाओं की
> मेरे परिपूर्ण का आविर्भाव,
> हृदय में रिस रहे ज्ञान का तनाव वह
> आत्मा की प्रतिमा।

'खोई हुई अभिव्यक्ति' की तुलना में 'अब तक न पाई गई अभिव्यक्ति' आधिक निर्भ्रान्त शब्दावली है, क्योंकि पहली शब्दावली से जहां यह भ्रम होता है कि वह अभिव्यक्ति पहले अपने पास थी, उसके बाद खो गई, वहां दूसरी शब्दावली से ऐसा कोई भ्रम नहीं होता। यह ऐसी अभिव्यक्ति है, जिसकी तलाश है, लेकिन जो अभी तक मिली नहीं है। वह पुरुष काव्य-नायक का आदर्श है, उसकी मंजिल है। उसकी 'निज-संभावनाएं' उसके उस 'निजत्व' की संभावनाएं नहीं हैं, जिसे आगे चलकर उसका विवेक अपने तीखे रंदे से छील डालना चाहता है और 'चंबल की घाटी में' कविता में 'दस्यु की चट्टानी आकृति बनकर' टीले की छाती पर बैठा है। ("मात्र बृहत्कृत बिंब है तुम्हारे ही निज का") "निज-संभावनाओं, निहित प्रभाओं और प्रतिभाओं की पूर्ण अवस्था" निश्चय ही अस्मिता का विकसित रूप है। कविता के अंत में भी उसे "अनखोजी निज समृद्धि का परम उत्कर्ष" कहा गया है। इस तरह

यह कविता अस्मिता के विकास की कविता है, निश्चय ही उसकी खोज की नहीं, क्योंकि काव्य-नायक की अस्मिता अर्थात् "निज-संभावनाएं, निहित प्रभाएं और प्रतिभाएं" उससे खोई नहीं हैं, अविकसित अवस्था में हैं। इसी बात को इस तरह भी कहा जा सकता है कि रक्तालोकस्नात पुरुष काव्य-नायक का 'एलिएनेटेड सेल्फ' या जिसे अर्न्स्ट फिशर ने 'मिरर इमेज' कहा है वह न होकर उसका 'आइडियल सेल्फ' है। भारतभूषण अग्रवाल ने ठीक ही उसे कवि का 'आदर्श स्व' कहा है। ('पूर्वग्रह-9') मुक्तिबोध ने 'काव्य की रचना-प्रक्रिया : एक' शीर्षक अपने लेख में लेखकों को आगाह किया है कि "लक्ष्यों के प्रति दुर्दांत स्नेह की आस्तिकता के बिना वास्तविक अस्मिता का विकास नहीं हो सकता।" 'तनाव' और 'घिराव' मुक्तिबोध के खास शब्द हैं। 'तनाव' को वे एक सकारात्मक वस्तु मानते हैं, जबकि 'घिराव' को नकारात्मक। रहस्यमय पुरुष उनके लिए 'ज्ञान का तनाव' है, 'घिराव' नहीं। आत्मा की उनकी व्याख्या है–'सामाजिक व्यक्तित्व'। यह सब कहने के बाद वे साफ शब्दों में उस पुरुष के बारे में कुछ प्रश्न करते हैं, जिनका उत्तर उन प्रश्नों में ही निहित है :

किन्तु, वह फटे हुए वस्त्र क्यों पहने है ?
उसका स्वर्ण-मुख मैला क्यों ?
वक्ष पर इतना बड़ा घाव कैसे हो गया ?
उसने कारावास-दुःख झेला क्यों ?
उसकी इतनी भयानक स्थिति क्यों है ?
रोटी उसे कौन पहुंचाता है ?
कौन पानी देता है ?
फिर भी, उसके मुख पर स्मित क्यों है ?
प्रचंड शक्तिमान क्यों दिखाई देता है ?

'अंधेरे में' कविता के साथ यह दुर्घटना हुई है कि इस पर सारी चर्चा 'चांद का मुंह टेढ़ा है' में प्रकाशित इस कविता के पाठ को आधार बनाकर की गई है, जिसमें ऊपर उद्धृत नौ पंक्तियां गायब हैं। आश्चर्य की बात तो यह है कि इस कविता पर इतनी गंभीर चर्चा हुई और किसी विद्वान् ने यह कष्ट न किया कि इसके उक्त पाठ को 'कल्पना' में प्रकाशित पाठ से मिलाकर देखा जाए। ऐसा करना जरूरी था, क्योंकि 'चांद का मुंह टेढ़ा है' में कविताओं का संकलन जहां श्रीकांत वर्मा ने किया था, वहां 'कल्पना' में संभवतः 'अंधेरे में' को प्रकाशनार्थ स्वयं मुक्तिबोध ने भेजा था। इस पत्रिका में प्रकाशित पाठ में ऊपर उद्धृत नौ पंक्तियां बदस्तूर अपनी जगह पर मौजूद हैं और इस कविता के 'रक्तालोकस्नात पुरुष' के स्वरूप पर भरपूर प्रकाश डालती हैं। हमारा खयाल है कि ये पंक्तियां डॉ. शर्मा और नामवरजी के सामने रहतीं,

तो शायद इस बात पर बहस न होती कि वह पुरुष कौन है। इन पंक्तियों में रहस्यमय पुरुष के रहस्य का भी पर्दाफाश है और उसे काव्य-नायक की अस्मिता मानने का भी निषेध, क्योंकि यहां भव्यता ही नहीं, 'फटे हुए वस्त्र' और 'वक्ष पर बना बड़ा घाव' भी है। इतना ही नहीं, 'भव्य आजानुभुज' व्यक्ति के आगे रोटी-पानी की समस्या भी है। नामवरजी ने 'गुहावास' को आत्मनिर्वासन का सूचक बतलाया है। यहां उसका भी निराकरण है 'कारावास' के द्वारा। स्पष्टतः ऊपर की सात पंक्तियां पूंजीवादी व्यवस्था में मजदूरों के शोषण की और फासिस्ट हुकूमत द्वारा किए जानेवाले उनके दमन की परिचायक हैं। अंतिम दो पंक्तियां मजदूरों की संगठित और अपराजेय शक्ति की सूचक हैं। इन पंक्तियों के मेल में ही कविता की ये पंक्तियां हैं, जो रक्तालोकस्नात पुरुष के बारे में ही लिखी गई हैं :

> विद्युल्लहरिल वही गतिमयता,
> उद्विग्न ज्ञान-तनाव वह
> सकर्मक प्रेम की वह अतिशयता
> वही फटे-हाल रूप ! !

मजदूर-वर्ग शक्तिशाली ही नहीं, सक्रिय भी होता है, इस तरफ इन पंक्तियों में खास तौर से ध्यान दिलाया गया है।

काव्य-नायक जब अपने कमरे में लेटा हुआ है, तब रक्तालोकस्नात पुरुष ही उसके दरवाजे की सांकल बजाता है। यहां वह सर्वहारा-चेतना का प्रतीक है, जो उसे तरह-तरह से परेशान करती है, उसे चैन नहीं लेने देती : "अवसर-अनवसर / प्रकट जो होता ही रहता, / मेरी सुविधाओं का न तनिक खयाल कर। / चाहे जहां, चाहे जिस समय उपस्थित, / चाहे जिस रूप में / चाहे जिन रूपों में प्रस्तुत, / इशारे से बताता है, समझाता रहता, / हृदय को देता है बिजली के झटके ! !" पुनः मजदूर-वर्ग की मुट्ठियों में बंद पूंजीवादी समाज का भविष्य, उसकी शक्ति, उसकी शांति की पक्षधरता और फिर उसके प्रति उमड़नेवाला काव्य-नायक का प्यार : "अरे, उसके चेहरे पर खिलती हैं सुबहें, / गालों पर चट्टानी चमक पठार की / आंखों में किरणीली शांति की लहरें, / उसे देख प्यार उमड़ता है अनायास !" लेकिन मजदूर-वर्ग को प्यार करना और सर्वहारा-चेतना से युक्त होना खतरे को न्योता देना और अपना सुख-चैन गंवाना है, क्योंकि "वह बिठा देता है तुंग शिखर के / खतरनाक, खुरदरे कगार-तट पर; / शोचनीय स्थिति में ही छोड़ देता मुझको। / कहता है–'पार करो पर्वत-सन्धि के गह्वर, / रस्सी के पुल पर चलकर / दूर उस शिखर-कगार पर स्वयं ही पहुंचो।' " यह चीज काव्य-नायक के भीतर भयानक आत्मसंघर्ष को जन्म देती है, जिसकी अत्यंत सशक्त और अर्थपूर्ण अभिव्यक्ति निम्नलिखित पंक्तियों में हुई है :

क्या करूं, क्या नहीं करूं मुझे बताओ;
इस तम-शून्य में तैरती है जगत्-समीक्षा
की हुई उसकी
(सह नहीं सकता)
विवेक-विक्षोभ महान् उसका
तम-अंतराल में (सह नहीं सकता)
अंधियारे मुझमें द्युति-आकृति-सा
भविष्य का नक्शा दिया हुआ उसका
सह नहीं सकता !!
नहीं, नहीं, उसको मैं छोड़ नहीं सकूंगा
सहना पड़े मुझे चाहे जो भले ही।

काव्य-नायक को समकालीन विश्व-राजनीति का सही ज्ञान सर्वहारा-दर्शन से मिला है, उसी ने उसके भीतर महान् विवेक-विक्षोभ उत्पन्न किया है और उसी ने उसे अंधकार में भविष्य का उज्ज्वल स्वप्न दिया है ! इस सबकी उपेक्षा करना उसके लिए असंभव है, लेकिन उसके पास शक्ति नहीं कि वह उसके अनुसार आचरण करे। अंततः जब वह उठकर दरवाजा खोलता है और बाहर झांकता है, तो रात का पक्षी उसे यह पीड़ादायक संदेश देता है कि वह रक्तालोकस्नात पुरुष तुमसे निराश होकर लौट गया है। वह तुम्हारा गुरु है, लेकिन तुम उसके भगोड़े शिष्य हो ! स्पष्ट है कि यह काव्य-नायक एक आत्मसंघर्षरत चरित्र है, न व्यक्तित्व-विभाजित और न आत्मनिर्वासित चरित्र।

मुक्तिबोध ने अपनी दूसरी कविताओं में भी श्रमजीवी-वर्ग के साथ अपनी एकता और उससे अपने ऊपर आनेवाले खतरों की बातें कही हैं। वे जानते थे कि यह एकता जन-संघर्षों में ही कायम हो सकती है, इसलिए जगह-जगह उन्होंने 'कर्मण्यता' का जिक्र किया है। 'गुंथे तुमसे, बिंधे तुमसे' शीर्षक कविता में इस एकता का बहुत ही मार्मिक वर्णन देखने को मिलता है। वे श्रमजीवियों को संबोधित कर कहते हैं :

वेदना में हम विचारों की
गुंथे तुमसे,
बिंधे तुमसे,
व आवेष्टित परस्पर हो गए
कर्मण्य-क्षिप्रा-तीर पर !!
...कोई नहीं थे हम तुम्हारे किंतु
सहचर हो गए

चाहे जलधि, पर्वत, हजारों मील की दूरी
हमारे बीच में आ जाय,
फिर भी मानसिक अदृश्य सूत्रों से
हमारी आत्माएं परस्पर बात करती हैं
विचारों के स्वयं-संवेदनात्मक तंतु-मूलों ने
गहन मस्तिष्क-कोषों में
हृदय के रुधिर-कोषों में
अनेकों सूक्ष्मतम जाले पसारे हैं
व अंतर्व्यक्ति की रमणीय
ऊंची वृक्ष-शाखों पर
मनोहर फूल विकसित कर दिए…
जीवन-जगत् उनकी महक में डूबता !!

ऐसी ही एकता 'हर चीज, जब अपनी' कविता में भी है, जिसमें वे "बराबरी का हक, बराबरी का दावा / नहीं तो मुठभेड़ और धावा" के उसूल के कायल श्रमजीवियों के बारे में कहते हैं : "उनके साथ मेरी पटरी बैठती है / उनके साथ / हां, उन्हीं के साथ / मेरी यह बिजलीभरी ठठरी लेटती है।" लेकिन 'अंधेरे में' के बाद कीकविता 'चंबल की घाटी में' की इन पंक्तियों से पता चलता है कि उक्त एकता कोई बनी-बनाई चीज नहीं है, जो एक बार उपलब्ध हो गई, तो हो गई : "…जो दूर हैं, / अलग, पृथक् हैं / जो अतिभिन्न हैं / वे प्रियदर्शन सहचर मित्र हैं मेरे / परंतु, शत-गुण-धर्म जो उनके / ले नहीं पाता हूं चाहने पर भी।" तात्पर्य यह कि श्रमजीवी-वर्ग के साथ एकता स्थापित करने का प्रयत्न एक निरंतर चलते रहनेवाला आत्मसंघर्ष से भरा हुआ प्रयत्न है। 'गुंथे तुमसे, बिंधे तुमसे' में इस एकता अथवा उसकी प्रेरणा देनेवाली विचारधारा को आत्मसात् करने से पैदा होनेवाले खतरे भी हैं :

वह मान्य ड्राइंग-रूम संस्कृति से तुम्हें हटवाएगी
वह कान पकड़ेगी, उठाकर फेंक देगी
अजनबी मैदान में
घर-बार सब छुड़वाएगी।
तुमको अजाने देश में
गिरि-कंदरा में जंगलों में सब जगह
भटकाएगी।

'पता नहीं' शीर्षक प्रगीतात्मक कविता में जो 'शक्ति-पुरुष' है, वह रक्तालोकस्नात पुरुष का ही एक संस्करण है। यह भी अत्यंत शक्तिशाली है और

पूर्णता की खोज के लिए खतरनाक यात्रा कराता है :

उस कमल-कोष के पराग-स्तर
पर खड़ा हुआ
सहसा होता है प्रकट एक
वह शक्ति-पुरुष
जो दोनों हाथों आसमान थामता हुआ
आता समीप अत्यंत निकट
आतुर उत्कट
तुमको कंधे पर बिठला ले जाने किस ओर
न जाने कहां व कितनी दूर !!
फिर वही यात्रा सुदूर की,
फिर वही भटकती हुई खोज भरपूर की,
कि वही आत्मचेतस् अंतःसंभावना,
...जाने किन खतरों में जूझे जिंदगी ! !

यहां 'आत्मचेतस् अंतःसंभावना' पर भी हमारा ध्यान जाना चाहिए, जो 'निज-संभावनाओं' का ही पर्याय है। इस कविता की आगे की पंक्तियों में 'निःस्वात्मक विकास' की भी बात है और यह भी कि "वे आस्थाएं तुमको दरिद्र करवाएंगी / कि दैन्य ही भोगोगे / पर, तुम अनन्य होगे, / प्रसन्न होगे !!" यह शक्ति-पुरुष भी रहस्यमय पुरुष की तरह ही प्रिय है : "आत्मीय एक छवि तुम्हें नित्य भटकाएगी।" श्रमजीवी-वर्ग के प्रति कवि की गहरी ममता और प्यार 'ओ काव्यात्मन् फणिधर' कविता में छलका पड़ता है, जहां वह मजदूरिनी और मजदूर के लिए कहता है : "वहीं कहीं / सांवली सिवंती / श्याम गुलाब सो रहे हैं।" नए युग का सत्य श्रमजीवी-वर्ग के पास ही पलता है : "श्रम-गरिमा का पी दूध / सत्य नवजात / विकसता जाएगा।"

कविताओं से अलग अपने निबंधों में भी मुक्तिबोध जब-तब वे बातें कहते रहे थे, जिनसे 'अंधेरे में' की भाव-भूमि को समझाने में मदद मिलती है। काफी पहले के अपने निबंध 'समाज और साहित्य' में उन्होंने कहा था : "आज के युग में जन-जीवन के पक्ष से तदाकार होने की वास्तविक जीवनगत सचेत प्रक्रिया लेखक के लिए बड़ी भारी नैतिक परीक्षा है। उसमें न केवल अपने भीतर पुराने और नए के बीच–(पुरानी आदतों और नई जीवनगत आवश्यकताओं के बीच, पुराने संस्कारों और नए सत्यों के बीच, आचरणात्मक धरातल पर व्यक्तिगत जीवन के सभी पक्षों के क्षेत्रों में)–युद्ध छिड़ जाता है, वरन् अपने वर्ग तथा समाज से भी द्वंद्व-युद्ध करना पड़ता है।" इसी तरह 'अंतरात्मा और पक्षधरता' शीर्षक निबंध में वे कहते हैं कि अनेक व्यक्तिगत और वर्गगत कारणों से "एक ओर मूल्य-भावना या *आस्था*, अर्थात् आदर्श-भावना,

तथा, दूसरी ओर, आकुल मन--इन दो के बीच खाई पड़ जाती है।" उनके अनुसार यह आत्म-विभाजन का परिणाम होता है। यह आत्म-विभाजन निश्चय ही असामान्य मनोविज्ञान का व्यक्तित्व-विभाजन नहीं है, जो एक प्रकार की विक्षिप्तता होती है। 'अंधेरे में' उक्त फासले को और इस आत्म-विभाजन को खत्म करने का पीड़ाभरा प्रयास है। यहां स्मरणीय हैं उसकी काव्य-नायक की 'स्क्रीनिंग' के समय की ये पंक्तियां : "इस संस्था के मंत्री को खोजो / शायद उसका ही नाम हो *आस्था* "। 'तार सप्तक' के द्वितीय संस्करण के लिए लिखे गए मुक्तिबोध के अप्रकाशित वक्तव्य में हमें उनका यह महत्त्वपूर्ण कथन मिलता है : "आज की परिस्थितियां ऐसी हैं कि जब कष्टग्रस्त मानव-श्रेणी को अपने उद्धार का रास्ता स्वयं अपने हाथों बनाना होगा। निःसंदेह, इस मानव-श्रेणी की राजनीति और समाज-नीति टुच्ची-ओछी स्वार्थगत राजनीति नहीं है। उसके पास न केवल एक विश्व-स्वप्न है, वरन् विश्व के क्रांतिकारी अनुभवों का एक खजाना भी है। भले ही हिंदी साहित्य में इस परंपरा का विकास न हुआ हो, किंतु इस परंपरा की प्रेरणा कुछ हृदयों को तो आकुल कर ही सकती है।" इसे स्पष्ट करने की आवश्यकता न होनी चाहिए कि 'कष्टग्रस्त मानव-श्रेणी' से मतलब है--मजदूर-वर्ग। 'विश्व-स्वप्न' 'भविष्य का नक्शा' है। मजदूर-वर्ग हिंदी में जिन कुछ हृदयों को आकुल बना रहा था, उनमें सर्वोपरि था मुक्तिबोध का हृदय। 'अंधेरे में' इसी मजदूर-वर्ग से तदाकार होने की कविता है। इस दृष्टि से इस कविता के संबंध में 'चांद का मुंह टेढ़ा है' की भूमिका में कही गई शमशेर की यह बात डॉ. शर्मा और नामवरजी की तुलना में ज्यादा सही है कि "इसमें अजब और अद्‌भुत रूप से व्यक्ति और जन का एकीकरण है।" व्यक्ति है मध्यवर्गीय काव्य-नायक और जन है सर्वहारा का प्रतीक रक्तालोकस्नात पुरुष। यह एकीकरण यदि 'अजब और अद्‌भुत रूप से' न होता, तो उसे लेकर इतना विवाद न छिड़ता।

'पुनर्मूल्यांकन' के उपसंहार में डॉ. शर्मा कहते हैं : " 'अंधेरे में' कविता में उसका नायक आजानुभुज दिव्य पुरुष को अपने आदर्श रूप में कल्पित करता है। यह दिव्य पुरुष मुक्तिबोध की खोई हुई अस्मिता नहीं है, यह व्यक्तित्व की ऐसी उदात्त कल्पना है जिसे पाना असंभव है। और सब भले हो जाय, गौरवर्ण और आजानुभुजवाला रूप प्राप्त न होगा।" ('अस्तित्ववाद', पृ. 233) क्यों ? इसलिए कि वह रूप 'महामानव' का ही नहीं, परब्रह्म परमेश्वर का है ! इससे ज्यादा सही बात डॉ. शर्मा ने मुक्तिबोध पर लिखे गए अपने पहले निबंध में कही थी : "नया व्यक्तित्व गढ़ने की क्रिया एक दिन में संपन्न नहीं होती, गढ़ने की क्रिया में विघ्न पड़ता है, जिस कल्पना-चित्र को देखकर वह मूर्ति गढ़ते हैं, वह कल्पना-चित्र ही आंखों से ओझल हो जाता है।" (उप., पृ. 133) रक्तालोकस्नात पुरुष जब सर्वहारा-चेतना का भी प्रतीक है तो निश्चय ही उससे तदाकार होकर या सर्वहारा-चेतना को आत्मसात् कर अपनी अस्मिता का विकास या अपने व्यक्तित्व का रूपांतरण एक मध्यवर्गीय बुद्धिजीवी के लिए कोई

आसान बात नहीं है। जैसाकि ऊपर कहा गया है, यह आत्मसंघर्ष के माध्यम से चलनेवाला एक अटूट सिलसिला है। 'दिमागी गुहांधकार का ओरांग-उटांग !' कविता में मुक्तिबोध ने उचित ही अपना भय इन शब्दों में व्यक्त किया है :

मस्तिष्क के भीतर एक मस्तिष्क
उसके भी अंदर एक और कक्ष
कक्ष के भीतर
एक गुप्त प्रकोष्ठ और
कोठे के सांवले गुहांधकार में
मजबूत संदूक
दृढ़, भारी-भरकम
और उस संदूक भीतर कोई बंद है
यक्ष
या कि ओरांग-उटांग हाय
अरे ! डर यह है...
न ओरांग-उटांग कहीं छूट जाय,
कहीं प्रत्यक्ष न यक्ष हो !

व्यक्तिवादी मनोवृत्ति और संस्कारों से छुटकारा पाना मध्यवर्गीय बुद्धिजीवियों के लिए वाकई एक कठिन काम है। डॉ. शर्मा हिंदी के जिन प्रगतिशील कवियोंको आदर्श रूप में उपस्थित करते हैं, वे मूलतः मध्यवर्गीय चेतना के ही कवि हैं। इस संबंध में 'वस्तु और रूप' शीर्षक लेख के तीसरे प्रारूप में कही गई मुक्तिबोध की यह बात बिलकुल सही है कि प्रगतिवाद "एक विशेष काल में मध्यवर्ग की एक विशेष मनोवैज्ञानिक दशा का ही सूचक" था। यही कारण है कि उन कवियों में सर्वहारा-लक्ष्यों की न वैसी पहचान दिखलाई पड़ती है, न उनके प्रति वैसा समर्पण। स्वभावतः उनकी कविताएं हमें उतनी गहराई से नहीं प्रभावित करतीं। उनमें हमें उस कवि-व्यक्तित्व का दर्शन नहीं होता, जिसने एक विकट आत्मसंघर्ष से गुजरते हुए सर्वहारा-चेतना को आत्मसात् कर अपना पुनर्निर्माण किया हो। वे एक बड़ी हद तक सामान्यीकृत कविताएं होती हैं। प्रगतिशील कवियों में अपने व्यक्तित्व-परिवर्तन या व्यक्तित्वांतरण का पहला गंभीर प्रयास हमें मुक्तिबोध में ही दिखलाई पड़ता है, जिसका प्रमाण है उनका आत्मसंघर्ष। हिंदी की प्रगतिशील आलोचना में इससे यह सरल निष्कर्ष निकाला गया है कि अन्य प्रगतिशील कवि जहां निर्द्वंद्व भाव से सर्वहारा की सेवा में लगे हुए हैं, वहां मुक्तिबोध उसे लेकर संकल्प-विकल्प में ही पड़े रहे। ऐसे आलोचक जब 'अंधेरे में' में देखते हैं कि अंत-अंत तक कवि को उसकी 'अभिव्यक्ति' नहीं मिली, तो कहते हैं कि अपनी काव्य-साधना के अंतिम दौर में भी मुक्तिबोध को अपना

लक्ष्य प्राप्त नहीं हुआ इस कारण वे उन्हीं को मध्यवर्गीय सीमाओं में छटपटाता हुआ कवि ठहराते हैं ! ऐसे आलोचक सर्वहारा-चेतना के आत्मसातीकरण को एक यांत्रिक प्रक्रिया मानते हैं, कोई गहन और जटिल मनोवैज्ञानिक प्रक्रिया नहीं। उन्हें इस बात का एहसास नहीं कि 'अंधेरे में' व्यक्तित्व के रूपांतरण की नहीं, बल्कि उस रूपांतरण की प्रक्रिया की कविता है और इसीलिए महत्त्वपूर्ण कविता है। मध्यवर्गीय पाठक इस कविता के नायक से इसी कारण इतनी आत्मीयता महसूस करते हैं और उन पर इसका इतना गहरा प्रभाव पड़ता है।

रिहाई के बाद काव्य-नायक क्रांतिकारियों की खोज कर उनके दल में सम्मिलित होना चाहता है : "मुझे अब खोजने होंगे साथी–/ काले गुलाब व स्याह सिवंती, / श्याम चमेली, / संवलाए कमल जो खोहों के जल में, / भूमि के भीतर पाताल तल में / खिले हुए कब से भेजते हैं संकेत / सुझाव-संदेश भेजते रहते !!" क्रांतिकारी पुरुषों और स्त्रियों की चर्चा यहां विभिन्न फूलों के रूप में की गई है, यह इसलिए ध्यातव्य है कि इससे उनके प्रति कवि का गहरा रागात्मक लगाव प्रकट होता है। काव्य-नायक चूंकि कवि भी है, इसलिए वह फासिस्ट-विरोधी कविता लिखने के लिए हर खतरा उठाने का निश्चय करता है। लेकिन जब क्रांति की घड़ी उपस्थित होती है, तो वह पुनः अपने को कमजोरियों से घिरा पाता है। लोग उसी के विचारों को लिए हुए आगे बढ़ रहे हैं और वह 'बौद्धिक जुगाली में अपने से दुकेला' है ! अंततः उसका आत्मसंघर्ष समाप्त होता है और वह अपने को क्रांति की तैयारियों में शामिल महसूस करता है। क्रांति शुरू होती है, तो उसी के साथ उसका व्यक्तित्व भी रूपांतरित हो जाता है। उसके भीतर आत्मविश्लेषण और तेजी से होने लगता है, उसके सारे भ्रम दूर हो जाते हैं और उसकी आत्मा विश्वमूर्ति में ढल जाती है :

> धुएं के जहरीले मेघों के नीचे ही हर बार
> द्रुत निज-विश्लेष-गतियां,
> एक सूक्ष्म पल में शत साक्षात्कार।
> टूटते हैं धोखों से भरे हुए सपने।
> रक्त में बहती हैं ज्ञान की किरनें
> विश्व की मूर्ति में आत्मा ही ढल गई,
> कहीं आग लग गई, कहीं गोली चल गई।

लेकिन एक स्वप्न भंग होने के बाद सुबह में जब काव्य-नायक दूसरे स्वप्न में प्रवेश करता है, तब रक्तालोकस्नात पुरुष एक बार फिर दिखाई देकर उसकी नजरों से ओझल हो जाता है : "वह दिखा, वह दिखा / वह फिर खो गया किसी जनयूथ में···/ उठी हुई बांह यह उठी हुई रह गई !!" कविता की समाप्ति इन पंक्तियों से होती है :

परम अभिव्यक्ति
अविरत घूमती है जग में
पता नहीं जाने कहां, जाने कहां
वह है।
इसीलिए मैं हर गली में
और हर सड़क पर
झांक-झांक देखता हूं हर एक चेहरा,
प्रत्येक गति-विधि,
प्रत्येक चरित्र
व हर एक आत्मा का इतिहास,
हर एक देश व राजनीतिक स्थिति और परिवेश
प्रत्येक मानवीय स्वानुभूत आदर्श
विवेक-प्रक्रिया, क्रियागत परिणति !!
खोजता हूं पठार...पहाड़...समुंदर
जहां मिल सके मुझे
मेरी वह खोई हुई
परम अभिव्यक्ति अनिवार
आत्मसंभवा।

यह कवि द्वारा उस कविता की तलाश है, जो कि 'परम अभिव्यक्ति' है और जोकि 'आत्मसंभवा' होती है। न तो मुक्तिबोध का काव्य-नायक ऐसा है, जिसका व्यक्तित्वांतरण यांत्रिक ढंग से हो जाता है, न वे कवि ऐसे थे, जिसे क्रांतिकारी कविता बने-बनाए रूप में सहज सुलभ थी। 'अंधेरे में' के बाद रची गई कविता 'एक आत्म-वक्तव्य' में, जोकि 'तार सप्तक' के द्वितीय संस्करण में उनके वक्तव्य के साथ संकलित हुई है, वे कहते हैं : "खूब काट-छांट और गहरी छील-छाल, / रंदों और बसूलों से मेरी देख-भाल, / मेरा अभिनव संशोधन अविरत / क्रमागत" और "इसीलिए, मेरी मूर्ति / अनबनी अधबनी अभी तक... ।" इस कविता में वे / उन लोगों के बारे में भी कहते हैं, जिनकी मूर्ति पूरी तरह बन चुकी है : "...मैं किसी पेड़-पीछे से झांक / लाख-लाख आंखों से देखता हूं दृश्य / पूरे बने हुओं ही के ठाठदार अक्स, / ऐसा कुछ ठाठ–/ मुझे गहरी उचाट, / लगता है वे मेरे राष्ट्र के नहीं हैं।" अंतिम वाक्य अर्थपूर्ण है। ये वे लोग हैं, जिन्होंने अपना नया और पूर्ण व्यक्तित्व अपने देश की परिस्थितियों में संघर्ष करके नहीं, बल्कि किसी दूसरे देश से प्राप्त किया हैं !

व्यक्तित्वांतरण की पक्रिया का बहुत ही सटीक वर्णन मुक्तिबोध ने

'भविष्य-धारा' शीर्षक कविता की इन पंक्तियों में किया है :

करो प्रयास भयंकर,
आत्म-निपीड़नकारी वे गलतियां
कि भाव-प्रवर्तनकारी भव्य सुधार प्रभास्वर
के संयुक्त प्रयास-मार्ग से गुजर चलो तुम
अग्नि-परीक्षाओं से गुजरे यह परंपरा
मेरी प्रियजन-वदन-दीप्ति-भास्वरा...

स्पष्ट है कि व्यक्तित्वांतरण आत्मनिपीड़नकारी गलतियों और भाव-प्रवर्तनकारी भव्य सुधारों के संयुक्त मार्ग से गुजरकर ही संभव है। 'अंतरात्मा और पक्षधरता' शीर्षक निबंध में भी मुक्तिबोध कहते हैं : "अंतरात्मा के आग्रह और अनुरोध हमेशा आगे-आगे ही रहेंगे, और लेखक उनका अनुगमन करेगा, और उनका अनुगमन करते हुए भी यह सोचता रहेगा कि उसने अपने आग्रह-लक्ष्यों को उपलब्ध नहीं किया। वह इस चिंतन से दुखी भी होगा, दुःख भी प्रकट करता रहेगा। इस प्रकार लक्ष्य और उपलब्धि के बीच जो फासला है, वह आतुर मन के लिए बराबर बना रहता है, क्योंकि लक्ष्य स्वयं गतिमान है, मनुष्य की अपनी गति ही के कारण।"

5

पूंजीवादी व्यवस्था के संकट के साथ फासिज्म की आशंका बढ़ती जाती है, खास तौर से तब, जबकि देश में फासिस्ट विचार-धारा मौजूद हो और फासिस्ट शक्तियां संगठित हों। इस आशंका की अभिव्यक्ति फैंटास्टिक बिंबों में ही संभव थी, क्योंकि फैंटास्टिक बिंब ही फासिस्ट हुकूमत के आतंक, दमन और यातना को उसकी पूरी भयावहता में मूर्त कर सकते थे। 'अंधेरे में' में ही मुक्तिबोध ने यह कहा है, जिसे ऊपर उद्धृत किया जा चुका है : "मेरा सिर गरम है, / इसीलिए भरम है। / सपनों में चलता है आलोचन, / विचारों के चित्रों की अवलि में चिंतन।" इस तरह फैंटेसी का इस्तेमाल इस कविता में किसी काव्य-कौशल के रूप में नहीं हुआ, बल्कि वह स्थितियों से उत्पन्न कवि की मनोदशा का स्वाभाविक परिणाम है। दूसरे, 'भरम' से यह भ्रम नहीं होना चाहिए कि फैंटेसी कोई यथार्थ और विचार से रहित वस्तु है। नहीं, इसमें आत्मालोचना भी है और चित्रों के माध्यम से प्रकट होनेवाला चिंतन भी, जिसका देश और समाज से घनिष्ठ संबंध है। निश्चय ही इस कविता की मुख्य वस्तु फासिज्म की आशंका है, लेकिन जैसा कि हमने देखा है, इसमें उससे लगी हुई कई बातें हैं, जिससे इसकी फैंटेसी काफी जटिल हो गई है।

'अंधेरे में' की फैंटेसी को जटिल बनानेवाली जो खास चीज है, वह है इसमें

स्वप्न के भीतर स्वप्न का चलना। वैसे तो पूरी कविता एक स्वप्न है, लेकिन उस स्वप्न के भीतर भी स्वप्न चलते रहते हैं। यहां तक कि जब कवि कहता है कि स्वप्न भंग हो गया, तब भी वह स्वप्न में ही रहता है, एक स्वप्न से निकलकर दूसरे स्वप्न में। कविता की शुरुआत फैंटास्टिक चिंतन से होती है, जिसमें काव्य-नायक को कई रूपों में रक्तालोकस्नात पुरुष का आभास होता है। अंत में तिलिस्मी खोह में वह उसे साफ-साफ दिखलाई पड़ता है, लेकिन उसी के बाद वह एक अंधेरे खड्डे में गिरा दिया जाता है। कविता के दूसरे खंड के स्वप्न का, जिसमें काव्य-नायक अपने कमरे में लेटा हुआ दरवाजे पर बजती हुई सांकल की आवाज सुनता है, इस स्वप्न से कोई संबंध नहीं मालूम पड़ता है, लेकिन यह कहकर वह यह संबंध जोड़ देता है कि "खड्डे के अंधेरे में मैं पड़ा रहूंगा / पीड़ाएं समेटे !!" तीसरे खंड की शुरुआत इस वाक्य से होती है : "समझ न पाया कि चल रहा स्वप्न या / जाग्रति शुरू है।" आगे का वर्णन इस तरह किया गया है, जैसे काव्य-नायक सचमुच जाग्रतावस्था में हो, लेकिन जब शहर में मार्शल लॉ लगा हुआ है और वह उससे बेचैन है, तो निश्चय ही यह भी स्वप्नावस्था ही है। इसी अवस्था में उसे तारों में घूमते तोलस्तोय दिखलाई पड़ते हैं और फिर 'संगीन-नोकों के चमकते जंगल' वाला जुलूस। स्वप्न में ही "गैलरी से भागा मैं पसीने से सराबोर !! यहां कवि यह कहकर स्थिति को स्वयं स्पष्ट कर देता है कि "एकाएक टूट गया स्वप्न व छिन्न-भिन्न / हो गए सब चित्र।" इतना ही नहीं, वह यह भी कहता है कि "जागते में फिर से याद आने लगा वह स्वप्न।" यह जागरण भी धोखा है, क्योंकि इसी में काव्य-नायक जुलूस में चलनेवाले फासिस्ट-समर्थक असैनिक लोगों के बारे में कहता है कि "हाय, हाय ! मैंने उन्हें देख लिया नंगा, / इसकी मुझे और सजा मिलेगी।" इस तरह स्वप्न और स्वप्निल जागरण दोनों साथ-साथ चलते रहते हैं।

"अकस्मात् / चार का गजर कहीं खड़का" से शुरू होनेवाले कविता के चौथे खंड में क्षण-भर के लिए पुनः ऐसा लगता है कि कवि वास्तविक दुनिया में लौट आया है, लेकिन यह भी भ्रम साबित होता है, जब वह अपने जगत्-बोध को इस रूप में उपस्थित करता है : "पत्ते न खड़कें / सेना ने घेर ली हैं सड़कें।" इसी स्वप्न में भागते हुए काव्य-नायक को बरगद के नीचे रहनेवाले 'पागल' की आत्मभर्त्सना सुनने को मिलती है, जो उसे और बेचैन बना देता है, और उसे महसूस होता है कि "रात्रि के श्यामल ओस से क्षालित / कोई गुरु गंभीर महान् अस्तित्व / महकता है लगातार।" स्वप्न के भीतर स्वप्न का बहुत स्पष्ट उदाहरण पांचवें खंड का वह अंश है, जिसमें काव्य-नायक एक बंद घर की पत्थर की सीढ़ियों पर बैठकर 'स्वप्न-सरीखा' यह दृश्य देखता है कि जमीन के बहुत नीचे एक अंधेरी गुफा है, जिसमें उसके अनुभव, वेदना और विवेक-निष्कर्ष मणियों के रूप में चमक रहे हैं और उन पर एक झरना झर रहा है। उसके बाद दृश्यांतर होता है और पहला स्वप्न, जिसमें पीछा करते सैनिकों

के डर से वह भाग रहा है, फिर चालू हो जाता है। अब काव्य-नायक एक चौराहे पर है, जहां सैनिक हैं, संगीन-नोकों पर टिका उनकी बंदूकों का जत्था है और टैंकों का दस्ता खड़े-खड़े ऊंघ रहा है। वहां से भागकर वह तिलक की मूर्ति के पास पहुंचता है और वहां से भी बंदूक की आवाज सुनकर भागता है, तो रास्ते में उसे महात्मा गांधी मिल जाते हैं। यह स्वप्न काफी देर तक चलता है और आठवें खंड में जन-क्रांति के दृश्यों के वर्णन के बाद समाप्त होता है, जब कवि कहता है : "एकाएक फिर स्वप्न-भंग / बिखर गए चित्र कि मैं फिर अकेला।" लेकिन जैसाकि कहा जा चुका है, यह स्वप्न-भंग भी एक स्वप्न का टूटना और दूसरे स्वप्न का शुरू होना है। यह तब स्पष्ट हो जाता है, जब काव्य-नायक उठकर गैलरी में जाता है और सामने से गुजरते और भीड़ में खो जाते हुए रक्तालोकस्नात पुरुष को देखता है। कविता का यह अंश रात के अंधेरे में नहीं, तब घटित होता है, जबकि "कमरे में सुबह की धूप आ गई है" और "गैलरी में फैला है सुनहला रवि-छोर।" और तो और, कवि का यह कहना कि "खोजता हूं पठार···पहाड़···समुंदर" भी स्वप्न ही है, यथार्थ नहीं।

इस कविता की फैंटेसी इस कारण ही जटिल नहीं है कि इसमें एक स्वप्न टूट जाने के बाद दूसरा स्वप्न शुरू होता है, स्वप्न के भीतर स्वप्न चलता है और इसका जागरण भी भ्रम है, बल्कि इस कारण भी यह जटिल है कि इसकी फैंटेसी इन तीनों बातों–फासिज़्म की आशंका, काव्य-नायक का आत्मालोचन और आत्मसंघर्ष तथा रक्तालोकस्नात पुरुष के रूप में मजदूर, मजदूर-वर्ग की संगठित शक्ति और सर्वहारा-चेतना का वर्णन–से संबंधित है। 'अंधेरे में' निश्चय ही दुःस्वप्न की कविता है, लेकिन इसमें रक्तालोकस्नात पुरुष, काव्य-नायक के व्यक्तित्वांतरण और जनक्रांति के सुखद स्वप्न भी हैं, जो पूरी कविता के गहन और डरावने अंधकार को अपने तीव्र आलोक से छिन्न-भिन्न करते रहते हैं। निराला की 'राम की शक्ति-पूजा' में सघन अंधकार को कभी आकाश के तारे खंडित कर देते हैं, कभी जलती हुई मशाल, कभी राम के नक्षत्र सदृश अश्रु, कभी हनुमान द्वारा किया जानेवाला तेजःप्रसार और कभी लक-लक करते राम के ब्रह्मशर का महाफलक। 'अंधेरे में' में भी सलिल के तम-श्याम शीशे में कोई श्वेत आकृति उभरती है, वृक्षों के शीश पर बिजलियां नाच-नाच उठती हैं, लाल-लाल मशाल से फूटनेवाला लाल-लाल कुहरा है, रक्तालोकस्नात पुरुष का तेजोप्रभावमय ललाट और दीप्त दृग हैं, द्युति-आकृति-सा भविष्य का नक्शा है, विचारों की रक्तिम अग्नि के मणि हैं, तिलक की मूर्ति के कण-कण से झरते नीले 'इलेक्ट्रोन' और उसकी आंखों में सुलगते बिजली के फूल हैं, सूरजमुखी के स्वर्ण-पुष्पों से प्रकाश-विकीरण होता है, जिससे रास्ते पर भी किरणों के कण फैल जाते हैं, बिजली की नंगी लताओं से सफेद, नीले, मोतिया, चंपई और गुलाबी फूल झरते हैं, नीली चांदनी में साक्षात् स्वप्न की तरह कोई सुनहला दिया जलता है, क्रांति-पथ पर अग्रसर लोगों की उंगली-संधि से लाल-लाल किरणें फूट रही हैं, क्रांति-संबंधी पर्चे के शब्दों

के व्यूहों में नक्षत्र झलमलाते हैं, मिट्टी के लोंदे के भीतर भक्ति की अग्नि का उद्रेक है, कंडों का वर्तुल ज्वलंत मंडल है और क्रांति-काल में ज़िंदगी के जलते हुए जंगल के ज्वलत् प्रकाशित भीषण कूलों से वेदना-नदियां बहती हैं ! 'अंधेरे में' में जिस जुलूस का विस्तार से वर्णन है, उसमें प्रकाश ही प्रकाश है, क्योंकि "उसके दोनों ओर, नीली गैसलाइट पांत / चल रही, चल रही", लेकिन यह कविता के अंधकार को घटाता नहीं, बल्कि और प्रगाढ़ कर देता है, जैसे उसका 'शत-ध्वनि-संगम-संगीत' सन्नाटे को तोड़ता नहीं, उसे और गहरा कर देता है। तात्पर्य यह कि प्रकाश से हमेशा अंधकार दूर ही हो, यह आवश्यक नहीं ! 'राम की शक्ति-पूजा' में भी कविता जब अंत की तरफ बढ़ती है, एक बार प्रभात होता है : "निशि हुई विगत : नभ के ललाट पर प्रथम किरण / फूटी, रघुनंदन के दृग महिमा-ज्योति-हिरण।" लेकिन उसके बाद जैसे फिर रात्रि का सघन अंधकार घिर आता है, जिसमें शक्ति राम की परीक्षा लेने के लिए अंतिम नीलकमल उठा ले जाती हैं : "द्विपहर रात्रि, साकार हुईं दुर्गा छिपकर, / हंस उठा ले गईं पूजा का प्रिय इंदीवर।" 'अंधेरे में' एक बार सुबह होती है, तो अंधेरा हमेशा के लिए छंट जाता है, स्वप्न भले चलता रहता हो :

सब ओर विद्युत्तरंगीय हलचल
चुंबकीय आकर्षण।
प्रत्येक वस्तु का निज-निज आलोक,
मानो कि अलग-अलग फूलों के रंगीन
अलग-अलग वातावरण हैं बेमाप···

कविता सुबह के साथ ही समाप्त होती है। सुबह में ही गैलरी से काव्य-नायक रक्तालोकस्नात पुरुष को सामने से गुजरते और लोगों की भीड़ में खो जाते देखता है।

मुक्तिबोध ने जिस भाषा के द्वारा 'अंधेरे में' की फैंटास्टिक दुनिया का निर्माण किया है, वह अपनी शक्ति और सौंदर्य में बेजोड़ है। कुछ विद्वानों ने इस भाषा को अनगढ़ कहकर इसका महत्त्व कम करना चाहा है। ये वही विद्वान् हैं, जो नई कविता की 'जड़ीभूत सौंदर्याभिरुचि' के शिकार हैं। वे इस कविता में भी नई कविता के सुगढ़ शब्द और नकली मुहावरे ढूंढ़ते हैं और निराश होते हैं। वे यह नहीं देखते कि 'अंधेरे में' की भयावह और शक्तिशाली एवं सुंदर दुनिया का निर्माण नई कविता की भाषा में संभव न था। स्वभावतः यह कविता भाषा की पूर्वप्रचलित प्रणाली को तोड़कर एक ऐसी भाषा में रची गई है, जो जितनी ही 'अकाव्यात्मक' है, उतनी ही काव्यात्मक भी। इसमें भाषा के अनेक स्तर प्रकट हुए हैं और सभी स्तर एक दूसरे पर क्रिया-प्रतिक्रिया करते हुए इस कविता को ऐसे तेज और लावण्य से भर देते हैं, जैसा तेज और लावण्य आधुनिक काल में 'राम की शक्ति-पूजा' के पहले किसी कविता

में न दिखलाई पड़ा था।

'अंधेरे में' में प्रयुक्त भाषा का एक रूप वह है, जिसमें संस्कृत शब्दों के बेछूट प्रयोग के द्वारा ओजस्वी दृश्यांकन किया गया है। इस रूप का उदाहरण है :

तेजोप्रभावमय उसका ललाट देख,
मेरे अंग-अंग में अजीब एक थर-थर।
गौरवर्ण, दीप्त-दृग, सौम्यमुख
संभावित स्नेह-सा प्रिय रूप देखकर
विलक्षण शंका,
भव्य आजानुभुज देखते ही साक्षात्
गहन एक संदेह।

अथवा

स्वप्नों की कोमल किरनों का पानी
घनीभूत संघनित द्युतिमान
शिलाओं में परिणत,
ये सब दृढ़ीभूत कार्म-शिलाएं हैं
जिनसे कि स्वप्नों की मूर्ति बनेगी
सस्मित सुखकर
जिसमें से उद्गत क्रियाशील किरनें
ब्रह्मांड भर में नापेंगी सबकुछ !
सचमुच, मुझको तो जिंदगी-सरहद
सूर्यों के प्रांगण पार भी जाती दीखती ! !

इन उदाहरणों में भी संस्कृत शब्दों के साथ 'अजीब' और 'जिंदगी-सरहद'-जैसे 'विजातीय' शब्दों का प्रयोग हुआ है। ये शब्द संस्कृत शब्दों से निर्मित भाषा को जड़ीभूत होने से बचाते हैं। अन्यत्र तो मुक्तिबोध ने जान-बूझकर संस्कृत शब्दों के साथ 'विजातीय' शब्दों या 'विजातीय' शब्दों के साथ संस्कृत शब्दों को रखकर ओजस्वी चित्रों की सृष्टि की है। दो उदाहरण प्रस्तुत हैं :

विचित्र प्रोसेशन
गंभीर *क्विक मार्च*···
कलाबत्तू वाली काली *जरीदार ड्रैस* पहने
चमकदार *बैंड*-दल–
अस्थि-रूप, यकृत-स्वरूप, उदर-आकृति

आंतों के जालों-से उलझे हुए, बाजे वे दमकते हैं भयंकर
गंभीर गीत-स्वन-तरंगें
ध्वनियों के आवर्त मंडराते पथ पर।
...　　　...　　　...
उदरंभरि बन अनात्म बन गए,
भूतों की *शादी* में *कनात*-से तन गए

बलयुक्त शब्द निश्चय ही 'विजातीय' हैं, जो घोर संस्कृत शब्दों के साथ बेहिचक प्रयोग में लाए गए हैं और जिन्होंने मिलकर ओजस्वी चित्रों के निर्माण में योग दिया है। लेकिन जरूरी नहीं कि मुक्तिबोध संस्कृत शब्दों के कौशलपूर्ण प्रयोग के द्वारा ही वर्णन को ओजस्वी बनाएं। यह काम वे अपेक्षाकृत सरल और स्वाभाविक भाषा में भी सफलतापूर्वक करने में समर्थ हैं। प्रमाणस्वरूप उनका यह वर्णन देखा जा सकता है :

तालाब के आस-पास, अंधेरे में वन-वृक्ष
चमक-चमक उठते हैं हरे-हरे, अचानक
वृक्षों के शीश पर नाच-नाच उठती हैं बिजलियां,
शाखाएं, डालियां झूमकर, झपटकर
चीख, एक दूसरे पर पटकती हैं सिर कि अकस्मात्
वृक्षों के अंधेरे में छिपी हुई किसी एक तिलिस्मी खोह का शिला-द्वार
खुलता है धड़-से

इस कविता के अनेक स्थल ऐसे हैं, जहां कहानी-उपन्यास की सरल भाषा का प्रयोग हुआ है। लेकिन उनमें प्रायः एक चित्र ऐसा अवश्य होता है, जो वर्णन को काफी ऊपर उठाकर काव्यत्व के धरातल पर प्रतिष्ठित कर देता है। "सूनी है राह, अजीब है फैलाव, / सर्द अंधेरा। / ढीली आंखों से देखते हैं विश्व / उदास तारे। / हर बार सोच और हर बार अफसोस / हर बार फिक्र / के कारण बढ़े हुए दर्द का मानो कि दूर वहां, दूर वहां / अंधियारा पीपल देता है पहरा। / हवाओं की निःसंग लहरों में कांपती / कुत्तों की दूर-दूर अलग-अलग आवाज, / टकराती रहती सियारों की ध्वनि से।" इसमें वर्णन को ऊपर उठानेवाला चित्र है "बढ़े हुए दर्द का अंधियारा पीपल।" इसी तरह दूसरा वर्णन है : "अकस्मात् / चार का गजर कहीं खड़का, / मेरा दिल धड़का, / उदास मटमैला मनरूपी वल्मीक / विचलित। / अगिनत काली-काली हायफन-डैशों की लकीरों की हलचल / सब ओर बिखराव। / मैं अपने कमरे में यहां लेटा हुआ हूं। / काले-काले शहतीर छत के / हृदय दबोचते। / यद्यपि आंगन में नल जोर मारता, / खूब खखारती पानी की धारा, / किंतु न शरीर में बल

है / अंधेरे में गल रहा दिल यह।" इस वर्णन को गंभीर बनानेवाली चीज है मन-विवर से निकलकर चारों ओर चिंता की असंख्य काली-काली चींटियों की कतारों का फैल जाना। "चार का गजर कहीं खड़का, / मेरा दिल धड़का" इस मस्तीभरी सरलता के और भी उदाहरण हैं : "भागता मैं दम छोड़, / घूम गया कई मोड़," "अब तक क्या किया, / जीवन क्या जिया !!", "मेरा सिर गरम है, / इसीलिए भरम है" या फिर "यह कथा नहीं है, यह सब सच है, हां भई !! / कहीं आग लग गई, कहीं गोली चल गई !!"

'अंधेरे में' में सरल भाषा का एक रूप वह है, जिसे डॉ. रामविलास शर्मा के शब्द लेकर 'लक्कड़तोड़ भाषा' कहा जा सकता है। वैसी भाषा का नमूना है :

लोकहित-पिता को घर से निकाल दिया,
जन-मन-करुणा-सी मां को हकाल दिया,
स्वार्थ के टेरियर कुत्तों को पाल लिया,
भावना के कर्तव्य···त्याग दिए,
हृदय के मंतव्य···मार डाले !
बुद्धि का भाल ही फोड़ दिया,
तर्कों के हाथ उखाड़ दिए,
जम गए, जाम हुए, फंस गए,
अपने ही कीचड़ में धंस गए !!
विवेक बघार डाला स्वार्थों के तेल में
आदर्श खो गए।

जाहिर है कि यह भाषा नई कविता की भाषागत सुरुचि पर आघात करनेवाली है। लेकिन हमारा ध्यान इस भाषा की शक्ति पर जाना चाहिए। वही भाषागत सौंदर्य का असली स्रोत है। ऐसी ही भाषा यहां भी दिखलाई पड़ती है :

कुछ बलवान जन सांवले मुख के
चढ़ा रहे लकड़ी के चक्के पर जबरन
लाल-लाल लोहे की गोल-गोल पट्टी
घन मार घन मार,
उसी प्रकार अब
आत्मा के चक्के पर चढ़ाया जा रहा
संकल्प-शक्ति के लोहे का मजबूत
ज्वलंत टायर !!
...   .

पकड़कर कॉलर दबाया गया।
चांटे से कनपटी टूटी कि यह क्या
त्वचा उखड़ गई गाल की पूरी।
कान में भर गई
अनहद-नाद की भनभन।
आंखों में तैरीं
रक्तिम तितलियां, चिनगियां नीली।

यह भाषा जितनी ही सरल है, उतनी ही सशक्त और सौंदर्ययुक्त। अगले ही पृष्ठ पर यह वर्णन है :

टूटे-से स्टूल पर बिठाया गया हूं।
शीश की हड्डी जा रही तोड़ी।
लोहे की कील पर बड़े हथौड़े
पड़ रहे लगातार।
शीश का गोटा अस्थि-कवच ही निकाल डाला।

फासिस्ट स्क्रीनिंग का यह वर्णन फैंटेसी के द्वारा ही संभव था, जो नए चित्र के साथ नई भाषा भी गढ़ती है।

जन-क्रांति का यह दृश्य भी सरल भाषा का एक नया स्तर सामने लाता है :

मकानों की छत से
गाडर कूद पड़े /
धम से।
घूम उठे खंभे
अचानक वेग से चल पड़े हवा में।
दादा का सोंटा भी करता है दांव-पेंच
गगन में नाच रही कक्का की लाठी।

यह भाषा वाकई नई कविता की भाषा को नष्ट कर डालती है। अंतिम पंक्ति के छायावादी 'गगन' का तो दिवाला निकल गया है। लेकिन एक-एक चित्र कितना सटीक और सशक्त है! मुक्तिबोध की सरल भाषा में भी सूक्ष्म अंकन की कैसी क्षमता है, इसका पता ध्वनि और प्रकाश के इन दो चित्रों से चल जाएगा : "अंधेरे में *ध्वनियों के बुलबुले उभरे*, /...अरे, हां, सांकल ही रह-रह / बजती है द्वार पर" और "गैसलाइट निलाई में रंगे हुए अपार्थिव चेहरे।"

'अंधेरे में' में जगह-जगह पर मुक्तिबोध की भाषा बहुत ही स्निग्ध और मधुर

हो उठती है। ये इस कविता के सर्वाधिक संवेदन स्थल हैं और यहां उन्होंने उतनी ही संवेदनशील भाषा का प्रयोग किया है। इस दृष्टि से इसका निम्नलिखित अंश द्रष्टव्य है :

> मेरा यह चेहरा
> घुलता है जाने किस अथाह गंभीर, सांवले जल से,
> झुके हुए गुमसुम टूटे हुए घरों के
> तिमिर अतल से
> धुलता है मन यह।
> रात्रि के श्यामल ओस से क्षालित
> कोई गुरु गंभीर महान् अस्तित्व
> महकता है लगातार,
> मानो खंडहर-प्रसारों में उद्यान
> गुलाब-चमेली के, रात्रि-तिमिर में,
> महकते हों, महकते ही रहते हों हर पल।
> किंतु वे उद्यान कहां हैं,
> अंधेरे में पता नहीं चलता।
> मात्र सुगंध है सब ओर,
> पर उस महक-लहर में
> कोई छुपी वेदना, कोई गुप्त चिंता
> छटपटा रही है, छटपटा रही है।

हमारा ध्यान "रात्रि के श्यामल ओस के क्षालित गुरु गंभीर अस्तित्व" और "महक-लहर में छटपटाती किसी छुपी हुई वेदना" पर ही नहीं, अभावग्रस्त श्रमजीवियों के "झुके हुए गुमसुम टूटे हुए घरों के उस अतल तिमिर" की ओर भी जाना चाहिए, जिससे काव्य-नायक का मन धुल जाता है ! इसी तरह—

> बालक लिपटा है मेरे इस गले से चुपचाप,
> छाती से कंधे से चिपका है नन्हा-सा आकाश

और

> कमरे में सुबह की धूप आ गई है,
> गैलरी में फैला है सुनहला रवि-छोर
> क्या कोई प्रेमिका सचमुच मिलेगी ?
> हाय ! यह वेदना स्नेह की गहरी
> जाग गई क्योंकर ?

वाकई ये 'करुण रसाल हृदय के स्वर' हैं। यदि फासिस्ट आतंक की छाया और भयानक आत्मसंघर्ष की अवस्था में लिखी गई इस कविता में ये स्वर दबे रह जाते, तो इसमें जो गहन प्रभावोत्पादकता है, वह संभव न थी। यह कविता वस्तुतः "लहरीली थाहोंवाली नीली झील में कांपता एक अरुण कमल" है : अरुण कमल, यानी फासिज्म के विरुद्ध लिखी गई एक क्रांतिकारी कविता।

■ ■ ■